Reclam Literaturunterricht

Sachanalysen. Stundenverläufe. Arbeitsblätter

Joseph von Eichendorff
Das Marmorbild

Von Holger Bäuerle

Reclam

Abkürzungen und Symbole

EA Einzelarbeit
PA Partnerarbeit
GA Gruppenarbeit
UG Unterrichtsgespräch

* Kennzeichnung eines zusätzlichen Arbeitsauftrags, Arbeitsblatts bzw. Unterrichtsschritts (für Binnendifferenzierung)
HA Hausaufgabe

Verweis auf die zugehörige Ausgabe:
Joseph von Eichendorff: Das Marmorbild. Novelle. Hrsg. von Lore Salomon. Stuttgart: Reclam, 2021 [u. ö.]. (Reclam XL. Text und Kontext. 16120.)
Stellenangaben mit Seiten- und Zeilenzähler beziehen sich auf diese Ausgabe.

Code für editierbare Arbeitsblätter und Vorlagen

Alle für den Unterricht benötigten *Arbeitsblätter* und *Vorlagen* (Bilder und Texte) sind digital auf der Webseite **www.reclam.de/lehrer_marmorbild** zum Download verfügbar. Bitte geben Sie folgenden Code ein:

S8jkfNhs

Reihenkonzept: Max Kämper

Reclam Literaturunterricht | Nr. 15824
2024 Philipp Reclam jun. Verlag GmbH,
Siemensstraße 32, 71254 Ditzingen
Druck und Bindung: Esser printSolutions GmbH,
Untere Sonnenstraße 5, 84030 Ergolding
Printed in Germany 2024
RECLAM ist eine eingetragene Marke
der Philipp Reclam jun. GmbH & Co. KG, Stuttgart
ISBN 978-3-15-015824-1
www.reclam.de

Inhalt

Vorbemerkung

Eines der ältesten griechischen Gedichte – und damit eines der ältesten Zeugnisse europäischer Literatur –, Sapphos *Ode an Aphrodite*, beginnt mit den Versen: »Aphrodite, thronend im Glanz, unsterblich, / Kind des Zeus, Trugspinnerin, dich beschwör' ich« (*Frühgriechische Lyriker*, Bd. 3, hrsg. von Zoltán Franyó, Berlin 1976, S. 17). Die Invocatio zeigt Wirkung: Die beschworene Aphrodite erscheint. Und sie erscheint, um zu bleiben. Als »Trugspinnerin«, als Göttin der Liebe, der Fruchtbarkeit, der Schönheit und des erotischen Verlangens markiert sie eines der großen Motive der Weltliteratur. In Eichendorffs *Marmorbild* begegnet sie den Leserinnen und Lesern zunächst in Form einer steinernen Statue, später als Fleisch gewordener Mythos, um den jugendlichen Protagonisten Florio in eine tiefe Adoleszenzkrise zu stürzen. Versuchung und Verlockung ist sie dem unreifen, jungen Mann. Und zugleich Verheeren und Verderben. Zwischen rauschhaftem Begehren und vergeistigter Liebe taumelt Florio, gefangen in einem Zauberkreis, aus dem er sich kaum zu befreien vermag. Eichendorffs romantische Novelle zeigt den Reifungsprozess eines jungen Menschen, der sich an der Grenze des Erwachsenwerdens zu verlieren droht.

Benutzungshinweise

Der Band enthält zehn aufeinander aufbauende Unterrichtsstunden und eine Klausuraufgabe mit Lösungsvorschlag.

Jeder Entwurf einer Unterrichtsstunde besteht aus zwei Teilen:
- **Sachanalyse** mit einem praxisorientierten, auf den Unterrichtsverlauf bezogenen Interpretationsangebot
- **Unterrichtsverlauf** mit (a) kurzem Überblick über Thema und Ziel, (b) den Unterrichtsschritten in tabellarischer Übersicht und (c) ausführlichen Erläuterungen zu den einzelnen Unterrichtsschritten

Jede Unterrichtsstunde bietet alle für den Unterricht benötigten Materialien:
- kopierfähige **Arbeitsblätter** (ggf. mit Lösungshinweisen im Anhang)
- **Vorlagen** (Bilder oder Texte)
- **Tafelbilder** (Vorschläge für die mediale Präsentation)

Die Unterrichtsstunden enthalten an allen geeigneten Stellen Hinweise für
- einen möglichen **verkürzten Verlauf** (als **fakultativ** gekennzeichnete Unterrichtsschritte)
- eine mögliche **Binnendifferenzierung** (die entsprechenden Arbeitsaufträge auf erhöhtem Niveau sind mit einem Asterisk * gekennzeichnet)

Textgrundlage ist die Ausgabe:
Joseph von Eichendorff: Das Marmorbild. Novelle. Hrsg. von Lore Salomon. Stuttgart: Reclam, 2021 [u. ö.]. (Reclam XL. Text und Kontext. 16120.)

Hinweis: Die Reihe *Reclam Literaturunterricht* achtet auf gendergerechte Sprache. Aus Gründen der Lesbarkeit wird in seltenen Fällen davon abgewichen, immer sind aber alle Geschlechter gemeint.

1 »Frühling, Frühling soll es sein!« Eine Annäherung an den mythologischen Kontext schaffen

Sachanalyse

Die Loslösung aus bestehenden Bindungen, der Aufbruch in eine selbstgewählte Zukunft und die Suche nach einem tragfähigen Lebensentwurf kennzeichnen die Ausgangssituation der jugendlichen Protagonisten Eichendorffs. Mal geschieht dieser Aufbruch aus innerem Antrieb (so bei Graf Friedrich in *Ahnung und Gegenwart* 1815 oder bei dem jungen Edelmann Florio im *Marmorbild* 1818), mal wird er, wie im *Taugenichts* (1826), von außen erzwungen: »Du Taugenichts! da sonnst du dich schon wieder und dehnst und reckst dir die Knochen müde, und läßt mich alle Arbeit allein tun. Ich kann dich hier nicht länger füttern. Der Frühling ist vor der Türe, geh auch einmal hinaus in die Welt und erwirb dir selber dein Brot.«[1] Mit der Loslösung aus gewohnten und überlebten Verhältnissen, mit Ortswechseln, die für neue Erlebnisse und Erfahrungen empfänglich machen, gehen – dem jugendlichen Alter angemessen – die Probleme von Partnersuche und Partnerwahl einher. Ihre Adoleszenzkrisen erfahren die Protagonisten Eichendorffs in der Auseinandersetzung mit Liebesfähigkeit und Liebesmöglichkeit, im Ausloten eigener Wünsche und Triebe, im Begreifen der eigenen Sexualität. Häufig sind die Begegnungen mit dem anderen Geschlecht von Ambivalenzen geprägt: Auf der Suche nach der idealen (auch: idealisierten) Liebe begegnen Eichendorffs Protagonisten den Gefahren von Verlockung, Versuchung und Verführung, die nicht nur den Weg Florios im *Marmorbild* kennzeichnen. Schon Raimund, der mönchische Außenseiter aus Eichendorffs frühester Prosaarbeit *Die Zauberei im Herbste* (1808/09)[2], berichtet dem Freund Ubaldo und der Jugendliebe Berta von jener unglückseligen, weil ausschließlich libidinös motivierten Beziehung, die den irreparablen Bruch seines Lebens markiert.[3]

Leitmotivisch für das ambivalent besetzte Erwachen des Geschlechts steht in der deutschen Romantik (und im Werk Eichendorffs) der Mythos vom Tannenhäuser, vom Zauberberg bzw. vom Venusberg, der sich in unterschiedlichen Ausgestaltungen vielfach belegen lässt: so in den *Phantasus*-Märchen Ludwig Tiecks (*Der getreue Eckart und der Tannenhäuser* 1799, *Der Runenberg* 1804[4]), so in Clemens Brentanos und Achim von Arnims Liedersammlung *Des Knaben Wunderhorn* (1805–08), so in Eichendorffs erstem Roman *Ahnung und Gegenwart* (1815), in der bereits erwähnten Erzählung *Die Zauberei im Herbste* (1808/09), oder aber in der Erzählung *Eine Meerfahrt* (1835/36), die einer Umschrift des Mythos vom Venusberg gleicht. In allen diesen Werken ist die Liebesgöttin Venus und mit ihr die Macht des Eros negativ gezeichnet. Als der *Tannhäuser* aus der Liedersammlung *Des Knaben Wunderhorn* die Liebesgöttin bittet, sie möge ihn aus ihrem Berg entlassen und ihm seine Freiheit schenken, lockt diese stattdessen: »Nun laßt uns in die Kammer gehn, / Und spielen der heimlichen Minnen.« Unmissverständlich versucht sich Tannhäuser dem zu entziehen: »Eure Minne ist mir worden leid, / Ich hab in meinem Sinne, / O Venus, edle Jungfrau zart, / Ihr seyd ein Teufelinne.«[5]

Von besonderem kulturhistorischem Interesse ist dabei die Ausdeutung der Venusfigur, die seit der Mitte des 18. Jahrhunderts einer Verschiebung unterworfen ist. Noch in der Renaissance ist Aphrodite, die griechische Göttin der Liebe und der Fruchtbarkeit (auch in ihrer Nacktheit) das Idealbild weiblicher Schönheit. In diesem Sinne beschreibt sie Karl Philipp Moritz 1791, wenn er in seiner *Götterlehre* formuliert: »Sie ist das erste Schöne, was sich aus Streit und Empörung der ursprünglichen Wesen gegeneinander entwickelt und gebildet hat. […] In ihr bildet sich die himmlische Zeugungskraft zu dem vollkommen Schönen, das alle Wesen beherrscht, und welchem von Göttern und Menschen gehuldigt wird.«[6] In der kritischen Auseinandersetzung mit dem berühmten Urteil des Paris findet das Jahrhundert der Aufklärung zu einer neuen Akzentuierung der Göttin: »In den Fällen, in denen die Wahl des Paris zu Gunsten von Venus als richtige Entscheidung angesehen wurde, galt die Göttin als Personifikation der positiven Kraft

1 Joseph von Eichendorff, »Aus dem Leben eines Taugenichts«, in: J. v. E., *Sämtliche Erzählungen*, hrsg. von Hartwig Schultz, Stuttgart 2012, S. 85.

2 Zur Datierung der Erzählung vgl. ebd., S. 523.

3 Vgl. Joseph von Eichendorff, »Die Zauberei im Herbste«, in: J. v. E., *Sämtliche Erzählungen*, hrsg. von Hartwig Schultz, Stuttgart 2012, S. 18.

4 Auszüge aus beiden Texten finden sich in: Joseph von Eichendorff, *Das Marmorbild. Novelle*, hrsg. von Lore Salomon, Stuttgart 2021, S. 65 ff.

5 Vgl. auch *Tannhäuser* in *Des Knaben Wunderhorn. Alte deutsche Lieder*, Bd. 1, hrsg. und komm. von Heinz Rölleke, Stuttgart 1987, S. 80.

6 Zit. nach Reinhold Baumstark, »Vorwort«, in: *Venus. Bilder einer Göttin*, [Katalog zur Ausstellung der Alten Pinakothek München], hrsg. von den Bayerischen Staatsgemäldesammlungen, München 2001, S. 11.

der Liebe. Häufiger jedoch betrachtete man die Bevorzugung der Liebe vor der Weisheit und der Macht als moralisch verwerflich und suggerierte damit, dass die durch Venus verkörperte Liebe mit unzüchtiger Leidenschaft gleichzusetzen sei.«[7] Die Schönste der Schönen, die Göttin von Liebe und Liebreiz, wird nun zu einer ›Vénus physique‹, zu einer durchaus körperlichen, erotischen Erscheinung, an der sich Fantasie und Libido der Rezipienten entzünden können. Personifikation von Sinnlichkeit, Verlangen und ausschweifender Liebe ist sie nun und wird als solche nicht zufällig zur populärsten Göttin des französischen Rokoko, dem man (nicht zu Unrecht, wenngleich klischeehaft) gerade in Liebesdingen jene galante Leichtigkeit, jene frivol-oberflächliche Verspieltheit nachsagt, die mit dem konservativen Katholizismus der späten Romantik unvereinbar ist. Von daher erklärt sich jene negative Konnotation der Venus-Figur, die für die deutsche Romantik typisch ist und die den Schülerinnen und Schülern auch in Eichendorffs *Marmorbild* begegnet: Die heidnische Göttin ist Versucherin und Verführerin, Zauberin und Blenderin, ist Göttin der geschlechtlichen Liebe, erweckt als Steinbild Florios sexuelles Begehren und lockt ihn in Menschengestalt in die Untiefen seines triebhaften Verlangens, in welchen er sich zu verlieren droht.

Der Einstieg in die Unterrichtseinheit will den Schülerinnen und Schülern eine Auseinandersetzung mit beiden hier beschriebenen Themen vermitteln: Zum einen beschäftigen sie sich mittels der zu Grunde gelegten Materialsammlung mit dem Mythos der römischen Venus (der griechischen Aphrodite), zum anderen soll die Lerngruppe sensibilisiert werden für die Gefährdung, die eine einseitige Fixierung auf das Triebhafte für den Lebensentwurf eines jungen Menschen bedeuten kann.

7 Fiona Healey, »Die Venus in der niederländischen Kunst des 16. und 17. Jahrhunderts«, in: *Venus. Bilder einer Göttin* [Katalog zur Ausstellung der Alten Pinakothek München], hrsg. von den Bayerischen Staatsgemäldesammlungen, München 2001, S. 68.

Unterrichtsverlauf

Überblick. Die Schülerinnen und Schüler erhalten als Einstieg in die Unterrichtseinheit eine Materialsammlung, die unterschiedliche Zugänge zu Eichendorffs Novelle *Das Marmorbild* bietet. Im ersten Teil der Unterrichtseinheit beschäftigen sich die Schülerinnen und Schüler in Gruppenarbeiten mit den bereitgestellten Materialien. Ergebnis der Gruppenarbeiten soll eine 5–10-minütige Präsentation im Plenum der Klasse sein. Im zweiten Teil der Unterrichtseinheit wird im offenen Unterrichtsgespräch Eichendorffs Gedicht *Frische Fahrt* interpretiert.

Phase	Thema	Sozialform	Kompetenzen und Lernziele	Materialien
Voraussetzungen: keine				
1.1	Einstieg: Aphrodite – die Göttin der Liebe	GA	• Mittels kritischer Materialsichtung eine erste Annäherung an den mythologischen Kontext der Novelle schaffen	ARBEITSBLATT 1 ➤ S. 11–15
1.2	Einstieg: Joseph von Eichendorff, *Frische Fahrt* (1815)	UG	• Ein Gedicht nach Inhalt und Form interpretieren	VORLAGE 1 ➤ S. 9 TAFELBILD 1 ➤ S. 9
HA	Lektüre der gesamten Novelle, insbesondere der Exposition			*Das Marmorbild*, Reclam XL, 3,1–49,18 (3,1–17,3)

Hinweis: Zwischen dieser die Lektüre vorbereitenden ersten Stunde (Kapitel 1) und den folgenden Unterrichtseinheiten (Kapitel 2–10) sollte genügend Zeit für die Gesamtlektüre der Novelle eingeplant werden.

1.1 Einstieg: Aphrodite – die Göttin der Liebe

Unterrichtsschritt. Der Einstieg in die Unterrichtseinheit zu Eichendorffs *Marmorbild* ist ein ebenso offener wie handlungsorientierter. Die Lerngruppe erhält das ARBEITSBLATT 1 ***Impulse zu Joseph von Eichendorff: »Das Marmorbild«***. Die Schülerinnen und Schüler finden sich in sechs Gruppen zu jeweils drei bis vier Personen zusammen. Jeweils zwei Gruppen arbeiten an jeweils zwei zusammengehörenden Materialien. Das bereitgestellte Material bietet den Arbeitsgruppen unterschiedliche Zugänge zu Eichendorffs *Marmorbild*; im Mittelpunkt steht allerdings die Annäherung an den Aphrodite-Mythos. Freiraum haben die Schülerinnen und Schüler bei der Behandlung ihres Themas: Je nach gewähltem Material sind als Ergebnis der Gruppenarbeiten inhaltlich präzise Darstellungen ebenso möglich wie assoziativ vernetzende oder kreative, von der eigenen Neugierde geleitete Annäherungen. In jedem Fall sollten die Gruppen in der abschließenden Präsentationsphase ihre Auswahl und das damit verbundene Interesse reflektieren und begründen. Nach dem einleitenden Vortrag der Lehrkraft (5–10 Minuten) sollten für die Gruppenarbeitsphase inklusive der Präsentationen 45 Minuten Zeit zur Verfügung stehen (15 Minuten Gruppenarbeiten, jeweils 5 Minuten Präsentationszeit für alle sechs Gruppen).

GA

ARBEITSBLATT 1

➤ S. 11–15

Internetzugang

Erläuterungen zu ARBEITSBLATT 1. *Material A und B:* Das sachrichtige Exzerpieren eines Lexikon-Artikels durch die Schülerinnen und Schüler wird hier vorausgesetzt. Botticellis ikonographisches Renaissance-Gemälde (das Eichendorff nachweislich kennt) illustriert jenen Moment, in welchem die Göttin Aphrodite bei Kythera an Land steigt – zeigt also, entgegen seiner Benennung, nicht Aphrodites Geburt. »Venus steht, in leichtem Kontrapost und mit graziöser Pudica-[Scham-]Geste, auf einer von sanften Wellen ans Land getriebenen Muschel. Dort wird sie von einer der Horen, hier eine Personifikation des Frühlings, empfangen, die aus einem Orangenhain herbeieilt, um ihr einen mit Blumen bestickten purpurnen Mantel umzulegen. Das Kleid des ›Frühlings‹ ist mit blauen Kornblumen bestickt, um die Taille trägt er einen Gürtel aus Rosen und um den Hals einen Myrtenkranz. Von links stürmt Zephyr, der Westwind, mit seiner Tochter Chloris herbei. Durch seinen kraftvollen Atem flattern die goldenen Haare der Göttin im Winde. Rosen regnen vom Himmel auf sie herab. Venus ist hier die Göttin des Frühlings und der Fruchtbarkeit – wenn sie in Begleitung von Zephyr und Chloris erscheint, blüht die Natur auf.« (Lars Olof Larsson, *Antike Mythen in der Kunst. 100 Meisterwerke*, Stuttgart: Reclam, 2020 [u. ö.], S. 43) Botticellis Gemälde gilt in der nachantiken Kunstgeschichte als erstes Beispiel eines weiblichen Aktes ohne moralisierenden Sinn – und als Huldigung weiblicher Schönheit. »Vermutlich wurde das Bild für ein Mitglied der Familie Medici gemalt – auf jeden Fall hing es im 16. Jh., zusammen mit seinem Gegenstück, Botticellis *Primavera*, in der Villa in Castello bei Florenz, einem der wichtigsten Landsitze der Medici« (ebd.).

Material C und D: Giorgiones Hauptwerk, die in seinen letzten Lebensjahren entstandene *Schlummernde Venus*, gilt als eines der folgenreichsten Renaissance-Gemälde. Zum ersten Mal wird eine nackte Venus als ruhender weiblicher Akt gezeigt und damit zum Vorbild für ein ganzes Genre und eine Vielzahl nachfolgender Darstellungen. Giorgione präsentiert die Göttin der Liebe nicht nur als Ideal weiblicher Schönheit, sondern zudem in einem erotisch aufgeladenen Moment der Schutzlosigkeit: Abgesehen von der auch bei Botticelli zu sehenden Pudica-[Scham-]Geste ist sie den Blicken der Betrachter vollkommen unbedeckt ausgeliefert. Den Schülerinnen und Schülern könnte die symbolträchtige Farbigkeit der unter der Göttin drapierten Tücher (rot und weiß) ebenso auffallen wie die Gestaltung der Landschaft, in der sich die Konturen der Liegenden harmonisch fortsetzen. Einen Mittelpunkt des Bildes stellt der Baumstumpf dar, der bei Giorgione metaphorisch für den Zyklus von Leben und Tod steht. Giorgione stirbt 1510 an der Pest, der Überlieferung nach wird die Arbeit von seinem Schüler Tizian (ca. 1488–1576) vollendet.

Die »Venus von Milo«, wohl die bekannteste antike Darstellung der Liebesgöttin, wurde im Jahre 1820 (also erst nach dem Ersterscheinen von Eichendorffs *Marmorbild*) auf der griechischen Kykladeninsel Milos entdeckt. Die Skulptur ist aus weißem Marmor und gilt als Idealbild griechischer Bildhauerei. Die Göttin der Liebe ist halbnackt dargestellt, ein um ihre Hüfte geschlungenes Tuch bedeckt ihren Unterkörper. Ihre Arme sind nicht erhalten geblieben, der ihr beigegebene Schmuck wurde (bereits vor der Ausgrabung der Skulptur) gestohlen.

Gemeinsamkeiten und Unterschiede der beiden Venus-Darstellungen werden von den Schülerinnen und Schülern erfahrungsgemäß richtig erkannt: Gemeinsam sind den beiden Kunstwerken die Idealisierung weiblicher Schönheit, auch: weiblicher Nacktheit, unterschiedlich sind die Darstellungen hinsichtlich des Bewusstseins der Göttin (schlafend/wachend) bzw. ihrer Präsentation im Raum (horizontal/vertikal). Eine hinsichtlich der Eichendorff-Novelle interessante Diskussion könnte sich mit engagierten Schülerinnen und Schülern an der grundsätzlichen Frage entzünden, ob denn die zweidimensionale oder die dreidimensionale Darstellung der Göttin lebensechter, gar: lebendiger wirkt.

Material E und F: Die Sirenen sind in der griechischen Mythologie ursprünglich Mischwesen (Vogelleib mit weiblichem Antlitz), die Seefahrer mit ihren Liedern betören. In späteren Vorstellungen vermischt sich ihre Darstellung wie in den beiden hier angeführten Kunstwerken mit jener von verführerisch schönen, zumeist negativ konnotierten Meerjungfrauen. »Homer erwähnt nur zwei S[irenen], die meisten späteren Autoren drei. Sie lebten auf einer Insel, Anthemoëssa, vor der italischen Küste. Wenn sich Schiffe näherten, sangen sie so betörend, daß die Seeleute ihre Heimat vergaßen und willenlos auf der S[irenen]-Insel verkamen, die von gebleichten Knochen weiß wurde. […] Odysseus [segelte] glücklich vorbei, weil er einen Rat der Zauberin Kirke befolgte. Er füllte die Ohren seiner Leute mit Wachs, ließ sich am Mast festbinden und überstand so den verführerischen Gesang« (*Reclams Lexikon der antiken Mythologie*, S. 483). Diesen Moment aus dem 12. Gesang der *Odyssee* illustriert das Gemälde Drapers: Nackt, verführerisch, betörend, die Augen fest auf Odysseus und seine Mannschaft gerichtet, steigen die Sirenen im Moment ihrer Verwandlung an Bord, um das Schiff in ihre Gewalt zu bringen. Während die für den Gesang der Sirenen unempfängliche Mannschaft nach Kräften rudert, um der Gefahr zu entkommen, scheint Odysseus bereits wie von Sinnen: Seine aufgerissenen Augen belegen, dass er dem Gesang, also: dem Bann weiblicher Verführung bereits ausgeliefert ist. Nur der Rat Kirkes und seine Selbstfesselung bewahren den Listenreichen vor der Macht der Libido und dem Untergang in der bewegten See.

Dieser Macht kann sich der zweite Geselle aus Eichendorffs Gedicht *Die zwei Gesellen* aus dem Jahre 1818 nicht entziehen. Die sechs Strophen des Gedichtes präsentieren die unterschiedlich verlaufenden Lebenswege zweier Gesellen, die jubelnd in die »singenden Wellen / Des vollen Frühlings« (V. 4 f.) hinausziehen. Die Synästhesien der ersten Strophe bezeugen die Euphorie dieses Aufbruchs, das optimistische Streben »nach hohen Dingen« (V. 6) und den Wunsch, »Was Rechts in der Welt [zu] vollbringen« (V. 8). Beide Gesellen jedoch scheitern – auf unterschiedliche Weise. Der erste richtet sich früh in einer (der Romantik verhassten) bürgerlichen Lebensform ein, heiratet, gründet eine Familie und lässt sich von der Schwiegermutter finanziell absichern durch den Kauf von »Hof und Haus« (V. 12). Die ironisch gebrauchten Diminutive »Liebchen«, »Bübchen« und »Stübchen« unterlaufen dabei unübersehbar das Streben der 1. Strophe nach »hohen Dingen« (V. 6) und dienen als Hinweis auf den wenig ambitionierten, kleinbürgerlichen Lebensentwurf, der die Welt jenseits dieser konventionellen Scheinidylle nur noch gebrochen wahrzunehmen vermag. Anders der zweite Geselle, dessen Lebenslauf mittels zweier Strophen (und damit gewichtend) dargestellt wird. Dieser verliert sich im verlockenden Gesang der Sirenen (V. 18), welcher ihn in den »[f]arbig klingenden Schlund« (V. 20) hinabzieht. Er scheitert am Gesang, an der Lüge der Welt (V. 16), an den Lockungen der Libido (V. 18), an dem bunten Leben, in welchem er nicht zu bestehen vermag. »[M]üde und alt« (V. 22), muss er sich eingestehen, dass sein Leben buchstäblich Schiffbruch erlitten hat und er sich vereinsamt in einer stillen, erkalteten Welt (V. 24 f.) wiederfindet. Trotz dieses Scheiterns scheint das lyrische Ich den Lebensentwurf des zweiten Gesellen zu präferieren, indem es für diesen die Synästhesien und die vertikalen Bewegungen des Anfangs aufgreift, indem es die Momente von Gesang, Kunst, Mythos und Eros, von intensivem Erleben und furchtbarem Verlust mit diesem Lebensentwurf konnotiert. Die abschließende Strophe, nun im Präsens statt im Präteritum, knüpft an die beiden Eröffnungsstrophen an, indem es zu den dort entfalteten Motiven zurückkehrt. Auf eine für Eichendorff typische Weise, wie sie sich auch im *Marmorbild* findet, wird Gott am Ende des Gedichtes zum Flucht- und Fixpunkt eines gelingenden Lebens erklärt.

1.2 Einstieg: Joseph von Eichendorff, *Frische Fahrt* (1815)

UG

VORLAGE 1 ➤ S. 9

TAFELBILD 1 ➤ S. 9

Unterrichtsschritt. Die Schülerinnen und Schüler erhalten die VORLAGE 1 ***Joseph von Eichendorff (1788–1857): »Frische Fahrt« (1815)***. In einem durch die Lehrkraft angeleiteten offenen Unterrichtsgespräch erarbeitet sich die Lerngruppe eine stichwortartige Interpretation des Gedichtes. Ziel des Unterrichtsschrittes ist es, eine spätere Transferleistung vorzubereiten: Das lyrische Ich des Gedichts und Florio, den Protagonisten der Novelle *Das Marmorbild*, verbinden einige Gemeinsamkeiten. Die Ergebnisse des Unterrichtsgesprächs können von den Schülerinnen und Schülern auf der VORLAGE 1 gesichert werden.

Außerdem kann die Lehrkraft jene (positiven und negativen) Aspekte des Gedichts, die auf die spätere Problematik des Protagonisten Florio vorverweisen, im TAFELBILD 1 sichern. Dabei soll den Schülerinnen und Schülern deutlich werden, dass für die Interpretation des lyrischen Ichs und dessen Aufbruch ins Leben keine Entweder-Oder-Entscheidung verlangt, sondern wie bei jedem wirklichen Lebenslauf ein Sowohl-als-Auch denkbar ist. Auch Florio gerät in eine lebensbedrohliche Adoleszenzkrise, aus der er sich zu retten und zu befreien vermag.

VORLAGE 1

Joseph von Eichendorff (1788–1857): *Frische Fahrt* (1815)

Laue Luft kommt blau geflossen,
Frühling, Frühling soll es sein!
Waldwärts Hörnerklang geschossen,
Mut'ger Augen lichter Schein;
Und das Wirren bunt und bunter
Wird ein magisch wilder Fluss,
In die schöne Welt hinunter
Lockt dich dieses Stromes Gruß.

Und ich mag mich nicht bewahren!
Weit von Euch treibt mich der Wind,
Auf dem Strome will ich fahren,
Von dem Glanze selig blind!
Tausend Stimmen lockend schlagen,
Hoch Aurora flammend weht,
Fahre zu! ich mag nicht fragen,
Wo die Fahrt zu Ende geht!

Joseph von Eichendorff: Werke. Bd. 1. München: Winkler, 1981. S. 47.

Beobachtungen zur Form:

Beobachtungen zum Inhalt:

TAFELBILD 1

Joseph von Eichendorff (1788–1857): *Frische Fahrt* (1815)

Positive Aspekte	*Negative Aspekte*
• Frische des Aufbruchs ➤ Reisesituation • Dynamik des Lebensweges • Aktive Willensbekundung • Momente des Glücks: Enthusiasmus, Mut, Offenheit, Optimismus • Hinweise auf den Frühling • Hinweise auf die Schönheit der Welt	• Gefährdung des Aufbruchs ➤ Reisesituation • Sink- und Fallbewegungen • Passives ›Treibenlassen‹ • Momente der Gefährdung: Blindheit, Wirrung, »magisch wilder Fluss« • Zweifache Lockung (durch Sirenen?) • Fehlen eines Lebensweges bzw. -entwurfes
Mit dem Protagonisten Florio positiv zu verbinden	*Mit dem Protagonisten Florio negativ zu verbinden*

Erläuterungen. Eichendorffs Gedicht *Frische Fahrt*, 1815 veröffentlicht, präfiguriert Befindlichkeiten Florios, für die die Lerngruppe bereits zu diesem frühen Zeitpunkt sensibilisiert werden soll: so dessen Loslösung aus der gewohnten Umgebung, dessen erste Reise ins Leben im Frühling seines Lebens, dessen jugendlich-euphorische Offenheit, die mit einer wissentlich in Kauf genommenen Gefährdung seines wenig ausgeformten Lebensentwurfs einhergeht.

Die beiden kreuzgereimten Strophen bestehen aus je acht Versen. Strophe 1 berichtet von einer magisch wilden

Lockung, die in Strophe 2 in eine selig blinde Lebensreise mündet. Titel und Eröffnungsverse des Gedichtes sind eindeutig positiv konnotiert: Die *f*-Alliteration »Frische Fahrt« verknüpft den Titel sinnfällig mit der Gemination »Frühling, Frühling« (V. 2): Berichtet wird von einem ebenso erwartungsfrohen wie erwartungsvollen Aufbruch eines (durch die Jahreszeit allegorisch als jung ausgewiesenen) lyrischen Ichs ins Leben. Den Begriff der Fahrt sollten die Schülerinnen und Schüler als Keyword des Textes erkennen, er wird am Ende der zweiten Strophe noch einmal aufgegriffen und zu einer gedanklichen Conclusio geführt. Von besonderem klanglichen Wohllaut gekennzeichnet ist der erste Vers des Gedichtes. Er stößt entscheidende Leitmotive an: Mittels Alliteration, Synästhesie und Binnenreim werden die Elemente Luft und Wasser verknüpft (zu denen sich später als weiteres Leitmotiv das Licht gesellt); der vierhebige Trochäus mit seiner vorwärtsdrängenden und zugleich sinkenden Klanglinie charakterisiert ausgehend von diesem Vers die auffallend vertikalen Fluss- und Fallbewegungen (»In die schöne Welt hinunter / Lockt dich dieses Stromes Gruß«, V. 7 f.). Das lyrische Ich des Textes erscheint in Strophe 1 nicht mittels eines Personalpronomens der 1. Person Singular, spricht allerdings in V. 8 ein »Du« an, mit dem möglicherweise die Rezipienten des Gedichtes gemeint sind, denkbar (und wahrscheinlicher) ist aber ein fingiertes Selbstgespräch. Bei genauer Betrachtung sollten die Schülerinnen und Schüler die Ambivalenzen des beschriebenen Aufbruchs erkennen: Jenseits des jugendlichen Enthusiasmus finden sich bereits in Strophe 1 warnende Hinweise auf Lockung, Scheitern und Untergang, insbesondere in den zwei Schlussversen, die den zwei Eröffnungsversen diametral entgegengestellt sind. (Gute Schülerinnen und Schüler könnten in V. 8 und V. 13 Reminiszenzen an den Sirenen-Mythos aus dem ARBEITSBLATT 1, Material E und F erkennen.) Nicht minder deutlich sind weiter V. 5 und 6, die neben das magisch bunte Leben die warnenden Begriffe »Wirren« und »wild« stellen.

In Strophe 2 ist eine unmissverständliche und klare Entscheidung getroffen: »Auf dem Strome will ich fahren« (V. 11). Die aktive Willenserklärung geht allerdings einher mit einer gefährlich passiven Haltung: »selig blind« (V. 12) überlässt sich das lyrische Ich dem Leben (also dem Strom), um sich buchstäblich treiben zu lassen (V. 10). In der Loslösung und Entfernung von Familie und Freunden klingen die antibürgerliche Haltung der Romantik an, der Mut und die Bereitschaft, nach unangepassten Lebenswegen und Lebensformen zu suchen. Für diesen Ausbruch aus der Beschränktheit vorgezeichneter Lebensentwürfe findet Eichendorff im Gedicht mehrere Metaphern: den Frühling (V. 2) als Zeichen des Erwachens, die Jagd (V. 3) als Zeichen der Herausforderung, den zu befahrenden Strom (V. 6 ff.) als Zeichen des selbstgewählten Lebensweges, Aurora (V. 14) und den mit ihr verbundenen Glanz (V. 12) als Zeichen für Licht, Aufbruch, Weite. Wie groß die Gefährdung des lyrischen Ichs und wie sehr es tatsächlich verunsichert ist, kann mit guten Schülerinnen und Schülern diskutiert werden. Positiv gelesen könnte die Lerngruppe zu dem Ergebnis kommen, dass sich das lyrische Ich, auf seine Jugend, seinen Mut und seinen Optimismus bauend, dem Leben anvertraut; negativ formuliert müsste dem gegenübergestellt werden, dass das lyrische Ich sich zwar »selig«, aber »blind« (V. 12), dabei passiv (V. 10), unreflektiert (V. 15) und ohne wirklichen Lebensentwurf dem Leben überlässt. Wasser-, Luft- und Lichtmetaphorik kulminieren in den zwei exklamatorisch formulierten Schlussversen des Gedichtes, die den Begriff der »Fahrt« (V. 16) aufgreifen: Wie zuvor signalisiert der Imperativ (V. 15) Mut und Entschlossenheit, dem entgegen steht das fraglose, ziellose und haltlose Hinaustreiben in ein entgrenztes Leben.

Hausaufgabe

Lektüre der gesamten Novelle, insbesondere der Exposition der Novelle (*Das Marmorbild*, Reclam XL, 3,1–17,3).

Impulse zu Joseph von Eichendorff: *Das Marmorbild*

Arbeitsaufträge:

1. Bilden Sie mindestens 6 Gruppen von jeweils drei bis vier Personen.
2. Lesen bzw. betrachten Sie gemeinsam alle Materialien (A–F).
3. Folgende Materialien sollen anschließend durch je zwei Gruppen gemeinsam bearbeitet werden, und zwar die ersten Aufgaben getrennt in der einzelnen Gruppe (1–6), die jeweils letzte gemeinsam in den beiden Gruppen (1 und 2, 3 und 4, 5 und 6):
   - I Gruppen 1 und 2: Materialien A und B
   - II Gruppen 3 und 4: Materialien C und D
   - III Gruppen 5 und 6: Materialien E und F
4. Bereiten Sie eine kurze Präsentation ihrer Ergebnisse (von je 5 Minuten pro Material) im Plenum der Klasse vor.
5. Vorbereitungszeit 10 Minuten in den einzelnen Gruppen, 5 Minuten in der zusammengesetzten Gruppe.

I Gruppen 1 und 2: Materialien A und B

Material A: Lexikon-Artikel *Aphrodite*

Aphrodite, Göttin der Liebe, von den Römern mit Venus gleichgesetzt. Es gibt hauptsächlich zwei Berichte über Aphrodites Geburt. Nach Homer war sie eine Tochter des Zeus und der Dione, während Hesiod erklärt, sie sei aus dem Schaum entsprungen, der sich um die abgeschnittenen Genitalien des Uranos herum ansammelte, als diese über das Meer zur Insel Zypern (Kypros) trieben. Die Griechen verbanden Aphrodites Namen mit *aphros* (Meeresschaum) und nannten sie oft Kypris nach der Insel, auf der sie nach ihrer Geburt im Meer ans Land emporgestiegen sein soll. (Sie nannten sie auch Kythereia, denn in manchen Geschichten stieg sie in Kythera, einer Insel vor der Südküste der Peloponnes, aus dem Meer empor.) Obwohl spätere Legenden Eros zu Aphrodites Sohn machten, behauptet Hesiod, er habe sie begrüßt, als sie aus dem Meer stieg. […] Aphrodite heiratete den lahmen Feuergott Hephaistos, aber sie blieb, wie von einer Göttin der Liebe nicht anders zu erwarten, ihrem wenig romantischen Gatten nicht lange treu. Sie hatte eine lange Affäre mit Ares, der sie jedesmal in Hephaistos' Bett besuchte, wenn dieser Gott den Olymp verließ. Hephaistos, von Helios gewarnt, ertappte die Liebenden eines Tages nackt im Bett und gab sie dem Gelächter der anderen Götter preis. Ares und Aphrodite hatten mehrere Kinder: Eros, Deimos (Furcht), Phobos (Grauen) und Harmonia. Aphrodite hatte auch kurze Liebesgeschichten mit anderen Göttern […]. Die Göttin beschränkte ihre Aufmerksamkeit jedoch nicht auf Götter.

Reclams Lexikon der antiken Mythologie. Von Edward Tripp. Übers. von Rainer Rauthe. Stuttgart: Reclam, [6]1999. S. 58.

Worterläuterungen:

2 Homer: griechischer Dichter, der die beiden ältesten Zeugnisse der europäischen Literatur, die Epen *Ilias* und *Odyssee* (8./7. Jh. v. Chr.) verfasst haben soll | **2 Zeus:** oberste Gottheit der griechischen Mythologie | **2 Dione:** Titanide, Tochter des Uranos und der Gaia | **2 f. Hesiod:** griechischer Dichter, ca. 700 v. Chr., eine der Hauptquellen für die Überlieferung der griechischen Mythologie | **3 f. Uranos:** einer der Protogenoi, der ältesten Götter, und Erstgeborener der Gaia. Mit dieser zeugt er zwölf Nachkommen, die Titanen. Sein Sohn Kronos beraubt ihn seiner Macht, indem er ihn kastriert. Aus den ins Meer geworfenen Genitalien entsteht Aphrodite, die »Schaumgeborene« | **7 Peloponnes:** Halbinsel im Süden des griechischen Festlandes | **8 Eros:** Gott der begehrenden Liebe, davon abgeleitet der Begriff Eros für das sinnliche Verlangen bzw. Begehren | **9 Hephaistos:** Gott des Feuers und der Schmiedekunst | **11 Ares:** Gott des Krieges | **12 Helios:** Sonnengott. Er lenkt den Sonnenwagen über den Himmel. | **14 Harmonia:** Göttin der Eintracht

Material B: **Sandro Botticelli:** ***Die Geburt der Venus*** **(1485/86)**

Sandro Botticelli (1445–1510): *Die Geburt der Venus* (1485/86). Tempera auf Leinwand, 172,5 × 278,5 cm. Uffizien, Florenz

Arbeitsaufträge zu Materialien A und B

a) *Gruppe 1:* Exzerpieren Sie wesentliche Informationen zum Aphrodite-Mythos (**Material A**).

b) *Gruppe 2:* Recherchieren Sie online Informationen zu Botticellis *Geburt der Venus* (**Material B**).

c) *Gruppe 2:* Beschreiben Sie mit diesen Informationen das Gemälde Botticellis (**Material B**).

d) *Gruppen 1 und 2:* Verknüpfung der gefundenen Informationen: Welchen Moment des Aphrodite-Mythos gestaltet Botticelli?

II Gruppen 3 und 4: Materialien C und D

Material C: **Giorgio da Castelfranco, genannt Giorgione (und Tizian):** ***Schlummernde Venus*** **(um 1508/10)**

Giorgione (1478–1510): *Schlummernde Venus* (um 1508/10). Öl auf Leinwand, 108,5 × 175 cm. Gemäldegalerie Alte Meister, Staatliche Kunstsammlungen Dresden

Material D: **Venus von Milo**

»Venus von Milo« (2. Jh. v. Chr.). Künstler unbekannt, gefunden 1820 auf der Kykladeninsel Milos. Marmor, 202 cm, Louvre, Paris. – Foto: CC BY-SA 4.0 / Livioandronico2013 (bearbeitet)

Arbeitsaufträge zu Materialien C und D:

a) *Gruppe 3:* Recherchieren Sie online Informationen zu Giorgiones *Schlummernder Venus* (Material C).
b) *Gruppe 3:* Beschreiben Sie mit diesen Informationen das Gemälde Giorgiones (Material C).
c) *Gruppe 4:* Recherchieren Sie online Informationen zur »Venus von Milo« (Material D).
d) *Gruppe 4:* Beschreiben Sie mit diesen Informationen die Figur der »Venus von Milo« (Material D).
e) *Gruppen 3 und 4:* Verknüpfung der gefundenen Informationen: Zeigen Sie Gemeinsamkeiten und Unterschiede der beiden Venus-Darstellungen.

III Gruppen 5 und 6: Materialien E und F

Material E: Herbert James Draper: *Odysseus und die Sirenen* (1909)

Herbert James Draper (1863–1920): *Odysseus und die Sirenen* (1909). Öl auf Leinwand, 213,5 × 177 cm. Kingston upon Hull, Ferens Art Gallery

Material F: Joseph von Eichendorff (1788–1857): *Die zwei Gesellen* (1818)

Die zwei Gesellen

Es zogen zwei rüst'ge Gesellen
Zum erstenmal von Haus,
So jubelnd recht in die hellen,
Klingenden, singenden Wellen
Des vollen Frühlings hinaus.

Die strebten nach hohen Dingen,
Die wollten, trotz Lust und Schmerz,
Was Rechts in der Welt vollbringen,
Und wem sie vorübergingen,
Dem lachten Sinnen und Herz. –

Der erste, der fand ein Liebchen,
Die Schwieger kauft' Hof und Haus;
Der wiegte gar bald ein Bübchen,
Und sah aus heimlichem Stübchen
Behaglich ins Feld hinaus.

Beobachtungen:

Dem zweiten sangen und logen
Die tausend Stimmen im Grund,
Verlockend' Sirenen, und zogen
Ihn in der buhlenden Wogen
Farbig klingenden Schlund.

Und wie er auftaucht' vom Schlunde,
Da war er müde und alt,
Sein Schifflein das lag im Grunde,
So still war's rings in die Runde,
Und über die Wasser weht's kalt.

Es singen und klingen die Wellen
Des Frühlings wohl über mir;
Und seh ich so kecke Gesellen,
Die Tränen im Auge mir schwellen –
Ach Gott, führ uns liebreich zu dir!

Joseph von Eichendorff: Werke. Bd. 1: Gedichte, Versepen, Dramen, Autobiographisches. München: Winkler, 1981. S. 90.

Arbeitsaufträge zu Materialien E und F:

a) *Gruppe 5:* Recherchieren Sie online Informationen zu den Sirenen und dem der Darstellung **Material E** zugrundeliegenden Mythos.
b) *Gruppe 5:* Beschreiben Sie mit diesen Informationen das Gemälde Drapers *Odysseus und die Sirenen* (**Material E**).
c) *Gruppe 6:* Bereiten sie eine knappe Analyse von Eichendorffs Gedicht *Die zwei Gesellen* (**Material F**) vor.
d) *Gruppen 5 und 6:* Verknüpfung der gefundenen Informationen: Zeigen Sie Gemeinsamkeiten im Umgang mit dem Mythos der Sirenen.

2 »Ich nur stehe hier alleine«
Die Exposition der Novelle als solche erkennen und begreifen

Sachanalyse

Jedem Beginn kommt exponierte Bedeutung zu: Wie ein Autor die Welt der erzählten Wirklichkeit errichtet, wie er den zeitlichen und räumlichen Rahmen um diese Welt spannt, wie er Erzähler und Personal einführt, Konflikte kreiert, Handlungen motiviert und in Gang setzt, auf welche Weise er den Leser auf die Tonlage des Textes einstimmt, wie er Leitthemen und Leitmotive des Textes zum ersten Mal sichtbar macht – all dies sind Überlegungen, die nicht nur die Gestaltungsweise der Exposition beeinflussen, sondern von jeher als Indikatoren einer reifen künstlerischen Komposition gelten. Am 18. August 1880 schreibt Theodor Fontane an den Redakteur Gustav Karpeles, der den Vorabdruck seiner Novelle *Ellernklipp* für die *Westermannschen Monatshefte* betreut: »Volle acht Tage habe ich gebraucht, um das in Abschrift vor mir liegende erste Kapitel in Ordnung zu bringen. [...] das erste Kapitel ist immer die Hauptsache und in dem ersten Kapitel die erste Seite, beinah die erste Zeile [...]. Bei richtigem Aufbau muss in der ersten Seite der Keim des Ganzen stecken«[1]. Versammeln, verdichten, verknüpfen, verweisen: Legt man die Formulierung Fontanes zu Grunde, kann bereits die erste Seite, ja »der erste Satz eines Romans eine radikale Entscheidung«[2] markieren. Norbert Miller betont, dass sich »im Romananfang der unendliche Spielraum der Reflexion auf einen endlichen Gegenstand zusammen[ziehe]«[3], dass »aus der Vielfalt möglicher Variationen und Gestaltungen eine beschränkte Version verbindliche Geltung [gewinne]. Der Erzähler muß mit dem ersten Satz die allgemeine Idee und Absicht seines Buches, die sich in zahllosen Handlungen und Ausdrucksformen realisieren könnten, zumindest scheinbar außer Kraft setzen. Der Anfangssatz schafft im Pragmatischen eine Tabula-rasa-Situation, aus der sich dann [...] die allgemeine Idee schrittweise in den Mosaiksteinen der Handlung, in den verflochtenen Fäden der Gedanken wieder zusammensetzt«.[4] Für die episch breit angelegte Novelle ergibt sich demnach mit der Exposition die Möglichkeit, auch: die Herausforderung, das komplexe Gefüge eines Textes, in welchem jeder Figur, jeder Handlung, jedem Ort, jedem Motiv eine bedeutsame Funktion zukommen kann, ›in nuce‹ zu skizzieren.

Dies gelingt Eichendorff mit der Exposition des *Marmorbildes*: In schnell aufeinanderfolgenden Bildern begegnet der Protagonist Florio bereits in den ersten Stunden nach seiner Ankunft in Lucca allen für das spätere Handlungsgeflecht der Novelle wichtigen Figuren: zunächst dem Mentor und Freund Fortunato, während der Feier vor den Toren der Stadt der späteren Geliebten Bianka, im Festzelt Donati, dem schlanken Ritter mit dem flammenden Blick (11,10–14), und schließlich, in der Nacht nach seiner Ankunft unruhig die Gegend durchstreifend, jener steinernen Schimäre, aus deren wirkungsmächtigem Zauberbann er sich kaum mehr zu lösen vermag. Nicht nur sind damit alle relevanten Figuren in die Handlung eingeführt, mehr noch sind auch die entscheidenden Konflikte nahezu beiläufig angeschoben: Im Spannungsfeld zwischen den beiden Frauenfiguren wird Florio sich fortan bewegen, schwankend zwischen himmlischer und irdischer Liebe, zwischen der anmutig beweglichen Kindfrau auf der einen und der steinernen Statue auf der anderen Seite. Archetypisch und archaisch die eine, schüchtern und unerfahren die andere, so treten ihm in der Exposition die beiden Frauen gegenüber, ehe sie vom Erzähler durch die Leitmotive der Blume und des Frühlings gekoppelt und in der Maskenball-Szene des dritten Teils als Doppelgängerin nahezu amalgamiert werden. Insbesondere die Versuchungen, Verlockungen und Verführungsversuche der Venus stürzen Florio in eine tiefe Adoleszenzkrise. Mit den beiden Frauenfiguren sind weiter unterschiedliche Motivkomplexe konnotiert, die bereits in der Exposition anklingen: So gehört zu Bianka der Morgen, die Helligkeit, die Klarheit, zur Figur der Venus hingegen die Mittagshitze, die Nacht, das Mondlicht. Während die eine in der Wirklichkeit verankert ist, gehört die andere in den Bereich des Surrealen, Traumhaften. Hier Vernunft und Erkenntnis, dort Unbewusstes und Rauschhaftes, hier die Auferstehung und das Leben, dort der Untergang und der Tod. Mit Bianka wird Florio zu sich selbst finden, die Göttin der Liebe hingegen droht ihn sich selbst zu entfremden.

Insgesamt, und dies sollen die Schülerinnen und Schüler erkennen, ist die Exposition des *Marmorbildes* nahezu idealtypisch, indem alle wesentlichen

1 Theodor Fontane, *Werke, Schriften und Briefe*, Abt. 4, Bd. 3: *Briefe 1879-1889*, hrsg. von Otto Drude, Manfred Hellge und Helmuth Nürnberger, München 1980, S. 101.

2 Norbert Miller, »Einleitung«, in: *Romananfänge. Versuch zu einer Poetik des Romans. Zwölf Essays*, hrsg. von N. M., Berlin 1965, S. 8.

3 Ebd.

4 Ebd., S. 8f.

Anforderungen an die Eröffnung einer Erzählung erfüllt werden: Ort, Zeit und Personal sind vorgestellt, Konflikte sind kreiert, Leitthemen und Leitmotive ausgespannt, die fortan den Text verknüpfen und verflechten.

Unterrichtsverlauf

Überblick. Die Schülerinnen und Schüler klären, welche Erwartungshaltungen sie an die Exposition eines epischen Textes richten können, welche Information eine Exposition demnach dem Leser, der Leserin zu bieten bzw. welche Funktion eine Exposition zu erfüllen habe. In einer Transferleistung werden die gewonnenen Erkenntnisse auf die Exposition der Novelle angewandt.

Phase	Thema	Sozialform	Kompetenzen und Lernziele	Materialien
Voraussetzungen: genaue Lektüre der Exposition, Reclam XL, 3,1–17,3				
2.1	Einstieg: Aufbau und Funktion der Exposition	UG	• Aufbau und Funktion der Exposition erkennen und benennen	TAFELBILD 2a ➤ S. 18
2.2	Erarbeitung/Sicherung (1): Zur Einführung des Personals	PA / GA	• Erste Hinweise zum Personal der Novelle sammeln	ARBEITSBLATT 2 ➤ S. 22
2.3	Erarbeitung/Sicherung (2): Zu Ort, Zeit, Konflikt und Handlung	UG	• Die Ausgestaltung der handlungsmotivierenden Konflikte erkennen und benennen	ARBEITSBLATT 2 ➤ S. 22 TAFELBILD 2b ➤ S. 20
HA	Intensive Lektüre der ersten Begegnung Florio – Venus			*Das Marmorbild*, Reclam XL, 15,28–16,31

2.1 Einstieg: Aufbau und Funktion der Exposition

Unterrichtsschritt. In einem offenen Unterrichtsgespräch wird mit den Schülerinnen und Schülern die Frage geklärt, welche Erwartungshaltungen sie an die Exposition eines epischen Textes richten, welche Information eine Exposition demnach dem Leser, der Leserin zu bieten bzw. welche Funktion eine Exposition zu erfüllen habe. Als Exposition des *Marmorbildes* soll dabei die (als Hausaufgabe gelesene) Textpassage Reclam XL 3,1–17,3 gelten. Die Ergebnisse des Impulsgesprächs werden in TAFELBILD 2a gesichert. Der Einstieg in die Unterrichtseinheit sollte nur wenig mehr als 10 Minuten Zeit in Anspruch nehmen.

UG

TAFELBILD 2a
➤ S. 18

Erläuterungen. Von der Exposition eines epischen Textes können erwartet werden: Informationen zu Ort und Zeit des Geschehens, Informationen zum Personal der Erzählung, ein erkennbarer Konflikt, der die einsetzende Handlung motiviert; weiter können Leitthemen und Leitmotive der Erzählung bereits an dieser frühen Stelle sichtbar werden. Um die Gruppenarbeiten des nachfolgenden Unterrichtsschrittes vorzubereiten, sollte das offene Unterrichtsgespräch weiter den Aufbau der Exposition des *Marmorbildes* klären. Erfahrungsgemäß erkennen Schülerinnen und Schüler, dass Florio auf den Eröffnungsseiten der Novelle allem später wichtigen Personal begegnet: Zunächst seinem Freund und Mentor Fortunato, dann der Geliebten Bianka, darauf dem Ritter Donati und schließlich dem Marmorbild der Verführerin Venus. Die bewusst konstruierte Gegensätzlichkeit der Figuren, die sich als paarweise symmetrische Personenkonstellation um den Protagonisten Florio ordnet, kann schon hier zum Thema gemacht werden (genauer beschrieben wird diese in Unterrichtseinheit 6).

TAFELBILD 2a

Aufgaben der Exposition

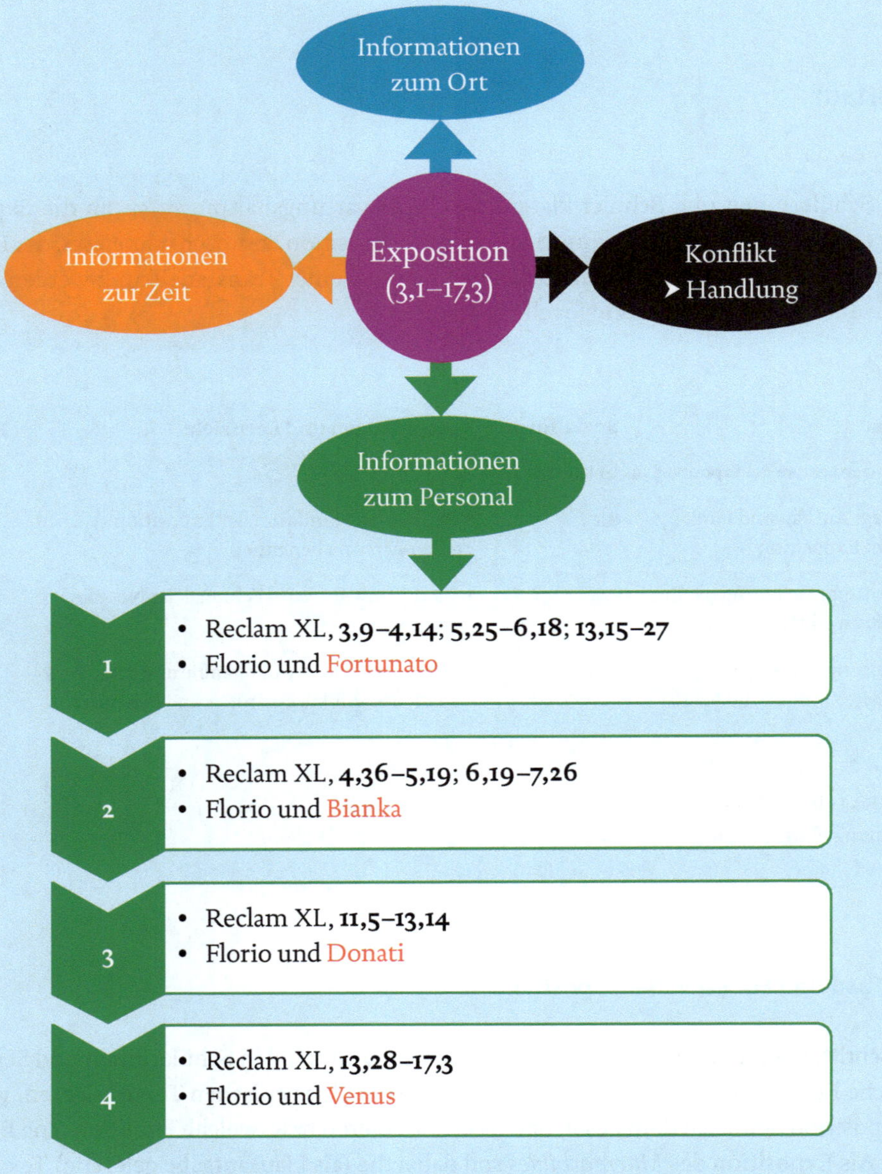

1	• Reclam XL, **3,9–4,14; 5,25–6,18; 13,15–27** • Florio und Fortunato
2	• Reclam XL, **4,36–5,19; 6,19–7,26** • Florio und Bianka
3	• Reclam XL, **11,5–13,14** • Florio und Donati
4	• Reclam XL, **13,28–17,3** • Florio und Venus

2.2 Erarbeitung/Sicherung (1): Zur Einführung des Personals

PA / GA

ARBEITSBLATT 2
➤ S. 22
Lösungshinweise
➤ S. 107

Unterrichtsschritt. Die Schülerinnen und Schüler erarbeiten sich die Einführung des Personals in die Handlung der Novelle. Dazu erhalten sie das ARBEITSBLATT 2 ***Einführung des Personals in die Handlung der Novelle*** und bearbeiten die Arbeitsaufträge in Partner- bzw. in Gruppenarbeiten. Für Florio und Venus muss keine Arbeitsgruppe gebildet werden, die erste Begegnung dieser beiden Figuren ist Gegenstand der nachfolgenden Stunde 3. Stattdessen kann durch einen Teil der Lerngruppe bereits der Unterrichtsschritt 2.3 vorbereitet werden, indem Hinweisen zu Orts- und Zeitverhältnissen ebenso nachgegangen wird wie einem erkennbar werdenden Konflikt, der die spätere Handlung motiviert.

Erläuterungen zu ARBEITSBLATT 2. Ein genauer Blick auf Personenkonstellation und Personal der Novelle ist Gegenstand der Unterrichtseinheiten 6 bzw. 7 (Bianka und Venus), 8 (Fortunato und Donati) und 9, 10 (Florio). Insofern ist zu diesem frühen Zeitpunkt der Lektüre nur eine knappe, vorläufige Annäherung intendiert, die den Schülerinnen und Schülern für die folgenden Sitzungen zur Orientierung dienen soll.

Zu Fortunato (Arbeitsaufträge 2 und 3): Die wichtigste Begleit- und Bezugsfigur Florios ist zugleich die erste

Figur, welcher der Protagonist begegnet. Fortunato, dessen Name auf die römische Göttin des Glückes verweist, gesellt sich schon vor Florios Ankunft in Luca »freundlich grüßend« (3,12) an seine Seite. Der »berühmte[] Sänger« (6,2) wird ihm im Verlauf der Novelle zum Freund und zum Mentor, zum Mahner und zum Retter, zum künstlerischen Vorbild und zum Ratgeber in ästhetischen Fragen. Frisch, keck und anmutig sind die Attribute, mit denen Fortunato in die Handlung eingeführt wird, an späterer Stelle erscheint er Florio – so der Erzähler – um ein Vielfaches bedeutungsvoller als »ein Bote des Friedens« (25,15). In Gesellschaften ist er (im Unterschied zu Donati) ein gern gesehener, geistreicher und glänzender Mittelpunkt, um den man sich gerne versammelt, dessen Lieder man gerne hört. Fortunato ist es, der den scheuen Florio in die Gesellschaft einführt (6,10–15), und dies, obwohl es von ihm heißt, nur er »allein gehörte allen, oder keiner an und erschien fast einsam in dieser anmutigen Verwirrung. Er war ausgelassen lustig und mancher hätte ihn wohl übermütig genannt, wie er so wildwechselnd in Witz, Ernst und Scherz sich ganz und gar losließ, hätte er dabei nicht wieder mit so frommklaren Augen beinah wunderbar dreingeschaut« (7,28–34). Tatsächlich wechseln bei Fortunato, wie die Schülerinnen und Schüler bemerken können, Momente »spröde[r] Lustigkeit« (8,4) mit solchen tiefer Ernsthaftigkeit. Das Lied, das Fortunato singt, bildet den inhaltlichen Mittelpunkt der Exposition, präfiguriert spätere Handlungsverläufe, verdichtet die Leitmotive der Novelle und markiert auf diese Weise hinsichtlich der Kontextproblematik, also der Wechselwirkung zwischen epischem Textgefüge und lyrischer Einlage, ein Musterbeispiel romantischer Universalpoesie. Mit seiner Frage, ob Florio jemals »von dem wunderbaren Spielmann gehört [habe], der durch seine Töne die Jugend in einen Zauberberg hinein verlockt, aus dem keiner wieder zurückgekehrt ist« (4,10 ff.), führt Fortunato bereits auf der zweiten Druckseite das Leitmotiv vom Schicksal des Tannhäusers im Venusberg in den Text ein, nicht ohne den jugendlichen Freund gleichzeitig imperativisch zu warnen: »Hütet Euch!« (4,14) Das Verschwinden Donatis kommentiert der dem Licht des Tages zugeordnete Fortunato mit den Worten: »Gott sei Dank […] dass ihn die Nacht wieder verschlungen hat!« (13,15 f.)

Zu Bianka (Arbeitsaufträge 2 und 3): Ihr Name Bianka (ital., ›weiß‹) verweist auf ihre Reinheit bzw. ihre Unschuld, konnotiert sie allerdings von Beginn an auch mit ihrer späteren Gegenspielerin Venus, die Florio als weißes Marmorbild begegnet. Die Exposition scheint diese Reinheit Biankas zunächst zu bestätigen, indem sie deren »fast noch kindliche Gestalt« (5,6 f.) pointiert betont. Gleichzeitig finden sich Hinweise darauf, dass Bianka sich ihrer erblühenden Weiblichkeit längst bewusst ist. Mehrfach wird ihre erwachende Libido (auch durch die Farbsymbolik) kenntlich gemacht: Dunkelglühend (6,31) sind ihre Blicke, ihre Lippen rot und heiß (7,20 f.), hochrot blickt sie nach dem Kuss Florios, den sie willig geschehen lässt, in ihren Schoß (7,24). Mit dem Blumenkranz im Haar erscheint sie »recht wie ein fröhliches Bild des Frühlings« (5,9 f.) und erinnert auf diese Weise an Flora, die römische Göttin der Blüte und des Frühlings (mit welchem sich später auch Venus intensiv auseinandersetzen wird, vgl. deren Sonett 21,6–19). Auffallend ist die »Anmut aller ihrer Bewegungen« (5,7 f.), die sie von der steinernen Starre des Marmorbildes offensichtlich unterscheidet. Eventuell bemerken die Schülerinnen und Schüler auch die Vertikalbewegungen (des Federballspiels), die sich an späterer Stelle bei der ersten Begegnung Florios mit dem Marmorbild der Venus wiederholen werden (16,1 ff.; 16,9 ff.).

Zu Donati (Arbeitsaufträge 2 und 3): Während Fortunato und Bianka als positiv konnotiertes Paar um Florio gruppiert sind, bilden Donati und die Liebesgöttin Venus jenes Paar, das Florio in die Dunkelheit von Versuchung und Verführung zu locken sucht. Dezidiert heißt es von Donati, dass er nicht in die Gesellschaft passe, sein im Grunde asoziales Wesen verursacht eine »ängstliche Störung« (11,34 f.). Auch Bianka weicht an späterer Stelle vor der »bleiche[n] und schauerliche[n]« (12,7 f.) Erscheinung zurück. Bereits das Äußere des hohen, schlanken Ritters gemahnt mehrfach an seine Zugehörigkeit zur Dunkelheit des archaischen Mythos: »Sein Blick aus tiefen Augenhöhlen« ist »irre flammend, das Gesicht schön aber blass und wüst« (11,13 f.), die Lippen bleich und fein (11,19). Für die anwesenden Gäste ist das Erscheinen Donatis – so der Erzähler – konnotiert mit dem Erscheinen des stillen Gastes in Fortunatos Lied »Was klingt mir so heiter« (vgl. 10,3 bzw. 11,15 ff.), und damit einer Figur, die im Lied dem Tod angenähert ist. Die Bedeutung der Tatsache, dass das Ross Donatis sich beim Heimritt vor dem Stadttor aufbäumt, können sich die Schülerinnen und Schüler über die Anmerkungen der hier zugrundeliegenden Ausgabe erschließen: »Der Reiter eines Pferdes, das vor einem Tor scheut, hatte, so der Volksaberglauben, Schuld auf sich geladen und ein schlechtes Gewissen« (*Das Marmorbild*, Reclam XL, S. 54). Die Reaktion Donatis bestätigt eine solche Vermutung: »Ein funkelnder Zornesblitz fuhr, fast verzerrend, über das Gesicht des Reiters und ein wilder, nur halb ausgesprochener Fluch aus den zuckenden Lippen« (12,36–13,2), wobei insbesondere das Fluchen als Gotteslästerung eine bezeichnende Wertung darstellt, die sich an späteren Stellen der Novelle bestätigt, wenn Donati Florio am heiligen Sonntag zur Jagd lädt (24,21–24) oder den Klang der Kirchenglocken flieht (25,6–10).

(Symbolfotos: Schülerarbeiten des Wahlfachs Literatur und Theater 13ab 2021/22 am Sozialwissenschaftlichen Gymnasium des Kolping-Bildungszentrums Heilbronn.)

2.3 Erarbeitung/Sicherung (2): Zu Ort, Zeit, Konflikt und Handlung

UG

ARBEITSBLATT 2
➤ S. 22
TAFELBILD 2b
➤ S. 20

Unterrichtsschritt. Ein Teil der Lerngruppe erhielt bereits während des vorhergehenden Unterrichtsschrittes den Arbeitsauftrag, in Partner- bzw. in Gruppenarbeit Hinweisen zu den Orts- und Zeitverhältnissen ebenso nachzugehen wie einem erkennbar werdenden Konflikt, der die spätere Handlung motiviert (ARBEITSBLATT 2, Arbeitsauftrag 4). Die Ergebnisse werden nun im TAFELBILD 2b gesichert.

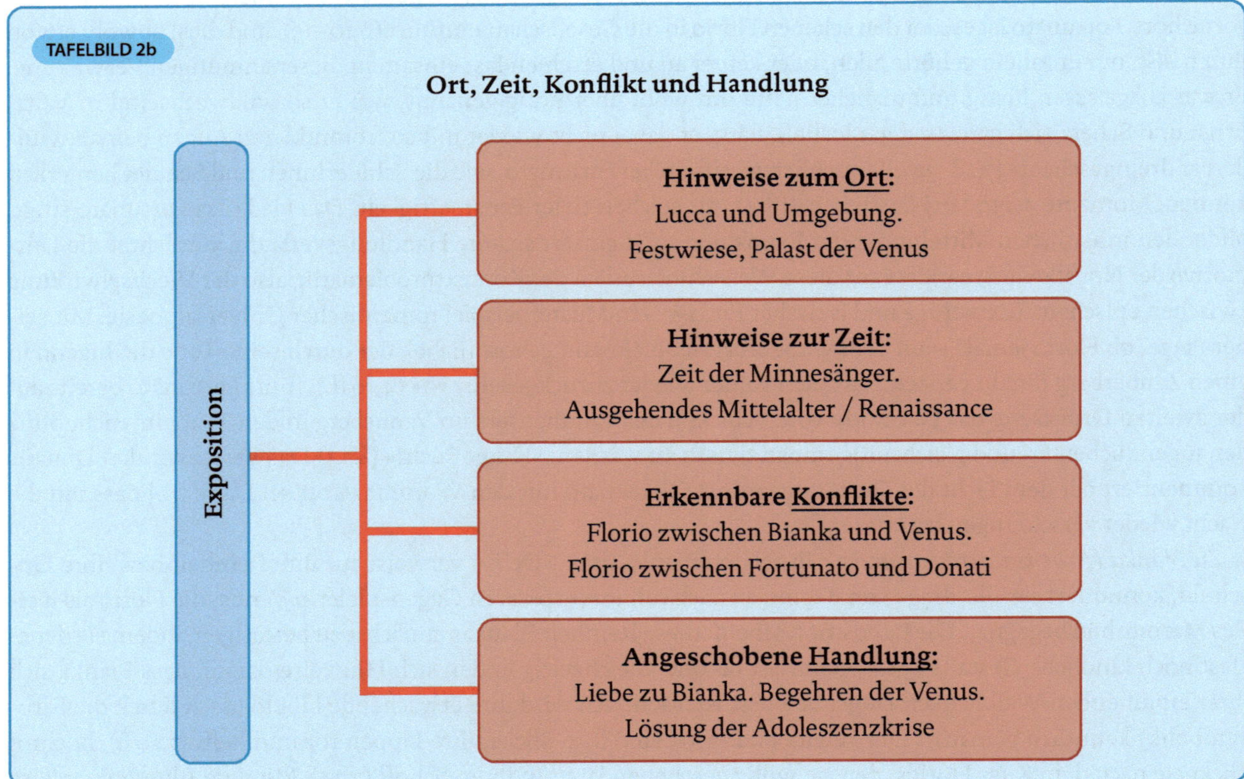

Erläuterungen. *Hinweise zum Ort:* Die Handlung des *Marmorbilds* spielt in der oberitalienischen Stadt Lucca und deren Umgebung. Eichendorff, der Italien nie bereist hat, folgt mit der Wahl des Ortes seiner Hauptquelle, die er im Begleitbrief zu seinem Manuskript des *Marmorbilds* an Friedrich de la Motte Fouqué vom 2. Dezember 1817 benennt: »Ihrer gütigen Erlaubnis zufolge, wage ich es, Ihnen wieder etwas von meiner Poesie zuzuschicken, eine Novelle oder Märchen, zu dem irgend eine Anekdote aus einem alten Buche, ich glaube es waren Happellii Curiositates, die entfernte Veranlassung, aber weiter auch nichts, gegeben hat« (zit. nach: J. v. E., *Sämtliche Erzählungen*, hrsg. von Hartwig Schultz, Stuttgart 2012, S. 528). Eichendorff bearbeitet aus der genannten Quelle die Geschichte »Die seltzahme Lucenser-Gespenst« (ebd., S. 530). Der Titel seiner Hauptquelle lautet: *E. G. Happelii grösseste Denkwürdigkeiten der Welt oder so genandte Relationes Curiosae*, Hamburg 1687 (ebd., S. 529). Im ausgehenden Mittelalter bzw. während der Renaissance ist Lucca berühmt für seine Textilindustrie, insbesondere für seine Seide, deren Farbenpracht in Europa als unübertroffen gilt.

Hinweise zur erzählten Zeit: Exakte Angaben zur erzählten Zeit fehlen, aber es finden sich Hinweise auf das ausgehende Mittelalter bzw. die italienische Renaissance. So ist die Gestalt Fortunatos entlang der romantischen Vorstellung eines Minnesängers bzw. Troubadours konzipiert, er reitet einen »Zelter« (3,9; die mittelalterliche Bezeichnung für ein besonders zahmes Pferd), auch gemahnt der »Wettstreit« (6,4) an den üblichen Sängerwettstreit des Hochmittelalters (vgl. hierzu *Sämtliche Erzählungen*, S. 532).

Hinweise zu Konflikt und Handlung: Die Exposition von Eichendorffs *Marmorbild* (3,1–17,3) entfaltet auf engem Raum einiges an Konfliktpotenzial, um die nachfolgende(n) Handlung(en) anzuschieben bzw. zu motivieren. So wird die Hauptfigur Florio deutlich in den Spannungsfeldern zwischen Bianka und Venus einerseits bzw. Fortunato und Donati andererseits positioniert. Damit ist bereits die Adoleszenskrise des Protagonisten benannt, die im Verlauf der Novelle in einen Reifeprozess münden wird. Florio hat sich zu entscheiden zwischen dem triebhaften Begehren, das ihn dunkel verlockend zu einer archaischen Göttin zieht, und der idealen Liebe zu einer realen, noch unerfahrenen jungen Frau. Deutlich wird weiter an dieser frühen Stelle die Gegenüberstellung von

Mittelalter und Antike. Die marmorne Göttin Venus entstammt der antiken Mythologie und Kunst und ist hier in eine mittelalterlich-christliche Welt hineingestellt. Die Schülerinnen und Schüler werden zu diesem frühen Zeitpunkt der Lektüre wohl nur einen Teil der Leitmotive erkennen und benennen können, die der Exposition eingeschrieben sind; mögliche Ergebnisse könnten sein: das Leitmotiv vom Tannhäuser und dem Venusberg, weiter die Leitmotive um Gesang und Dichtkunst, um den Frühling, die Blumen und die damit verbundene Farbsymbolik, um das Leitmotiv des Wassers, des Weihers, an das die Sirenen, die Schwäne, das Segelschiff angeknüpft sind, um Eros und Thanatos, um die immer wiederkehrenden Kreisbewegungen des Textes bzw. die vertikalen Fluchtlinien (z. B. im Federballspiel).

Hausaufgabe

Intensive Lektüre der ersten Begegnung Florio – Venus (*Das Marmorbild*, Reclam XL, 15,28–16,31).

ARBEITSBLATT 2

Einführung des Personals in die Handlung der Novelle

Figur	Hinweise zum *Äußeren* und zum *Charakter*	Verhältnis zu Florio
Fortunato		
Bianka		
Donati		

Arbeitsaufträge:

1. Lesen Sie zunächst die in TAFELBILD 2a für Ihre Figur benannten Textpassagen der Exposition.
2. Sammeln Sie in der linken Spalte Hinweise zu Aussehen und Charakter der Ihnen zugewiesenen Figur.
3. Formulieren Sie in der rechten Spalte Überlegungen, in welchem Verhältnis die Ihnen zugewiesene Figur zum Protagonisten Florio steht bzw. stehen wird.
4. Sammeln Sie Hinweise in der Exposition zu den Orts- und Zeitverhältnissen und zu einem erkennbar werdenden Konflikt, der die spätere Handlung motiviert.

3 »Blendung, Wehmut und Entzücken« Die erste Begegnung von Florio und Venus untersuchen

Sachanalyse

»Habt Ihr wohl jemals«, befragt Fortunato seinen Reisegefährten Florio zu Beginn der Erzählung, »von dem wunderbaren Spielmann gehört, der durch seine Töne die Jugend in einen Zauberberg hinein verlockt, aus dem keiner wieder zurückgekehrt ist?« (4,10–14) – und spannt damit den Rahmen aus für die nun einsetzende Handlung, die den jungen Protagonisten der Novelle in eine tiefe Krise verstricken wird. Finden will Florio sich als Dichter, reifen soll er als Reisender und erwachsen werden muss er, indem er sich zwischen himmlischer und irdischer Liebe zu entscheiden hat, die ihm in den Figuren von Bianka (bzw. Maria) und dem marmornen Venusbild entgegentritt. Er ist damit einem Konflikt ausgesetzt, den die deutsche Romantik im Topos des Venusbergs vielfach gestaltet hat und von dem Eichendorffs episches Werk geprägt ist: Seine »gelungensten Erzählungen werden von einem Leitbild beherrscht, das den Autor und seine Helden wie ein Albtraum zu verfolgen scheint. Es ist die Gestalt der Venus, die als marmornes Bild oder Reinkarnation die Protagonisten seiner Prosa beherrscht und sie vom rechten Lebensweg«[1] abzubringen versucht. Bereits in Eichendorffs frühester Arbeit in Prosa, der *Zauberei im Herbste* (1808/09), verliert sich der Ritter Ubaldo an eine namenlose Geliebte, in welcher die Figur der Venus mit dem der belebten weiblichen Statue amalgamiert und für das Gesamtwerk präfiguriert ist. Was der Protagonist Ritter Ubaldo erzählenderweise lieber verschweigen möchte, nimmt Motive, Orte und Geschehnisse vorweg, die den Rezipienten auch im *Marmorbild* begegnen: »Laßt mich nun schweigen von der Pracht der Gemächer, dem Dufte ausländischer Blumen und Bäume, zwischen denen schöne Frauen singend hervorsahen, von den Wogen von Licht und Musik, von der wilden, namenlosen Lust, die ich in den Armen des Fräuleins –«.[2] Ubaldo endigt seine Erzählung mit der Beschreibung einer Flucht, die die Flucht Florios am Ende des *Marmorbildes* vorwegnimmt: »Ich blickte noch einmal zurück nach der Gestalt des Fräuleins, welche eben vom Monde klar beschienen wurde. Es kam mir vor, als sähe ich ein steinernes Bild, schön, aber totenkalt und unbeweglich. [...] Ein Grausen, wie ich es noch in meinem Leben nicht gefühlt, befiel mich da auf einmal. Ich ließ alles liegen und eilte durch die leeren, öden Hallen, wo aller Glanz verloschen war, fort.«[3]

Venus, die römische Göttin der Liebe, der Fruchtbarkeit und des Eros wird (nicht nur in den Erzählungen Eichendorffs) gerne mit der Natur und insbesondere dem Frühling assoziiert. Positiv besetzt ist sie dennoch nicht. Im *Marmorbild* begegnet sie Florio als Verführerin und Verderberin, als heidnisch-dämonische Doppelexistenz, der in antithetischer Konstruktion die heilige Jungfrau Maria gegenübergestellt ist. Ihre Sinnlichkeit bedeutet Sünde, die triebhafte Begierde, die sie in Florio weckt, wird ihm zu einer Macht, der er sich nicht ohne Hilfe zu entziehen vermag. Faszination und Schrecken vereint sie in sich, ist stets mehr als nur bloße Steinfigur, bildet vielmehr das Zentrum eines kreiselnden Strudels, der Florio in den Abgrund zu ziehen droht. »In der Doppelung von anorganischer, unbelebter Materie (Marmor) und lebensnaher Darstellung einer nackten menschlichen Gestalt spiegelt sich das zwiespältige Wesen der Figur, welche die Polarität von Eros und Thanatos personifiziert.«[4]

Eichendorffs negativ konnotiertes Venusbild ist von der Forschung auf unterschiedliche Ursachen zurückgeführt worden. Literaturhistorisch: Die deutsche Romantik kennt im Topos des Venusbergs das Bild jener dämonischen Frau, die den Mann mittels ihrer Schönheit, ihrer Körperlichkeit, letztlich: ihrer Sexualität auf eine Weise unterwirft, welcher sich dieser weder zu widersetzen noch zu entziehen weiß. Begehren und Begierde, Ausschweifung und Genuss, Leidenschaft und Rausch vermischen sich im Bild der Göttin zu einer Projektion, die jenseits des archetypisch überformten Trugbildes durchaus geeignet ist, männliche Defizite im Umgang mit weiblicher Sexualität offenzulegen. Die Vorstellung von der schuldhaft sündigen, ja teuflischen ›Fleisches Lust‹, die die Venus-Darstellungen der Renaissance noch nicht kennen, wird in der Romantik im Anschluss an das Neue Testament (1. Johannes 2,16) mehrfach und unmissverständlich mit der Liebesgöttin verbunden. »Eure Minne ist mir worden leid«, formuliert es der Tannhäuser in der Sammlung *Des Knaben Wunderhorn*, »Ich hab in meinem Sinne, / O Venus, edle Jungfrau

1 Hartwig Schultz, »Nachwort«, in: Joseph von Eichendorff, *Sämtliche Erzählungen*, hrsg. von H. S., Stuttgart 2012, S. 635.
2 Joseph von Eichendorff, »Die Zauberei im Herbste«, in: ebd., S. 18.
3 Ebd, S. 20.
4 Wolfgang Pütz, *Lektüreschlüssel XL. Joseph von Eichendorff: Das Marmorbild*, Stuttgart 2019, S. 43 ff.

zart, / Ihr seyd ein Teufelinne.«[5] Immerhin: Eichendorffs *Marmorbild* zeigt nicht nur eine durchaus nachdenkliche und sich ihrer verheerenden Wirkung bewusste Liebesgöttin, die Erzählung problematisiert bei genauer Lektüre unübersehbar auch die Rolle des (in diesem Falle noch adoleszenten) Mannes, der ja die Möglichkeit und die Gelegenheit hätte, statt ihrer anders, also: eine Andere zu wählen – und dies nicht tut.

Hartwig Schultz[6] benennt weitere Gründe für die intensive Auseinandersetzung Eichendorffs mit dem Topos des Venusbilds: Zum einen wurzele dieses in der tiefen Gläubigkeit des Dichters, die dessen gesamtes Werk charakterisiere. »Die verführerische Kraft, die Eichendorff als heidnisch ›einordnet‹ und damit intellektuell ›bewältigt‹, wird durch die Kraft der christlichen Lehre gebrochen. Das Bild der Mutter Gottes, in dem nicht nur das Ideal der unschuldigen, ungeschlechtlich-platonischen Liebe, sondern zugleich [...] auch die Idee der christlichen Nächstenliebe aufscheinen, lösen das aus der Antike stammende Venus-Bild und die damit symbolisierte ›sinnliche‹ Liebe, den Kult des Eros, ab. Dementsprechend wenden sich die Helden der Erzählungen von den dämonischen Frauen ab. Die hexengleichen Verwandten der Venus dagegen gehen unter oder läutern sich.«[7] Zum anderen, so Schultz, sei die Beschäftigung Eichendorffs mit dem Motiv des Venusbergs zu lesen als ein Beitrag zum Verständnis von Liebe und Ehe zu Beginn des 19. Jahrhunderts. Angestoßen ist dieser Diskurs durch Friedrich Schlegels *Lucinde* (1799), in welcher der einflussreiche Theoretiker der Frühromantik sein Verhältnis zu Dorothea Schlegel dichterisch skizziert. Sie gilt, wie der literarischen Öffentlichkeit bekannt ist, als »Vorbild für die Titelheldin«. Allerdings sah man »in der Darstellung dieser intellektuellen und zugleich erotisch faszinierenden Frau, die ihrem jüngeren männlichen Partner zum Teil überlegen schien, eine unzulässige Umkehrung der patriarchalischen Verhältnisse und las das Buch [...] als erotische Klatschgeschichte.«[8] Diese Darstellung nehme, so Schultz, die dämonischen Frauengestalten in den Erzählungen und Romanen Eichendorffs vorweg: »Es sind überlegene, überragende Frauengestalten, die den Helden magisch anziehen.«[9] Und, möchte man hinzufügen, die ihn derart verunsichern, dass er sie voller Angst (auch vor sich selbst) zurückweist. Auf das durch Dorothea Schlegel vorgelebte und von Friedrich Schlegel literarisch fixierte neue Frauenbild, Ausdruck einer frühen Emanzipation, reagieren die Romantiker konsequent ambivalent. Bald »nachdem sie die Faszination der reifen, sexuell wachen Frau entdeckt hatten, [...] begannen [sie], die Frau zu dämonisieren.«[10]

Statik neben Dynamik, Erstarrung neben Bewegung, Anziehung neben Zurückweisung, ekstatisches Entzücken neben furchtbarem Grauen, Eros neben Thanatos, leblose Lebendigkeit neben liebloser Liebe, reales Erleben neben surrealem Empfinden, tief empfundene Individualität neben dem Vexierspiel der Verdoppelung: die erste Begegnung zwischen Florio und dem marmornen Bild der Liebesgöttin versammelt auf engstem Raum eine Vielzahl von Leitmotiven – und präfiguriert darüber hinaus die an dieser Textstelle einsetzende ›Beziehung‹ der beiden, die für Florio beinahe in eine Katastrophe mündet. Der Unterrichtsschritt sensibilisiert die Schülerinnen und Schüler für die besondere Bedeutung der Textpassage, für ihre präzise kalkulierte Konstruktion und ihre auffallende sprachliche Gestaltung. Für Florio ist der erste Moment der Begegnung mit Venus ein Impuls, der ihn zunächst in das diffuse Chaos rauschhafter Begierde stürzt, ihn aber schlussendlich (wenn auch nur mithilfe eines Mentors) zu Klarheit wachsen und reifen lässt. »Wie in einem Entwicklungsroman durchläuft die Hauptfigur einen Prozess der Reifung vom [...] süchtigen Erotomanen zum bindungs- und beziehungsfähigen Realisten. [...] [N]ach einer längeren krisenhaften Phase der inneren Desorientierung und Blindheit gelangt er zum Bewusstsein der Realität, die er zuvor übersehen oder verkannt hat. Indem er mit einem Mal Bianka als Person ›erkennt‹, erkennt er auch ihre existenzielle Bedeutung für seine eigene Person.«[11]

5 *Des Knaben Wunderhorn. Alte deutsche Lieder*, gesammelt von Achim von Arnim und Clemens Brentano, Krit. Ausg., Bd. 1, hrsg. und komm. von Heinz Rölleke, Stuttgart 1987, S. 80.
6 Vgl. Joseph von Eichendorff, *Sämtliche Erzählungen*, hrsg. von Hartwig Schultz, Stuttgart 2012, S. 635–654. Der Darstellung von Hartwig Schultz folgen Teile dieser Sachanalyse.
7 Ebd., S. 636.
8 Ebd., S. 643.
9 Ebd., S. 644.
10 Hans Eichner, »Zur Auffassung der Sexualität in Eichendorffs erzählender Prosa«, in: *Eichendorffs Modernität. Akten des Internationalen, Interdisziplinären Eichendorff-Symposions, 6.–8. Oktober 1988, Akademie der Diözese Rottenburg-Stuttgart*, hrsg. von Michael Kessler und Helmut Koopmann, Tübingen 1989, S. 42.
11 Pütz (s. Anm. 4), S. 28 ff.

Unterrichtsverlauf

Überblick. Die Lerngruppe recherchiert den in Ovids *Metamorphosen* skizzierten Mythos um Pygmalion, die in der europäischen Kunstgeschichte wohl einfluss- und folgenreichste Erzählung von einer belebten weiblichen Statue. Indem die Schülerinnen und Schüler den Mythos insbesondere als psychologische Chiffre männlichen Wunschdenkens begreifen, erarbeiten sie sich die Grundlage für ein genaues Verständnis der ersten Begegnung zwischen Florio und dem marmornen Bild der Liebesgöttin. ! Verkürzter Verlauf: 3.1 – 3.3

Phase	Thema	Sozialform	Kompetenzen und Lernziele	Materialien
Voraussetzungen: Lektüre Reclam XL, 15,28–16,31				
3.1	Einstieg: Der Pygmalion-Mythos	PA / UG	• Den Pygmalion-Mythos kennenlernen	ARBEITSBLATT 3a ➤ S. 30
3.2 fakultativ	Erarbeitung/Sicherung (1): Der Sirenen-Traum	EA / UG	• Funktion und Bedeutung des Sirenen-Traums erkennen	VORLAGE 3 ➤ S. 26 ARBEITSBLATT 3b ➤ S. 31
3.3	Erarbeitung/Sicherung (2): Die erste Begegnung Florio – Venus	UG	• Textnahes, angeleitetes Lesen (*close reading*) einüben • Gestaltungsweise und Leitmotive der Textpassage erkennen	ARBEITSBLATT 3c ➤ S. 32
HA fakultativ	Intensive Lektüre von Eichendorffs *Wünschelrute*			ARBEITSBLATT 4b ➤ S. 42

3.1 Einstieg: Der Pygmalion-Mythos

Unterrichtsschritt. Die Schülerinnen und Schüler erhalten das ARBEITSBLATT 3a ***Zwei Darstellungen des Pygmalion-Mythos*** und lösen die Arbeitsaufträge in Partnerarbeit. Die Ergebnisse werden in einem offenen Unterrichtsgespräch gesichert. Der Einstieg sollte ungefähr 15 Minuten Zeit in Anspruch nehmen.

PA / UG

ARBEITSBLATT 3a
➤ S. 30
Internetzugang

Erläuterungen. Das Motiv von der Belebung einer weiblichen Statue ist in der europäischen Literatur vielfach aufgegriffen worden. Es geht zurück auf den Mythos um den zyprischen Künstler Pygmalion, wie ihn Ovid (43 v. Chr. – ca. 17 n. Chr.) in seinen für die europäische Kunstgeschichte überaus folgenreichen *Metamorphosen* schildert: Pygmalion erschafft aus Elfenbein eine weibliche Statue, in die er sich verliebt. Von der Göttin Venus erbittet er sich die Gunst, dass seine zukünftige Ehefrau so vollkommen sein möge wie diese Statue. Tatsächlich erweckt seine Liebe diese zum Leben, und sie wird seine Ehefrau. »Der Mythos […] motiviert den leidenschaftlichen Wunsch des Mannes nach einer Frau, die ganz seiner Fantasie entspricht, mit dessen ursprünglicher Furcht vor einer entfesselten weiblichen Sexualität, die der Frau – in den Augen des Mannes – die weibliche Anmut nimmt« (Pütz, s. Anm. 4, S. 57 ff.).

Zu Arbeitsauftrag 3: Erfahrungsgemäß sind die Gründe, die Schülerinnen und Schüler hinter dem Handeln Pygmalions vermuten, vielfältig. Der Text Ovids liefert als Erklärung für Pygmalions zunächst ehelosen Zustand und sein Motiv, sich eine Frau aus Elfenbein nach seinen Vorstellungen zu erschaffen, die Fehler, »mit denen die Natur das Frauenherz so freigebig beschenkt hat« (Ovid, *Metamorphosen*, übers. und hrsg. von Michael von Albrecht, Stuttgart 2021, S. 295), die dafür verantwortlich seien, dass (Ehe-)Männer häufig »verbrecherisch« (ebd.) lebten. Gute Lerngruppen werden erkennen, dass sich hinter dem Handeln Pygmalions weitere Ängste und Defizite verbergen: so die Angst vor der Beziehung zu einer ›wirklichen‹ Frau, die Angst vor einer Partnerschaft auf Augenhöhe, die Angst vor weiblicher Sexualität. Psychologisch versierte Schülerinnen und Schüler könnten an die mehrfach in der Forschung erscheinende Diskussion anschließen, die in Pygmalion einen sexualpathologischen Fall zu erkennen meint, der zwischen Fetischismus und Neurose changiere.

Zu Arbeitsauftrag 4: Beide Gemälde illustrieren jenen Moment des Mythos, in welchem die weibliche Marmorstatue zum Leben erwacht. Sie interpretieren diesen jedoch unterschiedlich: Gérome zeigt einen Moment der

Liebe (erkennbar an der Verbundenheit der beiden Figuren im Kuss und dem Cupido mit gespanntem Bogen), Bargellini einen Moment des Er- und Zurückschreckens. Gemeinsam ist den beiden Gemälden, dass die weiblichen Marmorbilder (im Unterschied zu Pygmalion) nackt dargestellt sind, dass ihr Unterleib im Moment der Verwandlung noch steinern ist, sie also in einem Stadium zwischen Statik und Dynamik, zwischen lebloser Kälte und lebendiger Wärme gezeigt werden, außerdem: dass sie jeweils höher als Pygmalion stehen und auf diesen herabblicken. Für das Gemälde Bargellinis könnten gute Schülerinnen und Schüler auf das Motiv der Rose verweisen, das auch für Eichendorffs *Marmorbild* von Bedeutung ist (vgl. z. B. das Sonett der Venus 21,14 ff.).

Zu Arbeitsauftrag 5: Beide Darstellungen können der Textstelle zugewiesen werden. Reclam XL 16,9–18 zeigt erkennbar einen Moment der Liebe, 16,19–31 einen Moment des Er- und Zurückschreckens. Erfahrungsgemäß lohnt es sich, den Schülerinnen und Schülern die Ambivalenz von Florios Verhalten vor Augen zu führen und dieses gemeinsam zu hinterfragen.

3.2 Erarbeitung/Sicherung (1): Der Sirenen-Traum (fakultativ)

EA / UG

VORLAGE 3
➤ S. 26
ARBEITSBLATT 3b
➤ S. 31

Unterrichtsschritt. Der Lerngruppe wird die VORLAGE 3 ***Florios Sirenen-Traum*** vorgelegt und gemeinsam gelesen. Sie erhält außerdem das ARBEITSBLATT 3b ***Gotthilf Heinrich Schubert: »Die Sprache des Traumes«*** (auch in der Ausgabe Reclam XL, S. 72 f.) und bearbeitet die Arbeitsaufträge in Einzelarbeit. Die Ergebnisse werden in einem offenen Unterrichtsgespräch abgeglichen. Der gesamte Unterrichtsschritt sollte nicht mehr als 15 Minuten Zeit in Anspruch nehmen.

VORLAGE 3

Florios Sirenen-Traum

»Florio warf sich angekleidet auf das Ruhebett hin, aber er konnte lange nicht schlafen. In seiner von den Bildern des Tages aufgeregten Seele wogte und hallte und sang es noch immer fort. Und wie die Türen im Hause nun immer seltner auf- und zugingen, nur manchmal noch eine Stimme erschallte, bis endlich Haus, Stadt und Feld in tiefe Stille versank: da war es ihm, als führe er mit schwanenweißen Segeln einsam auf einem mondbeglänzten Meer. Leise schlugen die Wellen an das Schiff, Sirenen tauchten aus dem Wasser, die alle aussahen wie das schöne Mädchen mit dem Blumenkranze vom vorigen Abend. Sie sang so wunderbar, traurig und ohne Ende, als müsse er vor Wehmut untergehen. Das Schiff neigte sich unmerklich und sank langsam immer tiefer und tiefer – da wachte er erschrocken auf.«

Das Marmorbild, Reclam XL 13,31–14,9.

Erläuterungen. Die Lerngruppe soll erkennen, dass dem (Alb-)Traum Florios sowohl funktionale als auch strukturierende Bedeutung zukommt. Er markiert, einer erzählerischen Zäsur gleich, die Grenze zwischen Abend und Nacht, zwischen Wirklichkeit und Surrealem, zwischen Menschen- und Geisterwelt. Er greift rückblickend die Ereignisse des vergangenen Tages auf, ordnet diese auf assoziative Weise neu bzw. in anderen Kontexten und präfiguriert so die bevorstehende Begegnung mit dem Marmorbild.

Zu ARBEITSBLATT 3b, *Arbeitsauftrag 1:* Träume sind, so Gotthilf Heinrich Schubert, eine der Seele ganz eigene Sprache, die er als »Abbreviaturen- und Hieroglyphensprache« (Zl. 14) bezeichnet, also als eine Sprache in Kürzeln und Bildzeichen. »So lange die Seele diese Sprache redet, folgen ihre Ideen einem andern Gesetz der Assoziation als gewöhnlich, und es ist nicht zu leugnen, daß jene neue Ideenverbindung einen viel rapideren, geisterhafteren und kürzeren Gang oder Flug nimmt, als die des wachen Zustandes« (Zl. 4 ff.). Lange bevor Sigmund Freud seine Ideen zur Traumdeutung formuliert, erkennt Schubert den Traum damit als assoziative, bildhafte Sprache der Seele, als eine Möglichkeit der Auf- und Verarbeitung durch eine veränderte (auch: surreal konstruierte) Beziehung zur Außenwelt.

Zu den Arbeitsaufträgen 2–4: Bereits bevor Florio einschläft, verkünden das Wogen (13,33) und das Versinken (14,1) jene Wasser-Metaphorik, von der der nun folgende Traum ebenso geprägt ist wie das erste Zusammentreffen mit dem Marmorbild am Weiher (15,30). Die »schwanenweißen Segel[]« (14,1 f.) verweisen auf die später »still ihre einförmigen Kreise um das Bild« (16,6 f.) ziehenden Schwäne, der Mond beleuchtet beide Szenerien (14,2 bzw. 15,30). Weiter sind bereits die vertikalen Bewegungen erkennbar, die sich hier im Sinken des Schiffes (14,7 f.), dort im (scheinbaren) Auftauchen der Göttin »aus den Wellen« (16,2) bzw. im Aufblühen der Sterne »aus dem Grunde« (16,5) äußern. Deutlich verweisen die aus dem Wasser auftauchenden Sirenen bzw. das Versinken des Schiffes weiter auf den Lebensweg jenes zweiten Gesellen aus dem Gedicht *Die zwei Gesellen* – und damit auf die bereits dort konstatierte Verlockung und Gefährdung durch Eros und Libido (vgl. Unterrichtsschritt 1.1). Wie jener zweite Geselle droht Florio in einem Strudel zu versinken, den die archaischen Wesen der griechischen Mythologie (hier die Sirenen, später die Venus) in ihm entfachen. Gute Lerngruppen könnten auf die vermeintliche Sicherheiten bewusst suspendierende Syntax Eichendorffs verwiesen werden: »Zwar gleichen die Sirenen, beruhigenderweise, der arglosen Bianka. Beunruhigenderweise jedoch verkehren die Sätze, worin die Sirenen sich grammatisch regen, ihren zunächst angepeilten Sinn. Sanft kommen die Sätze daher, doch unter ihrer einschmeichelnden Oberfläche wechseln sie jäh die Richtung. [...] Befremdlich vertauschen die Sätze den Plural der geträumten Figuren mit dem Singular jener realen Vergleichsperson, Bianka, die Florio am Tag kennengelernt hat. Und sie vertauschen, syntaktisch nahezu halsbrecherisch, das männliche Subjekt des Träumenden mit dem weiblichen Objekt der Geträumten, die da so traurig singt« (Volker Klotz, *Venus Maria. Auflebende Frauenstatuen in der Novellistik*, Bielefeld 2000, S. 48). Dieses Verfahren wird sich bei der ersten Begegnung Florios mit dem Marmorbild wiederholen.

3.3 Erarbeitung/Sicherung (2): Die erste Begegnung Florio – Venus

Unterrichtsschritt. Die Lerngruppe erhält das ARBEITSBLATT 3c ***Die erste Begegnung Florio – Venus.*** In einem durch die Lehrkraft angeleiteten *close reading* erarbeiten sich die Schülerinnen und Schüler eine der Kernpassagen der Novelle. Die Ergebnisse werden in der rechten Spalte des Arbeitsblatts gesichert. Der Arbeitsschritt kann ca. 30 Minuten Zeit in Spruch nehmen.

UG

ARBEITSBLATT 3c
➤ S. 32
Lösungshinweise
➤ S. 108

Erläuterungen. Florios (Alb-)Traum markiert erzählerisch die Grenze zwischen den Geschehnissen des Tages und den nun einsetzenden nächtlichen Phantasmagorien. Leicht nachvollziehbar, wird im Folgenden aus der Klarheit des Nachmittages und des Abends die Verworrenheit der Nacht, aus der realen Welt Luccas eine surreal anmutende, archaische Geisterwelt, aus der Möglichkeit wirklicher Liebe die Verlockung triebhafter Sexualität. Bianka, die im Auf und Ab des Federballspiels überaus beweglich schien, findet nun ihren Widerpart in dem unbeweglichen und statischen Marmorbild der Venus. Die Göttin der Liebe, Projektionsfigur männlicher Phantasien, verwandelt »unmerklich und wundersam« (15,25 f.) die Erscheinung Biankas »in ein viel schöneres, größeres und herrliches [Bild], wie er [Florio] es noch nirgend gesehen« (15,26 f.) – und verdrängt mittels der Macht des Eros die »fast noch kindliche Gestalt« (5,6 f.) Biankas aus Florios Herzen und Gedanken. Die sich hinter dieser Zuwendung zu einer steinernen Figur verbergenden tiefenpsychologischen Motive wurden in Unterrichtsschritt 3.1 erarbeitet. Die Textpassage ist in drei Abschnitte gegliedert, die durch Absätze deutlich voneinander unterschieden werden können: Teil 1 (Zl. 1–12) beschreibt die Annäherung Florios an das Marmorbild bzw. die räumlichen Gegebenheiten, Teil 2 (Zl. 13–23) den Moment des Eros, Teil 3 (Zl. 24–37) den Moment des Thanatos, den Moment des Er- und Zurückschreckens, welcher in Florios Flucht mündet. Die überaus kunstvolle Gestaltung der gesamten Textpassage verlangt von der Lerngruppe eine präzise Lektüre, die auch eine funktionale Deutung der Sprache Eichendorffs einschließt. Für die folgenden Aspekte sollen die Schülerinnen und Schüler sensibilisiert werden:

Zu Teil 1 (15,28–16,8; hier: Zl. 1–12):

- Eichendorff schließt mit dem hier zum ersten Mal erscheinenden Marmorbild der Venus an die Darstellung der Aphrodite Anadyomene (›die Entsteigende‹) und somit an jene von Hesiod überlieferte Darstellung der Geburt der Aphrodite an, wie sie sich auch auf Sandro Botticellis (1445–1510) berühmtem Renaissance-Gemälde *Die Geburt der Venus* (vgl. ARBEITSBLATT 1) findet: Der Mond beleuchtet das marmorne Venusbild, das »dicht am Ufer auf einem Steine stand, als wäre die Göttin soeben erst aus den Wellen aufgetaucht« (16,1 f.).
- Gleichzeitig amalgamiert Eichendorff den Mythos um Narziss, der sich in sein eigenes Spiegelbild verliebt. Venus betrachtet verzaubert »das Bild der eigenen Schönheit, das der trunkene Wasserspiegel [...] widerstrahlte« (16,3 ff.). Die selbstverliebte Ich-Bezogenheit und der ausgeprägte Narzissmus der Statue verweisen auf die Unmöglichkeit einer Beziehung.
- Für die Gestaltung des Raumes könnten gute Lerngruppen auf den literarischen Topos des *locus amoenus* (lat., ›lieblicher Ort‹) verwiesen werden, ein seit der Antike idealisiert gestalteter friedlicher Landschafts- bzw. Naturausschnitt, der abseits der Gesellschaft, von Pflanzen ein- und abgeschlossen, häufig von einem Wasser

durchflossen wird. Mit dem *locus amoenus* verbunden ist weiter die für die gesamte Novelle leitmotivische, kreisförmige Raumgestaltung bzw. Bewegung: Der Weiher ist von »Bäumen rings umgeben []« (15,29 f.), die Schwäne beschreiben »still ihre einförmigen Kreise um das Bild« (16,6 f.), und ein leises Rauschen geht »durch die Bäume rings umher« (16,7 f.). In diesem Kontext können auch Mond und Sterne als kreisförmige Himmelskörper gelesen werden.

- Auffällig häufig erscheint im Moment dieser ersten Begegnung der Begriff des Bildes (Zl. 5, 8, 11, 14, 27), der sich zunächst vom Titel der Novelle herzuleiten scheint. Die Lerngruppe könnte für einen Umstand sensibilisiert werden, den Wolfgang Pütz wie folgt beschreibt: »In der erzählenden Literatur dienen Bilder der Veranschaulichung von Situationen, Sachverhalten, Wahrnehmungen. In seiner einfachsten Form, dem eigentlichen Bild, handelt es sich um konkrete Wiedergaben der (fiktiven) Wirklichkeit. In seiner komplexen Form verweist es in abstrahierender Weise über sich hinaus auf eine Idee mit allgemeiner Bedeutung. Der Begriff des Marmorbildes [...] meint demnach nicht nur den Gegenstand an sich, sondern zugleich auch die subjektiven negativen oder positiven Vorstellungen, die mit dem Anblick des Objekts verbunden sind (hier: Faszination durch Frau, Schönheit, Kunst usw.; aber auch: Angst vor dem Unheimlichen, vor dem Verlust der Selbstkontrolle usw.)« (Pütz, s. Anm. 4, S. 111).
- Eine besondere ästhetische Finesse der Textpassage (die in den Teilen 2 und 3 intensiviert werden wird) ist das Nebeneinander und Gegenüber von Statik und Dynamik – insbesondere hinsichtlich der marmornen Venusstatue. Nicht nur, dass die Unbewegliche in eine durchaus bewegte Natur gestellt ist, auffällig ist ihr zugleich und gleichzeitig zweifaches Erscheinungsbild: Florio sieht die Venus zum einen als zwar dreidimensional-körperliche, aber steinern-starre, gleichsam tote Statue, zum anderen als zwar lebendig scheinendes, weil im Element des Wassers bewegtes, aber nur zweidimensional in sich zerfließendes Spiegelbild. Beide Figurationen der Venus bleiben auf diese Weise bereits bei ihrem ersten Auftreten – einmal nur zum Schein körperlich, einmal nur zum Schein lebendig – unerreichbar. Die archaische Gottheit der (auch körperlichen) Liebe erweist sich so von Beginn an, ihrer offensichtlichen Schönheit ungeachtet (Z. 8), als ungeeignet für und unfähig zur (auch körperlichen) Liebe. Gleichzeitig präfiguriert das Gegenüber von Spiegelbild und Skulptur nicht nur die spätere Doppelexistenz der Venus, sondern auch das Motiv der Doppelgängerin, das für den Maskenball von Bedeutung sein wird.
- Abschließend können die Schülerinnen und Schüler auf die für die Novelle vielfach zu belegenden »Verwirrungsmanöver des Erzählers« (Klotz, *Venus Maria*, S. 47) verwiesen werden. Hier im speziellen z. B. auf die durch den Erzähler bewusst forcierte Unklarheit hinsichtlich der Perspektiven und Bewegungen: Aus dem Grunde des Weihers blühen die Sterne himmelwärts auf (vgl. Clemens Brentanos *Märchen von dem Müller Radlauf* in den *Rheinmärchen, Werke*, Bd. 3, München 1978, wo es S. 85 heißt: »Himmel oben, Himmel unten, / Stern und Mond in Wellen lacht«), auf der Wasseroberfläche beschreiben die Schwäne »still ihre einförmigen Kreise um das Bild« (Zl. 11) herum. »Auch hier formuliert Eichendorff mehrdeutig. Offen bleibt, ob die Schwäne nur das Spiegelbild oder ob sie das Marmorbild selbst umrunden; ob also letzteres ›dicht am Ufer auf einem Steine‹ inselartig aus dem Wasser ragt oder auf dem Land steht« (Klotz, *Venus Maria*, S. 49 f.).

Zu Teil 2 (16,9–16,18; hier: Zl. 13–23):

- Leicht zu erkennen ist die entscheidende Umverkehrung des zweiten Teils. Der bis dahin in Bewegung begriffene Florio steht nun wie versteinert, »eingewurzelt im Schauen« (Zl. 13), während die steinerne Statue erblüht »wie eine Wunderblume« (Zl. 15), die seelenvollen Augen zu öffnen (Zl. 18 f.), die Lippen zu bewegen (Zl. 19 f.) und zum Leben zu erwachen scheint. Diese Umverkehrung gilt auch für das Motiv des Sehens: Ist es zunächst Florio, der »im Schauen« (Zl. 13) steht und lange nach dem Bild der Liebesgöttin sieht, muss er die Augen in jenem Moment schließen, in welchem sie die ihren zu öffnen scheint.
- Bemerkenswert sind die Hinweise auf das Erblühen der Venus gleich einer »Wunderblume« (Zl. 15), auf die die Lerngruppe hingewiesen werden sollte: a) weil ihre Wachstumsbilder mit den Bildern seiner Kindheit und Jugend verknüpft werden (Zl. 15 ff.) und das Erblühen auf diese Weise für beide Figuren parallelgeführt ist, b) weil der Erzähler Venus durch diese Benennung mit Bianka verknüpft, die an früherer Stelle der Exposition einen »vollen, bunten Blumenkranz in den Haaren« trägt (5,8 f.), c) weil die Göttin durch die Bezeichnung »Blume« direkt mit Florios Namen konnotiert ist (lat. *flos, floris*). Vegetative Benennungen sind im zweiten Teil der Passage mit beiden Protagonisten, deutlicher allerdings mit der Figur der Venus verknüpft (»eingewurzelt« Zl. 13; »Wunderblume« Zl. 15; »heraufgewachsen« Zl. 17; »blühe« Zl. 20).
- Die Schülerinnen und Schüler sollten die Synästhesien als sprachliches Gestaltungsmittel erkennen: Das sinnliche Erlebnis ist ein mit allen Sinnen erlebtes.

- Die Schülerinnen und Schüler sollten die beschließende Trias »Blendung, Wehmut und Entzücken« (Zl. 22f.) als sprachliches Gestaltungsmittel erkennen, die in der Zusammenführung der Nominative die hier einsetzende Problematik Florios benennt: Blendung, Wehmut und Entzücken werden von nun an seinen Umgang mit der gleichermaßen verführerischen wie verderbenden Liebesgöttin kennzeichnen.
- Eine grammatikalische Auffälligkeit der Textpassage sind die im Konjunktiv gehaltenen und drei Mal durch ein »als« (Zl. 18ff.) eingeleiteten irrealen Folgesätze. Der Konjunktiv Irrealis verweist deutlich darauf, dass es sich beim Erwachen der Venus entweder um einen surreal-märchenhaften Vorgang oder eine Sinnestäuschung Florios handeln muss.
- Möglicherweise verstärkt der abschließende Gedankenstrich die antithetische Fügung.

Zu Teil 3 (16,19–16,31; hier: Zl. 24–37):

- Das Motiv des Sehens kündigt zu Beginn der dritten Passage die neuerliche Umverkehrung der Situation an. »Dem Entzücken im zweiten Absatz kontrastiert das Entsetzen im dritten« (Klotz, *Venus Maria*, S. 51). Indem Florio seine Augen nun wieder öffnet und aufblickt, scheint ihm alles »verwandelt« (Zl. 25), eine Vokabel, die hier – negativ besetzt – das erste Mal erscheint. Bemerkenswert ist das neuerliche Verwirrspiel des Erzählers, der für das Marmorbild konstatiert, es sehe Florio »mit den steinernen Augenhöhlen« (Zl. 28f.) an. Das Oxymoron weist Venus eindeutig als Zentrum des Schreckens aus, von dem Florio im Folgenden erfasst wird: »Tot sieht die Venusstatue nicht nur aus. Tot sieht sie ihn auch an [...]. Scheinbar aktiv und gezielt, doch mit blicklos hohlen Augen« (Klotz, *Venus Maria*, S. 52).
- Weiter liefert das Oxymoron Hinweise auf das Motiv von Statik und Dynamik: Das Marmorbild steht nun wieder »regungslos« (Zl. 28), Florio hingegen ist in Bewegung, verlässt »schnell den Ort« (Zl. 31) und eilt »immer schneller und ohne auszuruhen« (Zl. 31f.) zurück in die Herberge. Die dem Protagonisten nun wieder zueigene Dynamik, die als Kontrast zur steinernen Starre der Statue zu denken ist, wird bereits durch die Naturbeschreibung Zl. 25ff. vorweggenommen. Insbesondere die *w*-Alliteration verknüpft die Leitvokabeln der in Bewegung versetzten Natur: Wolken, Wind, Weiher, Wellen.
- Dass es sich bei Florios Abkehr um eine Flucht handelt, können Schülerinnen und Schüler leicht nachweisen: Das Entsetzen, das ihn erfasst hat, ist im Text deutlich kenntlich gemacht: Die Statue ist »fürchterlich weiß und regungslos« (Zl. 27f.), Florio überfällt ein »nie gefühltes Grausen« (Zl. 29f.), die »gespenstischen Pappeln« (Zl. 35f.) scheinen mit ihren Schatten nach dem Flüchtenden greifen zu wollen.

Hausaufgabe (fakultativ)

ARBEITSBLATT 4b
➤ S. 42

Intensive Lektüre des Gedichts von ARBEITSBLATT 4b *Joseph von Eichendorff: »Wünschelrute« (1835)*.

Zwei Darstellungen des Pygmalion-Mythos

Jean-Léon Gérome (1824–1904), *Pygmalion und Galathea* (1890). Metropolitan Museum of Art, New York

Giulio Bargellini (1875–1936), *Pygmalion* (1896). Galleria Nazionale d'Arte, Rom. –

Arbeitsaufträge:

1. Recherchieren Sie zunächst online die Darstellung des Pygmalion-Mythos in Ovids *Metamorphosen*.
2. Lesen Sie weiter in Eichendorffs Novelle *Das Marmorbild*, Reclam XL, 15,28–17,3.
3. Pygmalion, der Bildhauer, ›erschafft‹ sich seine Geliebte aus Elfenbein (in den bildlichen Darstellungen: aus Marmor). Welche Gründe hierfür liefert der Mythos bzw. der Text Ovids? Welche Gründe vermuten Sie hinter diesem Vorgang?
4. Die Gemälde Géromes und Bargellinis illustrieren den gleichen Moment des Pygmalion-Mythos. Welchen? Zeigen Sie Gemeinsamkeiten und Unterschiede der beiden Darstellungen, indem Sie knappe Bildbeschreibungen entwerfen.
5. Prüfen Sie abschließend, wie Eichendorffs Novelle *Das Marmorbild* den Pygmalion-Mythos aufgreift. Welche der beiden bildlichen Darstellungen scheint Ihnen den Moment der in Reclam XL, 15,28–17,3 beschriebenen ersten Begegnung zwischen Florio und dem Marmorbild (der Venus) treffender zu illustrieren? Begründen Sie.

ARBEITSBLATT 3b

Gotthilf Heinrich Schubert: *Die Sprache des Traumes*

»Im Traume, und schon in jenem Zustande des Deliriums, der meist vor dem Einschlafen vorhergeht, scheint die Seele eine ganz andre Sprache zu sprechen als gewöhnlich. Gewisse Naturgegenstände oder Eigenschaften der Dinge, bedeuten jetzt auf einmal Personen und umgekehrt stellen sich uns gewisse Eigenschaften oder Handlungen, unter dem Bilde von Personen dar. Solange die Seele diese Sprache redet, folgen ihre Ideen einem andern Gesetz der Assoziation als gewöhnlich, und es ist nicht zu leugnen, dass jene neue Ideenverbindung einen viel rapideren, geisterhafteren und kürzeren Gang oder Flug nimmt, als die des wachen Zustandes, wo wir mehr mit unsern Worten denken. Wir drücken in jener Sprache durch einige wenige hieroglyphische, seltsam aneinander gefügte Bilder, die wir uns entweder schnell nacheinander oder auch nebeneinander und auf einmal vorstellen, in wenig Momenten mehr aus, als wir mit Worten in ganzen Stunden auseinanderzusetzen vermöchten; erfahren in dem Traume eines kurzen Schlummers öfters mehr, als im Gange der gewöhnlichen Sprache in ganzen Tagen geschehen könnte, und das ohne eigentliche Lücken, in einem in sich selber regelmäßigen Zusammenhange, der nur freilich ein ganz eigentümlicher, ungewöhnlicher ist.

Ohne dass wir deshalb gerade dem Traume vor dem Wachen, dem Närrischsein vor der Besonnenheit einen Vorzug geben wollen, dürfen wir uns doch nicht leugnen: dass jene Abbreviaturen- und Hieroglyphensprache, der Natur des Geistes in vieler Hinsicht angemessener erscheine, als unsre gewöhnliche Wortsprache. Jene ist unendlich viel ausdrucksvoller, umfassender, der Ausgedehntheit in die Zeit viel minder unterworfen als diese. Die letztere müssen wir erst erlernen, dagegen ist uns jene angeboren, und die Seele versucht diese ihr eigentümliche Sprache zu reden, sobald sie im Schlafe oder Delirio aus der gewöhnlichen Verkettung etwas los und frei geworden, obgleich es ihr damit ohngefähr nur eben so gelingt, als es einem guten Fußgänger gelungen, wenn er als Fötus im Mutterleibe die künftigen Bewegungen versuchte. […]

Jene Sprache hat übrigens, außerdem dass sie über die Kräfte unserer inneren Natur ebenso viel vermag, als die orpheische Liedersprache über die der äußeren, noch eine andre, sehr bedeutende Eigenschaft vor der gewöhnlichen Sprache voraus. Die Reihe unsrer Lebensbegegnisse scheint sich nämlich ohngefähr nach einer ähnlichen Ideenassoziation des Schicksals zusammenzufügen, als die Bilder im Traume; mit andern Worten: das Schicksal in und außer uns, oder wie wir das bedeutende Ding sonst nennen wollen, redet dieselbe Sprache, wie unsre Seele im Traume. Dieser gelingt es deshalb, sobald sie ihre Traumbildersprache redet, Kombinationen in derselben zu machen, auf die wir im Wachen freilich nicht kämen; sie knüpft das Morgen geschickt ans Gestern, das Schicksal ganzer künftiger Jahre an die Vergangenheit an, und die Rechnung trifft ein; der Erfolg zeigt, dass sie uns das was künftig, oft ganz richtig vorhersagt. Eine Art zu rechnen und zu kombinieren, die ich und du nicht verstehen; eine höhere Art von Algebra, noch kürzer und bequemer als die unsrige, die aber nur der versteckte Poet in unserm Innern zu handhaben weiß.«

Gotthilf Heinrich Schubert: Die Sprache des Traumes. In: Theorie der Romantik. Hrsg. von Herbert Uerlings. Stuttgart: Reclam, 2020. S. 120 f. [behutsam modernisiert.]

Worterläuterungen: 7 hieroglyphische: Hieroglyphen: Sprache in Kürzeln und Bildzeichen | **14 Abbreviaturen:** Abkürzungen | **22 orpheische Liedersprache:** Orpheus: Sänger in der griech. Mythologie, der mit seinen Liedern Macht über die Natur und sogar über den Tod hatte

Arbeitsaufträge:

1. Florios Traum kommt besondere Bedeutung zu. Lesen Sie zunächst den Textauszug *Die Sprache des Traumes* des Arztes, Naturforschers, Mystikers und Naturphilosophen Gotthilf Heinrich Schubert (1780–1860) aus dessen Hauptwerk *Die Symbolik des Traumes* (1814), das viele Dichter der Romantik nachhaltig beeinflusste. Exzerpieren Sie die Hauptgedanken des Textes.
2. Prüfen Sie, inwieweit die Traumbilder Florios die zurückliegenden Ereignisse des Tages verarbeiten bzw. den Ereignissen der Nacht erkennbar vorgreifen.
3. Formulieren Sie Zusammenhänge zwischen diesem Traum und der unmittelbar nachfolgenden ersten Begegnung Florios mit dem Marmorbild (15,28–17,3).

*4. Formulieren Sie intertextuelle Zusammenhänge zwischen diesem Traum und Eichendorffs Gedicht *Die zwei Gesellen* aus dem Jahr 1818 (ARBEITSBLATT 1, Material F).

Die erste Begegnung Florio – Venus

Joseph von Eichendorff, *Das Marmorbild*, Reclam XL 15,28–16,31	**Beobachtungen / Bemerkungen**
So in Gedanken schritt er noch lange fort, als er unerwartet bei einem großen, von hohen Bäumen rings umgebenen Weiher anlangte. Der Mond, der eben über die Wipfel trat, beleuchtete scharf ein marmornes Venusbild, das dort dicht am Ufer auf einem Steine stand, als wäre die Göttin soeben erst aus den Wellen aufgetaucht und betrachte nun, selber verzaubert, das Bild der eigenen Schönheit, das der trunkene Wasserspiegel zwischen den leise aus dem Grunde aufblühenden Sternen widerstrahlte. Einige Schwäne beschrieben still ihre einförmigen Kreise um das Bild, ein leises Rauschen ging durch die Bäume rings umher.	**1. Moment der Annäherung**
Florio stand wie eingewurzelt im Schauen, denn ihm kam jenes Bild wie eine lang gesuchte, nun plötzlich erkannte Geliebte vor, wie eine Wunderblume, aus der Frühlingsdämmerung und träumerischen Stille seiner frühesten Jugend heraufgewachsen. Je länger er hinsah, je mehr schien es ihm, als schlüge es die seelenvollen Augen langsam auf, als wollten sich die Lippen bewegen zum Gruße, als blühe Leben wie ein lieblicher Gesang erwärmend durch die schönen Glieder herauf. Er hielt die Augen lange geschlossen vor Blendung, Wehmut und Entzücken. –	**2. Moment des Eros**
Als er wieder aufblickte, schien auf einmal alles wie verwandelt. Der Mond sah seltsam zwischen Wolken hervor, ein stärkerer Wind kräuselte den Weiher in trübe Wellen, das Venusbild, so fürchterlich weiß und regungslos, sah ihn fast schreckhaft mit den steinernen Augenhöhlen aus der grenzenlosen Stille an. Ein nie gefühltes Grausen überfiel da den Jüngling. Er verließ schnell den Ort, und immer schneller und ohne auszuruhen, eilte er durch die Gärten und Weinberge wieder fort der ruhigen Stadt zu; denn auch das Rauschen der Bäume kam ihm nun wie ein verständiges vernehmliches Geflüster vor, und die langen gespenstischen Pappeln schienen mit ihren weitgestreckten Schatten hinter ihm dreinzulangen.	**3. Moment des Thanatos**

4 »Die Welt muss romantisiert werden« Romantische Kunstauffassungen prüfen und auf das *Marmorbild* anwenden

Sachanalyse

Der bronzene Türklopfer, den der Student Anselmus zu seinem Vorstellungsgespräch Punkt zwölf Uhr am Tor des Archivarius Lindhorst ergreift, verzieht sich in ekelhaftem Spiel zum grinsenden Lächeln eines hexenhaften Äpfelweibs. Ein Nußknacker führt Fritzchen Stahlenbaums Armeen in der Nacht zum ersten Weihnachtsfeiertag gegen die des Mausekönigs. In einer Pfeife verbirgt sich ein blaues Licht, in einer Myrte ein Fräulein von großer Schönheit, in einem Frosch oder einem Bären heiratsfähige Prinzen.[1] Ein Marmorbild scheint jeden Frühling von neuem zu erwachen, um in seinem heidnischen Zaubergarten das Begehren der Männerwelt zu entfachen …

Selten sind die Dinge das, was sie scheinen – oder auch nur so, wie sie scheinen. Jenseits ihres materialisierten Daseins in der aktenstaub-reglementierten Welt des Philistertums erwachen sie in den Erzählungen der Romantik zu einem eigenen Leben und entfalten dabei eine Realität, die über ihren Schein hinaus weist: »Schläft ein Lied in allen Dingen, / Die da träumen fort und fort, / Und die Welt hebt an zu singen, / Triffst du nur das Zauberwort.«[2] Eichendorffs *Wünschelrute* formuliert poetisch, was die Dichter der Frühromantik theoretisch begründeten: dass nämlich die Grenze zwischen Licht- und Schattenreich (um in der Terminologie Novalis' zu sprechen) bzw. zwischen Wirklichkeit und Wunderbarem durchlässig ist für denjenigen, der ein Sensorium hat für das hinter den Dingen Verborgene, für das Reich der Kunst, der Fantasie, auch: des Fantastischen. Die Romantik hält an der animistischen Überzeugung fest, dass alles auf der Welt von Geistern belebt sei, dass hinter der banalen Fassade der Wirklichkeit eine poetische Wahrheit für den auffindbar sei, dessen Sensorium noch nicht durch das geschäftige Einerlei des philiströsen Alltags abgestumpft ist. Das gilt für den angehenden Dichter Anselmus aus E.T.A. Hoffmanns *Der goldne Topf*, und es gilt nicht minder für den angehenden Dichter Florio aus Eichendorffs *Marmorbild*.

Die Schülerinnen und Schüler begegnen in dieser Unterrichtsstunde den wirkungsmächtigsten theoretischen Konzepten romantischer Dichtung: zum einen dem von der Romantisierung der Welt, zum anderen dem der progressiven Universalpoesie. Indem sie sich zunächst mit dem weniger theorielastigen Gedicht *Wünschelrute* beschäftigt, bemerkt die Lerngruppe, dass der Ist-Zustand der Welt der des Schlafes bzw. des Traumes ist, in welchem die Möglichkeit des Erwachens aus dem Verschütteten und Unbewussten potenziell bereits angelegt ist. Aus diesem Zustand erweckt werden kann die Welt durch das »Zauberwort« (also: durch Kunst in Form von Literatur), um dann zum »Lied« und zum Gesang zu werden (also: zur Kunst in Form von Musik). Es ist buchstäblich die Kunst als magisch wunderbares Konstrukt, die dem Menschen die Welt auf- und erschließt. In der Diktion Novalis' im 86. Fragment der »logologischen Fragmente«: »Die Welt muss romantisiert werden. So findet man den ursprünglichen Sinn wieder. Romantisieren ist nichts anderes als eine qualitative Potenzierung. […] Indem ich dem Gemeinen einen hohen Sinn, dem Gewöhnlichen ein geheimnisvolles Ansehen, dem Bekannten die Würde des Unbekannten, dem Endlichen einen unendlichen Schein gebe, so romantisiere ich es.«[3] Dieser Prozess der Romantisierung, auch das formuliert Novalis hellsichtig in seinem 16. Blütenstaub-Fragment, ist ein Prozess, der im Inneren eines jeden begabten und empfänglichen Individuums stattzufinden vermag: »Wir träumen von Reisen durch das Weltall: ist denn das Weltall nicht in uns? […] In uns, oder nirgends ist die Ewigkeit mit ihren Welten, die Vergangenheit und Zukunft. Die Außenwelt ist die Schattenwelt, sie wirft ihren Schatten in das Lichtreich.«[4]

1 Vgl. E.T.A. Hoffmann, *Der goldne Topf.* Ders., Nußknacker und Mausekönig. Brüder Grimm, *Kinder- und Hausmärchen: Das blaue Licht.* Clemens Brentano, *Das Märchen von dem Myrtenfräulein.* Brüder Grimm, *Der Froschkönig oder der eiserne Heinrich* und *Schneeweißchen und Rosenrot.*

2 Joseph von Eichendorff, *Werke*, Bd. 1: *Gedichte, Versepen, Dramen, Autobiographisches*, München 1981, S. 132.

3 Novalis, *Werke und Briefe*, hrsg. von Alfred Kelletat, München 1968, S. 424.

4 Ebd., S. 342.

Unterrichtsverlauf

Überblick. Mittels eines kreativen und handlungsorientierten Einstiegs nähern sich die Schülerinnen und Schüler den theoretischen Konzepten romantischer Dichtkunst an, erarbeiten sich – ausgehend von Eichendorffs Gedicht *Wünschelrute* – das Konzept von der Romantisierung der Welt ebenso wie das der progressiven Universalpoesie und werfen abschließend einen Blick auf Bedeutung und Funktion der Liedeinlagen für den Text der Novelle.

Phase	Thema	Sozialform	Kompetenzen und Lernziele	Materialien
Voraussetzungen: Textkenntnis des Gedichts »Wünschelrute« von Joseph von Eichendorff (fakultativ)				
4.1	Einstieg (1): Karl Friedrich Schinkel: *Schloss am Strom* (1820)	UG / GA	• Einen kreativen, handlungsorientierten Einstieg finden	ARBEITSBLATT 4a ➤ S. 41
4.2	Einstieg (2): Joseph von Eichendorff: *Wünschelrute* (1835)	UG / GA	• Ein Gedicht nach Form und Inhalt interpretieren	ARBEITSBLATT 4b ➤ S. 42
4.3	Erarbeitung/Sicherung (1): Konzepte romantischer Dichtkunst	UG	• Ästhetische Positionen romantischer Dichtkunst erkennen	VORLAGE 4a ➤ S. 36 f.
4.4	Erarbeitung/Sicherung (2): Bedeutung und Funktion der Lieder	UG / GA	• Bedeutung und Funktion der Lieder erkennen und differenzieren	TAFELBILD 4 ➤ S. 38 VORLAGE 4b ➤ S. 39
HA fakultativ	Rekapitulierende Lektüre der Abschnitte 2–5			*Das Marmorbild*, Reclam XL, 17,4–49,18

4.1 Einstieg (1): Karl Friedrich Schinkel: *Schloss am Strom* (1820)

UG / GA

ARBEITSBLATT 4a ➤ S. 41

Unterrichtsschritt. Der Einstieg in die Unterrichtsstunde zu den kunsttheoretischen Überlegungen der Romantik ist ein offener und handlungsorientierter. Die Lerngruppe nähert sich den für das Verständnis der Epoche entscheidenden Konzepten der Romantisierung der Welt bzw. der progressiven Universalpoesie an, indem sie die Arbeitsaufträge auf ARBEITSBLATT 4a ***Karl Friedrich Schinkel: »Schloss am Strom« (1820)*** in Gruppenarbeit löst.

Variante. Sinnvoll kann es (aus Zeitgründen) sein, den Unterrichtsschritt 4.2 parallel ebenfalls in Gruppenarbeit zu bewältigen. In diesem Fall kann die gesamte Lerngruppe in (mindestens) zwei Teile geteilt werden. Nach einem knappen einleitenden Vortrag der Lehrkraft sollten für die Gruppenarbeitsphasen inklusive der Ergebnissicherung durch ein offenes Unterrichtsgespräch 15 Minuten Zeit zur Verfügung stehen.

Erläuterungen. Karl Friedrich Schinkels Ölbild aus dem Jahr 1820 ist in seiner Entstehung zurückzuführen auf eine Zeichnung aus dem Jahre 1816, die bei einer literarischen Soiree im Hause Schinkels entstand. Die Hintergründe werden auf ARBEITSBLATT 4a erläutert. Sensibilisiert werden sollen die Schülerinnen und Schüler für einen Gedanken, der Schlegels Überlegungen von der progressiven Universalpoesie zugrunde liegt: die Verschmelzung unterschiedlicher Künste, die das hier beschriebene Gesellschaftsspiel in der Praxis erprobt. Bei Friedrich Schlegel heißt es: »Die romantische Poesie ist eine progressive Universalpoesie. Ihre Bestimmung ist nicht bloß, alle getrennte Gattungen der Poesie wieder zu vereinigen, und die Poesie mit der Philosophie und Rhetorik in Berührung zu setzen. Sie will, und soll auch Poesie und Prosa, Genialität und Kritik, Kunstpoesie und Naturpoesie bald mischen, bald verschmelzen, die Poesie lebendig und gesellig, und das Leben und die Gesellschaft poetisch machen, den Witz poetisieren, und die Formen der Kunst mit gediegnem Bildungsstoff jeder Art anfüllen und sättigen« (zitiert nach: *Das Marmorbild*, Reclam XL, S. 61).

Arbeitsauftrag 1: Als wesentliche Bildelemente sollten die Schülerinnen und Schüler benennen: das titelgebende, auf einer Anhöhe am linken Bildrand platzierte Schloss, der ebenfalls titelgebende, im Mittelgrund in die Tiefe des Bildes fließende Strom, weiter den im Eingangsbereich des Schlosses platzierten Hirsch, die christlich-religiösen Hinweise (Kapelle am linken Bildrand, Kirche auf der gegenüberliegenden Anhöhe), die beiden menschlichen Figuren in der Laube am unteren rechten Bildrand (Bruder – Schwester? / Vater – Tochter?), und nicht zuletzt der exponiert in die Mitte des Bildes gerückte Baum, der die auf- oder untergehende Sonne verdeckt.

Arbeitsauftrag 2: In dem möglicherweise durch die Lehrkraft intensiver zu steuernden Unterrichtsgespräch könnte die Lerngruppe hinsichtlich der Frage nach den Motiven der verloren gegangenen Erzählung Clemens Brentanos zu den folgenden Ergebnissen gelangen:

- Sehnsucht nach der Natur (auch: der Waldeinsamkeit)
- Sehnsucht nach der glänzenden Ferne
- Sehnsucht nach dem Aufbruch, dem Reisen, der Veränderung der Lebensumstände
- Einbruch des Wunderbaren, Märchenhaften, Unbewussten, Irrationalen (Hirsch)
- Rückbesinnung auf das Volk oder das Volkstümliche (Figuren in der Laube)
- Hinweise auf das deutsche Mittelalter (Schloss)
- Hinweise auf das Christentum (Kirche)
- Idealisierung einer mittelalterlichen Ordnung (bei gleichzeitig gegenwärtiger Verlusterfahrung)
- Platzierung von Christentum und Mittelalter hoch über der (geschäftigen) Welt (des Bürgertums)
- Natur (*emotio*, ›Gefühl‹) vs. Stadt und Gesellschaft (*ratio*, ›Verstand‹)
- (persönliche und künstlerische) Freiheit vs. (gesellschaftliche und ästhetische) Regeln, Normen, Konventionen

Intention ist es, an dieser Stelle erste zentrale Motive der deutschen Romantik zu erkennen und zu benennen.

4.2 Einstieg (2): Joseph von Eichendorff: *Wünschelrute* (1835)

Unterrichtsschritt. Anschließend an die in Unterrichtsschritt 4.1 gewählte offene und handlungsorientierte Annäherung an die kunsttheoretischen Überlegungen der Romantik erhält die Lerngruppe ARBEITSBLATT 4b ***Joseph von Eichendorff: »Wünschelrute« (1835)*** und löst die Arbeitsaufträge in Gruppenarbeit. (Als Variante – s. Unterrichtsschritt 4.1 – erfolgt dieser Schritt parallel zu 4.1 in eigener Gruppe.) Nach einem knappen einleitenden Vortrag der Lehrkraft sollten für die Gruppenarbeitsphase inklusive der Ergebnissicherung durch ein offenes Unterrichtsgespräch 15 Minuten Zeit zur Verfügung stehen.

UG / GA

ARBEITSBLATT 4b

➤ S. 42

Erläuterungen. Formal besteht das Gedicht aus einer Strophe mit vier kreuzgereimten Versen. Das Metrum ist ein vierhebiger Trochäus. Das lyrische Ich wird erkennbar durch das »du« in V. 4, das den Rezipienten direkt anspricht (denkbar ist auch ein fingiertes Selbstgespräch des lyrischen Ichs). Der Text formuliert in einem einfachen, aber eindringlichen und einprägsamen Bild das Konzept von der Romantisierung der Welt: In allen Dingen, so postulieren es die Verse, schläft ein Lied, das durch ein Zauberwort zum Klingen gebracht werden kann. Die Schülerinnen und Schüler werden bemerken, dass der Ist-Zustand der Welt der des Schlafes bzw. des Traumes ist (in welchem die Möglichkeit des Erwachens aus dem Verschütteten und Unbewussten demnach potenziell angelegt ist). Aus diesem Zustand erweckt wird die Welt durch das Wort (also: durch Kunst in Form von Literatur), um dann zum Lied, zum Gesang (also: zur Kunst in Form von Musik) zu werden. Bedeutungsvoll scheint die Rolle, die der Dichtung (dem »Zauberwort«) in diesem Erweckungs-Prozess zukommt. Es ist buchstäblich die Kunst (als magisch wunderbarer Vorgang), die dem Menschen die Welt auf- und erschließt. Eichendorff hat diesen Gedanken an anderer Stelle auf ähnliche Weise formuliert: »Aber die Romantik war keine bloß literarische Erscheinung, sie unternahm vielmehr eine innere Regeneration des Gesamtlebens, wie sie Novalis angekündigt hat […]. Ihre ursprüngliche Intention, alles Irdisches auf ein Höheres, das Diesseits auf ein größeres Jenseits zu beziehen, mußten daher insbesondere auch das Gebiet der Kunst gleichmäßig umfassen und durchdringen. Die Revolution, die sie in der Poesie bewirkt, ist schon zu vielfach besprochen, um hier noch besonders erörtert zu werden. Der Malerei vindizierte sie die Schönheit der Religion als höchste Aufgabe […]. Derselbe ernstere Sinn führte die Tonkunst vom frivolen Sinnenkitzel zur Kirche, zu den altitalienischen Meistern […] zurück; er weckte auch in der Profanmusik das geheimnisvolle wunderbare Lied, das verborgen in allen Dingen schlummert, und Mozart, Beethoven und Carl Maria von Weber sind echte Romantiker« (Joseph von Eichendorff, »Erlebtes. II: Halle und Heidelberg«, in: J. v. E., *Werke*, Bd. 1: *Gedichte, Versepen, Dramen, Autobiographisches*, München 1981, S. 944).

Rückblickend auf die erste Begegnung zwischen Florio und der Venus sollen die Schülerinnen und Schüler erkennen, dass die Erweckung des Marmorbildes dem im Gedicht beschriebenen Vorgang entspricht: In der Statue ist die potenzielle Option der Erweckung des Unbelebten durch die Kunst angelegt: Das Wunderbare erschließt sich demjenigen, der das Zauberwort zu treffen vermag, der also eine Affinität zur Welt der Kunst in sich birgt. »Je länger er hinsah, je mehr schien es ihm, als schlüge es [das Marmorbild] die seelenvollen Augen langsam auf, als wollten sich die Lippen bewegen zum Gruße, als blühe Leben wie ein lieblicher Gesang [sic!] durch die schönen Glieder herauf« (16,13 ff.), heißt es im Text.

4.3 Erarbeitung/Sicherung (1): Konzepte romantischer Dichtkunst

UG

VORLAGE 4a
➤ S. 36 f.

Unterrichtsschritt. Die Lerngruppe konkretisiert die in Unterrichtsschritt 4.1 und 4.2 durch handlungsorientierte Anschauung gewonnenen Erkenntnisse, indem sie sich, von der Lehrkraft angeleitet, zwei wesentliche Konzepte romantischer Kunstauffassung durch präzise Lektüre erschließt: zum einen die durch Novalis (Friedrich von Hardenberg) postulierte Idee von der Romantisierung der Welt, zum anderen das von Friedrich Schlegel formulierte Programm einer neuen Ästhetik, der progressiven Universalpoesie. Dazu wird den Schülerinnen und Schülern die VORLAGE 4a ***Romantische Kunstauffassungen*** vorgelegt. In einem gemeinsamen *close reading* werden die anspruchsvollen Texte Novalis' und Schlegels in einem offenen Unterrichtsgespräch erarbeitet. Die Ergebnissicherung findet auf der Vorlage statt. Der Arbeitsschritt sollte nicht länger als 30 Minuten in Anspruch nehmen.

VORLAGE 4a

Romantische Kunstauffassungen

Novalis (Friedrich von Hardenberg, 1772–1801) zur Romantisierung der Welt:	**Beobachtungen:**
16. »Blütenstaubfragment«: Zum magischen Realismus (1798) Wir träumen von Reisen durch das Weltall: ist denn das Weltall nicht in uns? Die Tiefen unseres Geistes kennen wir nicht. – Nach Innen geht der geheimnisvolle Weg. In uns, oder nirgends ist die Ewigkeit mit ihren Welten, die Vergangenheit und Zukunft. Die Außenwelt ist die Schattenwelt, sie wirft ihren Schatten in das Lichtreich. Jetzt scheint es uns freilich innerlich so dunkel, einsam, gestaltlos, aber wie ganz anders wird es uns dünken, wenn diese Verfinsterung vorbei, und der Schattenkörper hinweggerückt ist. ***86. Fragment der »Logologischen Fragmente«*** Die Welt muss romantisiert werden. So findet man den ursprünglichen Sinn wieder. Romantisieren ist nichts anderes als eine qualitative Potenzierung. Das niedre Selbst wird mit einem bessern Selbst in dieser Operation identifiziert. […] Indem ich dem Gemeinen einen hohen Sinn, dem Gewöhnlichen ein geheimnisvolles Ansehen, dem Bekannten die Würde des Unbekannten, dem Endlichen einen unendlichen Schein gebe, so romantisiere ich es. Novalis: Werke und Briefe. Hrsg. von Alfred Kelletat. München: Winkler, 1968. S. 342, 424.	

VORLAGE 4a (Fortsetzung)

Friedrich Schlegel (1772–1829) zur Universalpoesie (1798):	Beobachtungen:
116. Athenäums-Fragment Die romantische Poesie ist eine progressive Universalpoesie. Ihre Bestimmung ist nicht bloß, alle getrennte Gattungen der Poesie wieder zu vereinigen, und die Poesie mit der Philosophie und Rhetorik in Berührung zu setzen. Sie will, und soll auch Poesie und Prosa, Genialität und Kritik, Kunstpoesie und Naturpoesie bald mischen, bald verschmelzen, die Poesie lebendig und gesellig, und das Leben und die Gesellschaft poetisch machen, den Witz poetisieren, und die Formen der Kunst mit gediegnem Bildungsstoff jeder Art anfüllen und sättigen, und durch die Schwingungen des Humors beseelen. Sie umfaßt alles, was nur poetisch ist, vom größten wieder mehrere Systeme in sich enthaltenden Systeme der Kunst, bis zu dem Seufzer, dem Kuß, den das dichtende Kind aushaucht in kunstlosen Gesang. […] Nur sie kann gleich dem Epos ein Spiegel der ganzen umgebenden Welt, ein Bild des Zeitalters werden. Und doch kann auch sie am meisten zwischen dem Dargestellten und dem Darstellenden, frei von allem realen und idealen Interesse auf den Flügeln der poetischen Reflexion in der Mitte schweben, diese Reflexion immer wieder potenzieren und wie in einer endlosen Reihe von Spiegeln vervielfachen. Sie ist der höchsten und der allseitigsten Bildung fähig; nicht bloß von innen heraus, sondern auch von außen hinein; indem sie jedem, was ein Ganzes in ihren Produkten sein soll, alle Teile ähnlich organisiert, wodurch ihr die Aussicht auf eine grenzenlos wachsende Klassizität eröffnet wird. Die romantische Poesie ist unter den Künsten was der Witz der Philosophie, und die Gesellschaft, Umgang, Freundschaft und Liebe im Leben ist. Andre Dichtarten sind fertig, und können nun vollständig zergliedert werden. Die romantische Dichtart ist noch im Werden; ja das ist ihr eigentliches Wesen, daß sie ewig nur werden, nie vollendet sein kann. Sie kann durch keine Theorie erschöpft werden, und nur eine divinatorische Kritik dürfte es wagen, ihr Ideal charakterisieren zu wollen. Sie allein ist unendlich, wie sie allein frei ist, und das als ihr erstes Gesetz anerkennt, daß die Willkür des Dichters kein Gesetz über sich leide. Die romantische Dichtart ist die einzige, die mehr als Art, und gleichsam die Dichtkunst selbst ist: denn in einem gewissen Sinn ist oder soll alle Poesie romantisch sein. Zit. nach: *Das Marmorbild*, Reclam XL, S. 61 f.	

Erläuterungen. Ebenso einfluss- wie folgenreich sind die Überlegungen der Frühromantiker Schlegel und Novalis für die Ästhetik der romantischen Literatur.

Zu Novalis: Novalis formuliert ein wesentliches Interesse der Romantiker, nämlich »das Innere des Menschen, seine innere Gedanken- und Gefühlwelt aufzuwerten […]. Dieser Aufruf zur Selbsterkundung wird mit der Thematik des ›inneren Reisens‹ oder des ›Reisens in das Innere« verknüpft, was auch als Ausdruck eines grundlegenden Bedürfnisses nach einer ›Seelenerfahrungskunde‹, modern gesprochen nach einer psychologischen Introspektion gewertet werden kann. Nach Novalis bedarf es einer Romantisierung, d.h. Poetisierung der Welt, die – so Friedrich Schlegel – gemäß einer progressiven Universalpoesie alle Gattungen und Lebensbereiche vermischen soll « (Gabriela Wacker, *E. T. A. Hoffmann: Der goldne Topf*, Hannover 2017, S. 12 f.). Die Schülerinnen und Schüler sollten unbedingt erkennen, dass die durch die Romantik vorgenommene Aufwertung der Emotio, der Fantasie und des Traumes auch eine (dezidiert anti-bürgerliche) Abkehr von der in der Aufklärung groß geschriebenen Ratio, der Vernunft, als wichtigstem Merkmal des Menschen bedeutet.

Zu Friedrich Schlegel: Das berühmte 116. Athenäums-Fragment »Zur Universalpoesie« proklamiert eine Ästhetik, insbesondere: eine Literatur, die nicht nur sämtliche literarischen Gattungen (Epik, Lyrik, Drama) zusammenführt, sondern diese auch mit der Rhetorik und der Philosophie, mit der Wissenschaft und der Kritik in Berührung setzen, vermischen und verschmelzen will. Synästhetisch sollen dabei alle Sinne angesprochen werden. Ziel ist der Versuch, Traum und Wirklichkeit, Kunst und Leben in der und durch die Poesie zu vereinen. »Progressiv« nennt Schlegel die Universalpoesie, weil sie in einem nicht enden wollenden Entstehungsprozess begriffen ist. Als besonders folgenreich für die Literatur der Romantik sollten die Schülerinnen und Schüler erkennen: zum einen die Vermischung der literarischen Gattungen (für das *Marmorbild* Eichendorffs relevant hinsichtlich der Lyrik-Einlagen), zum anderen den Versuch, die Grenzen zwischen Surrealem und Realem, zwischen Traum und Wirklichkeit zu verwischen, gar: zu überwinden.

Der Text ist auch in der Ausgabe Reclam XL, S. 61 f., abgedruckt.

4.4 Erarbeitung/Sicherung (2): Bedeutung und Funktion der Lieder

UG / GA

TAFELBILD 4 ➤ S. 38

VORLAGE 4b ➤ S. 39

Unterrichtsschritt. Den programmatischen Überlegungen Friedrich Schlegels folgend findet sich in allen Erzählungen Eichendorffs eine Vielzahl an Liedeinlagen. Erfahrungsgemäß erkennen Schülerinnen und Schüler, dass den Liedern im Gefüge des Textes unterschiedliche Funktionen zukommen: Sie dienen der Charakterisierung der Figuren, geben Auskunft über deren emotionales Befinden, sie kommentieren, abstrahieren und verallgemeinern das Geschehen, erläutern Teile der Handlung oder nehmen sie vorweg, nicht zuletzt aber sind sie Indikatoren für die durchkomponierte Struktur der Erzählungen. Dies soll der Lerngruppe mithilfe von TAFELBILD 4 demonstriert werden. Das Tafelbild fixiert nicht nur die Reihenfolge der Lieder im *Marmorbild*, sondern markiert Zusammenhänge, denen die Schülerinnen und Schüler in Gruppenarbeiten nachspüren (Arbeitsaufträge auf VORLAGE 4b ***Die Lieder im »Marmorbild«***). Es empfiehlt sich, die Gruppen so einzuteilen, dass die Lyrikeinlagen der Sängerinnen und Sänger (Florio, Fortunato, Venus, Bianka) jeweils in einer Gruppe besprochen werden können. Eventuell kann die Lehrkraft zuvor auf die spiegelbildliche Anordnung der Verseinlagen verweisen, die von der Forschung, einem der Leitmotive des Textes folgend, als eine kreisförmige beschrieben wird (vgl. Alfred Riemen, »›Da fiel ihr ein Lied dabei ein‹. Gedichte als Struk-

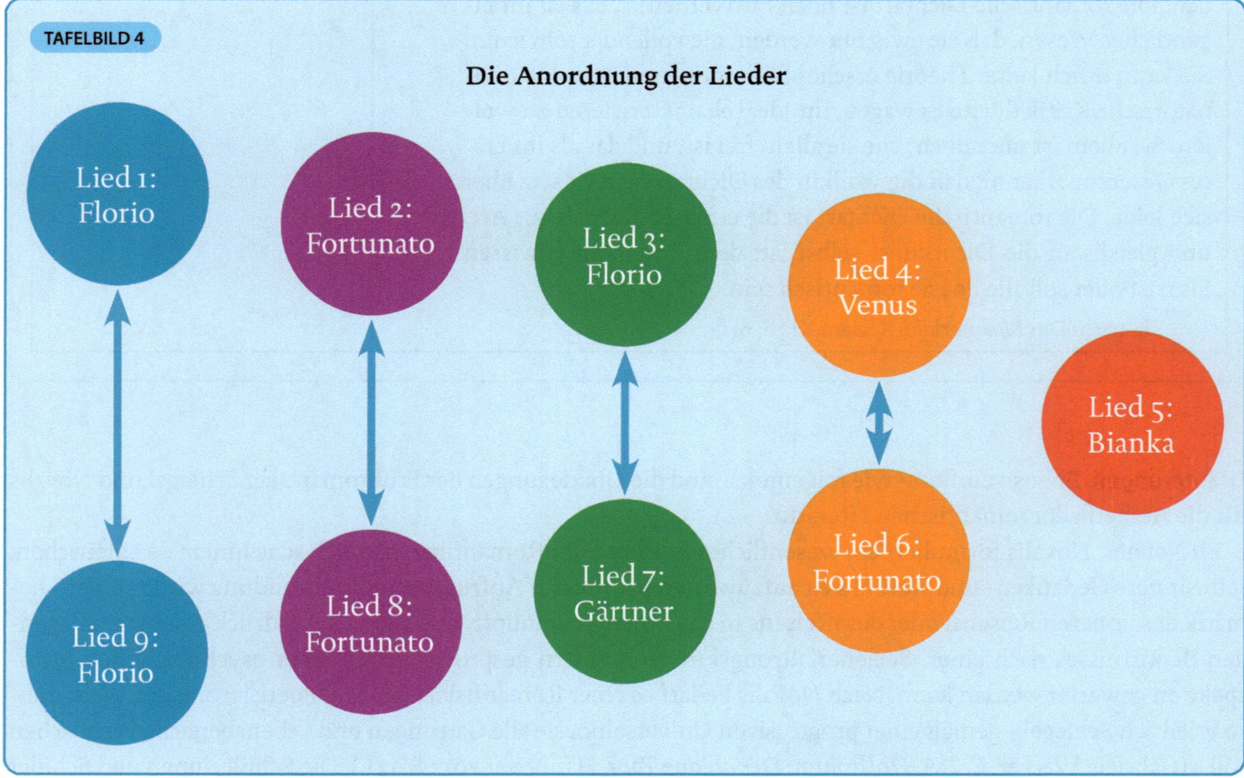

turkennzeichen in Eichendorffs Erzählungen«, in: *Aurora* 42, 1982, S. 7–22, bzw. Hartmut Marhold, »Motiv und Struktur des Kreises in Joseph Freiherr von Eichendorffs Novelle ›Das Marmorbild‹«, in: *Aurora* 47, 1987, S. 101–125). Für die Gruppenarbeiten sollten inkl. einer abschließenden, knappen Präsentation und Ergebnissicherung ca. 45 Minuten Zeit zur Verfügung stehen.

VORLAGE 4b

Die Lieder im *Marmorbild*

Suchen Sie im Text ›Ihr‹ Lied und beantworten Sie stichwortartig folgende Fragen:
1. In welchem Kontext steht das Lied? Wo und wann wird es gesungen?
2. Fassen Sie den Inhalt des Lieds kurz zusammen.
3. Welche Funktion hat das Lied für die Handlung?

4*. Worum handelt es sich bei dem Lied demnach: um Reflexion? Vorausdeutung? Kommentar?

Erläuterungen. Zur Verifizierung:
- Lied 1, Florio: »Jeder nennet froh die Seine« (7,9–14)
- Lied 2, Fortunato: »Was klingt mir so heiter« (8,12–11,4)
- Lied 3, Florio: »Wie kühl schweift's sich bei nächt'ger Stunde« (14,29–15,18)
- Lied 4, Venus: »Was weckst du, Frühling, mich von neuem wieder?« (21,6–19)
- Lied 5, Bianka: »Über die beglänzten Gipfel« (28,29–29,6)
- Lied 6, Fortunato: »Still in Luft« (32,6–20)
- Lied 7, Gärtner: »Vergangen ist die finstre Nacht« (42,15–18)
- Lied 8, Fortunato: »Von kühnen Wunderbildern« (44,14–46,16)
- Lied 9, Florio: »Hier bin ich, Herr! Gegrüßt das Licht« (47,26–33)

Das TAFELBILD 4a konstatiert Zusammenhänge zwischen den strukturgebenden Liedern und versucht dabei, die rondoartige Kreisbewegung um das im Mittelpunkt stehende (einzige!) Lied Biankas ebenso zu verbildlichen wie die spiegelsymmetrische Anordnung der Lieder, die bewusst Beziehungen zwischen den Liedern konstruiert. Diese Beziehungen der Lieder untereinander sollten entweder am Ende der Gruppenarbeiten thematisiert werden, können aber auch in verknappter, lenkender Form vorab verdeutlicht werden:

- *Lied 1 und Lied 9:* Dem Protagonisten Florio sind das erste und das letzte Lied der Erzählung zugewiesen. Auch wenn die beiden Lieder thematisch weniger verwoben sind als andere Lyrikeinlagen, korrespondieren sie durch die Person des Sängers und die exponierte Stellung. Sie zeigen die Entwicklung des einzigen dynamischen Charakters der Erzählung und kontrastieren daher bewusst hinsichtlich des Inhalts und der Form.
- *Lied 2 und Lied 8:* Schnell ins Auge fallen die Übereinstimmungen zwischen Lied 2 und 8: Der Sänger ist in beiden Fällen Fortunato, »beide behandeln das Schicksal der antiken Götter vor, während und nach der Ausbreitung des Christentums«: An die Stelle der antiken Götter tritt das Christentum. »Venus wird entthront, Maria tritt als weibliche Idealgestalt an ihre Stelle.« Die beiden Lieder gehen »so bruchlos« ineinander über, »daß Eichendorff sie in der Ausgabe seiner Gedichte als die Teile 1 und 2 desselben Liedes unter dem Titel *Götterdämmerung* erscheinen lassen konnte« (Hartmut Marhold, »Motiv und Struktur des Kreises in Joseph Freiherr von Eichendorffs Novelle *Das Marmorbild*, in: *Aurora* 47, 1987, S. 108). Das betrifft auch formale Aspekte: Reim- und Strophenform sind gleich, das Metrum allerdings wechselt von einem freier scheinenden Zweiheber (Jambus und Anapäst) zum strengeren dreihebigen Jambus.
- *Lied 3 und Lied 7:* Überdeutlich ist der Gegensatz zwischen dem Lied Florios, welches die Schönheit der Nacht feiert, bevor das Wunderbare durch die erste Begegnung mit dem Marmorbild in sein Leben tritt, und dem Lied des Gärtners, das an jenem Morgen, an dem die Verzauberung überwunden wird, aufatmend den Morgen preist und damit das Ende dessen bezeichnet, was mit dem dritten Lied seinen Anfang nahm.
- *Lied 4 und Lied 6:* »Die beiden eigentlich aktiven Kontrahenten im Tauziehen um den jungen Dichter, Fortunato und Venus, singen das vierte bzw. viertletzte Lied. […] Beide Lieder sind gleichermaßen direkt an Florio gerichtet, beide Sänger wollen ihn an sich ziehen. Fortunatos Lied ist tänzerisch locker, spielerisch improvisiert – Florio folgt ihm nicht; das Lied der Venus ist ein Sonett, streng gebaut und ausdrucksstark – Florio läßt sich betö-

ren« (Marhold, S. 109 f.). Gute Schülerinnen und Schüler könnten weiter erkennen, dass die beiden Lieder den Mittelpunkt der Novelle rahmen – das einzige (!) Lied Biankas. Bereits der erste Vers von Biankas Lied *Über die beglänzten Gipfel* verweist metaphorisch auf dessen bedeutsame Stellung nicht nur als Mittel-, sondern als buchstäblicher Höhepunkt des Textes: Als Eröffnungsvers fixiert er die strukturelle Position des Liedes als ein Zentrum, um das sich die anderen Lieder spiegelbildlich oder kreisförmig anzuordnen haben. Zum Sonett der Venus vgl. Unterrichtsschritt 7.1.

Hausaufgabe (fakultativ)

Rekapitulierende Lektüre der Abschnitte 2–5 (*Das Marmorbild*, Reclam XL, 17,4–49,18).

ARBEITSBLATT 4a

Karl Friedrich Schinkel: *Schloss am Strom* (1820)

Karl Friedrich Schinkel (1781–1841), *Schloss am Strom* (1820). Öl auf Leinwand, 70 × 94 cm, Staatliche Museen Berlin, Preußischer Kulturbesitz, Nationalgalerie. – bpk / Nationalgalerie, SMB / Jörg P. Anders

Info zum Hintergrund der Entstehung:

Karl Friedrich Schinkel (1781–1841), Baumeister, Architekt, Städteplaner, Bühnenbildner, Maler und Grafiker des deutschen Klassizismus, ist als Architekt der preußischen Könige wesentlich für das Stadtbild des historischen Berlins verantwortlich. Er gilt als Wegbereiter der Moderne in der Architektur. Zu Beginn des 19. Jahrhunderts verkehrt er gesellschaftlich mit einigen bedeutenden Vertretern der literarischen Romantik. Das oben abgebildete Ölbild aus dem Jahr 1820 ist in seiner Entstehung zurückzuführen auf eine Zeichnung aus dem Jahre 1816, die bei einer literarischen Soiree im Hause Schinkels entstand. Der Romantiker Clemens Brentano (den Eichendorff während seiner Heidelberger Studienzeit persönlich kennenlernt und dessen Freund und *Wunderhorn*-Mitherausgeber Achim von Arnim er zeitlebens schätzt) schlägt an diesem Abend ein Gesellschaftsspiel vor:

> »Überliefert ist […] ein in der Wohnung Schinkels ausgetragener Wettstreit, bei dem Brentano die Überlegenheit der Dichtung erweisen wollte durch eine Erzählung von so märchenhaft verwickelndem Handlungsgang, daß es unmöglich sei, dergleichen in einem Bild darzustellen. Schinkel hat dem widersprochen und Brentanos Erzählfluß in einer Zeichnung festgehalten. Sie und das nach ihr entstandene Gemälde *Schloß am Strom* geben heute allein noch eine Vorstellung dieser sonst nicht überlieferten Erzählung Brentanos«.

Peter-Klaus Schuster: Bildzitate bei Brentano. In: Clemens Brentano. Beiträge des Kolloquiums im Freien Deutschen Hochstift 1978. Hrsg. von Detlev Lüders. Tübingen: Niemeyer, 1980. S. 334–348, hier S. 343 f.

Arbeitsaufträge:

1. Entwickeln Sie eine knappe Bildbeschreibung, indem Sie wesentliche Bildelemente benennen.
2. Überlegen Sie, von welchen Motiven die Handlung des verloren gegangenen Märchens Brentanos möglicherweise geprägt war und versuchen Sie zu klären, ob die von Ihnen gefundenen Motive typisch für die Romantik sind.

*3. Kreativer Schreibauftrag: Entwerfen Sie in Stichworten eine mögliche Märchenhandlung zu Schinkels Gemälde *Schloss am Strom*.

Joseph von Eichendorff: *Wünschelrute* (1835)

Joseph von Eichendorff.
Zeichnung von Franz Kugler, 1822

Wünschelrute

Schläft ein Lied in allen Dingen,
Die da träumen fort und fort,
Und die Welt hebt an zu singen,
Triffst du nur das Zauberwort.

50 Gedichte der Romantik. Hrsg. von Dietrich Bode. Stuttgart: Reclam, 2001 [u.ö.]. S. 58.

Arbeitsaufträge:

1. Analysieren Sie das Gedicht stichwortartig nach Inhalt und Form.
2. Formulieren Sie in eigenen Worten, welcher philosophische Gedanke hier poetisch postuliert wird. Wenden Sie Ihre Erkenntnisse auf die bereits thematisierte erste Begegnung zwischen Florio und dem Marmorbild an (3. Stunde).

5 »Eine Novelle oder Mährchen« Form und Struktur der Novelle untersuchen

Sachanalyse

Am 2. Dezember 1817 übersendet Eichendorff seinem Verleger Friedrich de la Motte Fouqué das bereits im März des Jahres zum ersten Mal erwähnte Manuskript des *Marmorbildes*: »Verehrtester Herr Baron«, so Eichendorff in seinem Begleitschreiben, »Ihrer gütigen Erlaubniß zufolge, wage ich es, Ihnen wieder etwas von meiner Poesie zuzuschicken, eine Novelle oder ein Mährchen [...].«[1] Fouqué seinerseits greift die von Eichendorff offengehaltene Gattungsfrage in seiner Antwort vom 31. Dezember desselben Jahres auf. Er dankt für ein »lieblich blühendes und glühendes Novellenmärchen, das bereits seinen Platz im Archive des Frauentaschenbuchs eingenommen hat.«[2] Das *Marmorbild* erscheint das erste Mal gedruckt zur Herbstmesse des Jahres 1818 in Fouqués *Frauentaschenbuch für das Jahr 1819*, ein weiteres Mal, nun von Eichendorff selbst eingerichtet, im Jahre 1826 in der Berliner Vereinsbuchhandlung. Nicht nur im Titel, auch im Inhaltsverzeichnis und im Untertitel nennt Eichendorff dort den Text dezidiert »Novelle«.

Die Unterrichtsstunde sensibilisiert die Lerngruppe für die von Eichendorff zunächst in der Schwebe gehaltene Gattungsproblematik. Ausgangspunkt hierfür ist Goethes bekannte Definition der Novelle, wie sie Eckermann unter dem Datum des 29. Januar 1827 festgehalten hat: »Es kam sodann zur Sprache, welchen Titel man der Novelle [Goethes] geben solle; wir taten manche Vorschläge, einige waren gut für den Anfang, andere für das Ende, doch fand sich keiner, der für das Ganze passend und also der rechte gewesen wäre. ›Wissen Sie was,‹ sagte Goethe, ›wir wollen es die ‚Novelle' nennen; denn was ist eine Novelle anders als eine sich ereignete, unerhörte Begebenheit. [...]‹.«[3] Dem Goethe'schen Diktum von straffer Handlungsführung, unmittelbarem Realitätsbezug und unerhörter Begebenheit kommt (wie anderen Bemerkungen Goethes auch) eine für die deutsche Literatur nahezu unumstößliche Sockelheiligkeit zu – Eichendorff selbst kennt die Formulierung nicht und versteht den Gattungsbegriff Novelle daher in einem Sinne, der sich aus der Quelle einer langen europäischen Erzähltradition speist und offen auch für Einflüsse des Fremden und Wunderbaren scheint.

In der Nachfolge Wielands und der in der zweiten Hälfte des 18. Jahrhunderts überaus beliebten französischen Feenmärchen gehört die Entwicklung des Volks- bzw. des Kunstmärchens zu den großen Leistungen der deutschen Romantik. Eichendorff, der keine seiner Prosa-Arbeiten dezidiert mit der Gattungsbezeichnung »Märchen« belegt hat, nähert sich in seinen frühen Prosa-Arbeiten (insbesondere mit der *Zauberei im Herbste* und dem *Marmorbild*) mehrfach dieser genuin romantischen Gattung an.

Dem Gattungsverständnis Theodor Storms folgend, der die Novelle als die epische »Schwester des Dramas«[4] bezeichnet, erarbeiten sich die Schülerinnen und Schüler im zweiten Teil der Stunde Aufbau und Struktur der Novelle. Mittels einer Transferleistung überträgt die Lerngruppe dramentheoretische Überlegungen auf Eichendorffs Novelle. In der gymnasialen Oberstufe darf das von Gustav Freytag entwickelte Kompositionsmodell für das drei- bzw. fünfaktige Drama der geschlossenen Form (gerne auch als Dramendreieck bzw. Dramenpyramide bezeichnet) als bekannt vorausgesetzt werden. Die Schülerinnen und Schüler wenden dieses Kompositionsmodell in Partnerarbeiten auf das *Marmorbild* an. Schon die im Druckbild des Textes von Eichendorff selbst vorgenommene Einteilung in fünf Erzählabschnitte legt eine derartige Vorgehensweise nahe, auch wenn bei genauer Betrachtung weitere, differenziertere Strukturierungsmöglichkeiten für die Novelle existieren.

1 Ursula Regener, *Erläuterungen und Dokumente. Joseph von Eichendorff: »Das Marmorbild«*, Stuttgart 2004, S. 55.

2 Zit. nach: Joseph von Eichendorff, *Das Marmorbild. Eine Novelle*, mit einem Komm. von Helmut Nobis, Berlin 2015, S. 82.

3 Johann Peter Eckermann, *Gespräche mit Goethe in den letzten Jahren seines Lebens*, hrsg. von Fritz Bergemann, Wiesbaden 1955, S. 201 f.

4 Theodor Storm, »Eine zurückgezogene Vorrede aus dem Jahre 1881«, in: T. S., *Sämtliche Werke in acht Bänden*, hrsg. von Albert Köster, Bd. 8, Leipzig 1920, S. 122 f.

Unterrichtsverlauf

Überblick. Die Lerngruppe erarbeitet sich Gattungsmerkmale der Novelle und damit auch Form und Aufbau von Eichendorffs *Marmorbild.* Dazu prüft sie als Impuls Goethes Definition der Novelle, erweitert ihr Wissen durch einen Lexikonartikel und amalgamiert das Erarbeitete mit Gustav Freytags Kompositionsmodell für das drei- bzw. fünfaktige Drama der geschlossenen Form.

Phase	Thema	Sozialform	Kompetenzen und Lernziele	Materialien
Voraussetzungen: Kenntnis des gesamten Textes				
5.1	Einstieg: Goethe über die Novelle	UG	• Mittels Goethes Definition einen ersten Zugang zur Gattung Novelle finden	TAFELBILD 5a ➤ S. 44
5.2	Erarbeitung/Sicherung (1): Zur Theorie der Novelle	EA	• Einem Fachlexikon Informationen entnehmen und diese auf das *Marmorbild* anwenden	ARBEITSBLATT 5a ➤ S. 50
5.3	Erarbeitung/Sicherung (2): Zur Form der Novelle	PA / UG	• Mittels der Freytag'schen Dramenpyramide Aufbau und Struktur der Novelle untersuchen	ARBEITSBLATT 5b ➤ S. 51 ARBEITSBLATT 5c ➤ S. 52 VORLAGE 5 ➤ S. 46 TAFELBILD 5b ➤ S. 48 TAFELBILD 5c ➤ S. 49
HA	Entwicklung eines vorläufigen Schaubildes zur Figurenkonstellation			

5.1 Einstieg: Goethe über die Novelle

UG

TAFELBILD 5a
➤ S. 44

Unterrichtsschritt. Den Einstieg in die Unterrichtseinheit bildet TAFELBILD 5a ***Johann Wolfgang Goethe (1749–1832): Zur Gattung Novelle***, das die Schülerinnen und Schüler – zunächst ohne weitere Vorbereitung – mit der von Johann Wolfgang Goethe stammenden, bekannten Gattungsdefinition der Novelle konfrontiert. In einem durch die Lehrkraft angeleiteten offenen Unterrichtsgespräch wird gemeinsam nach ersten Anhalts-

TAFELBILD 5a

Johann Wolfgang Goethe (1749–1832): Zur Gattung Novelle

Die Novelle ist »eine sich ereignete, unerhörte Begebenheit.« (Goethe)

- **eine Begebenheit:**
  Hinweis auf die straffe, einsträngige Handlungsführung, Gestaltung eines (!) zentralen Konflikts
- **sich ereignete:**
  Realitätsbezug, Gestaltung eines vorstellbaren Ereignisses, einer real denkbaren, sich ereignenden Begebenheit
- **unerhörte:**
  Hinweis auf den Begriff der Neuigkeit (im Sinne von: so noch nicht gehörte Begebenheit), als Homonym gelesen weiter: außergewöhnliche, ungewöhnliche, erstaunliche Begebenheit

punkten hinsichtlich deren Gattungscharakteristika gesucht, die nach und nach festgehalten werden. Für den ersten Unterrichtsschritt sollten 10 Minuten ausreichen.

Erläuterungen. *Das Marmorbild* ist durch den Untertitel explizit als »Novelle« ausgewiesen. Mit dieser in seinem Werk häufig genutzten Gattungsbezeichnung schließt Eichendorff an eine lange europäische Erzähltradition an. (Die folgenden weiteren Erzählungen Eichendorffs sind durch den Untertitel als »Novelle« gekennzeichnet: *Aus dem Leben eines Taugenichts, Viel Lärmen um Nichts, Das Schloß Dürande, Die Entführung, Die Glücksritter.* Vgl. hierzu: Joseph von Eichendorff, *Sämtliche Erzählungen*, hrsg. von Hartwig Schultz, Stuttgart 2012, S. 85, 184, 345, 390, 431.) Ausgehend von Goethes Definition der Novelle nähert sich die Lerngruppe der Gattung Novelle an.

5.2 Erarbeitung/Sicherung (1): Zur Theorie der Novelle

Unterrichtsschritt. Die Lerngruppe erhält ARBEITSBLATT 5a ***Zur Theorie der Novelle*** und löst die dort formulierten Arbeitsaufträge in Einzelarbeit. Hierfür sollte den Schülerinnen und Schülern ca. 20 Minuten Zeit gegeben werden. In einem knappen Unterrichtsgespräch können die Ergebnisse gesichert werden.

EA

ARBEITSBLATT 5a
➤ S. 50 Lösungshinweise
➤ S. 109 Internetzugang

Erläuterungen. Als charakteristische Merkmale der Gattung Novelle erkennen die Schülerinnen und Schüler:

- Die Novelle ist eine Prosa-Erzählung von kurzem bis mittleren Umfang.
- Die Novelle erzählt eine Folge weniger, aufeinander bezogener Ereignisse, die insgesamt den Anspruch auf den Charakter einer so noch nicht gehörten bzw. so noch nicht erzählten ›Neuigkeit‹ erheben.
- Im Mittelpunkt der Novelle steht ein zentrales Ereignis, (nach Goethe eine »unerhörte Begebenheit«).
- Dieses Ereignis ist (nach Goethe) ein in der Realität denkbares bzw. vorstellbares.
- Die Novelle ist gekennzeichnet durch den zentralen Konflikt von Außergewöhnlichem und Alltäglichem, von Neuartigem und Hergebrachtem.
- Die Novelle ist gekennzeichnet von einer straffen Handlungsführung, Nebenhandlungen sind in der Novelle nicht vorgesehen.
- Die Novelle ist gekennzeichnet durch ein pointiertes Hervortreten von Höhe- bzw. Wendepunkten.
- Die Novelle ist gekennzeichnet durch eine weitestgehend geschlossene Form, bei der ein Konflikt bis zur Entscheidung durchgeführt ist.
- Typisch für die Novelle sind Vorausdeutungs- und Integrationstechniken, etwa durch sprachliche Leitmotive oder durch Dingsymbole.

Die Lösungshinweise zu ARBEITSBLATT 5a sollten der Lerngruppe verdeutlichen, dass die erarbeiteten Gattungscharakteristika im Wesentlichen für Eichendorffs *Marmorbild* nachweisbar sind bzw. auf Eichendorffs *Marmorbild* zutreffen. Zur fakultativen Frage nach der Falkentheorie: Stilbildend für die Gattung Novelle ist die Sammlung *Il Decameron* (vermutlich 1349–53) des Italieners Giovanni Boccaccio (1313–1375). In der Rahmenhandlung des *Decameron* findet in einem Landhaus in den Hügeln von Florenz eine adelige Gesellschaft zusammen, die vor der in der Stadt wütenden Pest geflohen ist. An zehn Tagen werden in geselliger Runde jeweils zehn Novellen erzählt. Die Falkentheorie, die sich auf eine Äußerung Paul Heyses aus dessen Einleitung zum *Deutschen Novellenschatz* (1871) stützt, verlangt von der Novelle (der neunten Erzählung des fünften Tages in Boccaccios *Decameron* folgend) ein klar abgegrenztes Leitmotiv bzw. Dingsymbol von besonderer Prägnanz. In der genannten Erzählung Boccaccios ist dies der im Titel benannte Falke: »Federigo degli Alberighi liebt und findet keine Gegenliebe. Zu Ehren seiner Dame verschwendet er alle seine Reichtümer und richtet sich zugrunde. Es bleibt ihm nur sein Falke, den er – da er nichts anderes mehr besitzt – der geliebten Frau bei einem unerwarteten Besuch zu Tische vorsetzt. Als die Dame dies erfährt, ändern sich ihre Gefühle, sie nimmt Federigo zum Gatten und macht ihn wieder zum reichen Mann« (Giovanni Boccaccio, *Das Dekameron*, übers. von Ruth Macchi, Bd. 1, Berlin/Weimar 1988, S. 666). In Eichendorffs Erzählung ist das im Titel benannte Marmorbild jenes Leitmotiv bzw. Dingsymbol, das, der Falkentheorie entsprechend, im Mittelpunkt der Handlung steht.

5.3 Erarbeitung/Sicherung (2): Zur Form der Novelle

PA / UG

ARBEITSBLATT 5b ➤ S. 51
Lösungshinweise ➤ S. 110
ARBEITSBLATT 5c ➤ S. 52
VORLAGE 5 ➤ S. 46
TAFELBILD 5b ➤ S. 48
TAFELBILD 5c ➤ S. 49

Unterrichtsschritt. Die Lerngruppe erarbeitet sich Aufbau und Struktur der Novelle. Ziel ist es, den von Theodor Storm postulierten dramatischen Aufbau einer jeden Novelle auf das *Marmorbild* anzuwenden. Dazu erhalten die Schülerinnen und Schüler zunächst das ARBEITSBLATT 5b ***»Das Marmorbild«. Aufbau der Novelle***, mittels dessen sie sich die chronologische Struktur der Erzählung in Partnerarbeit erschließen.

Die von Theodor Storm postulierte Nähe der Novelle zum Drama der geschlossenen Form soll anschließend mittels des Freytag'schen Modells der Dramenpyramide auf Eichendorffs *Marmorbild* angewendet

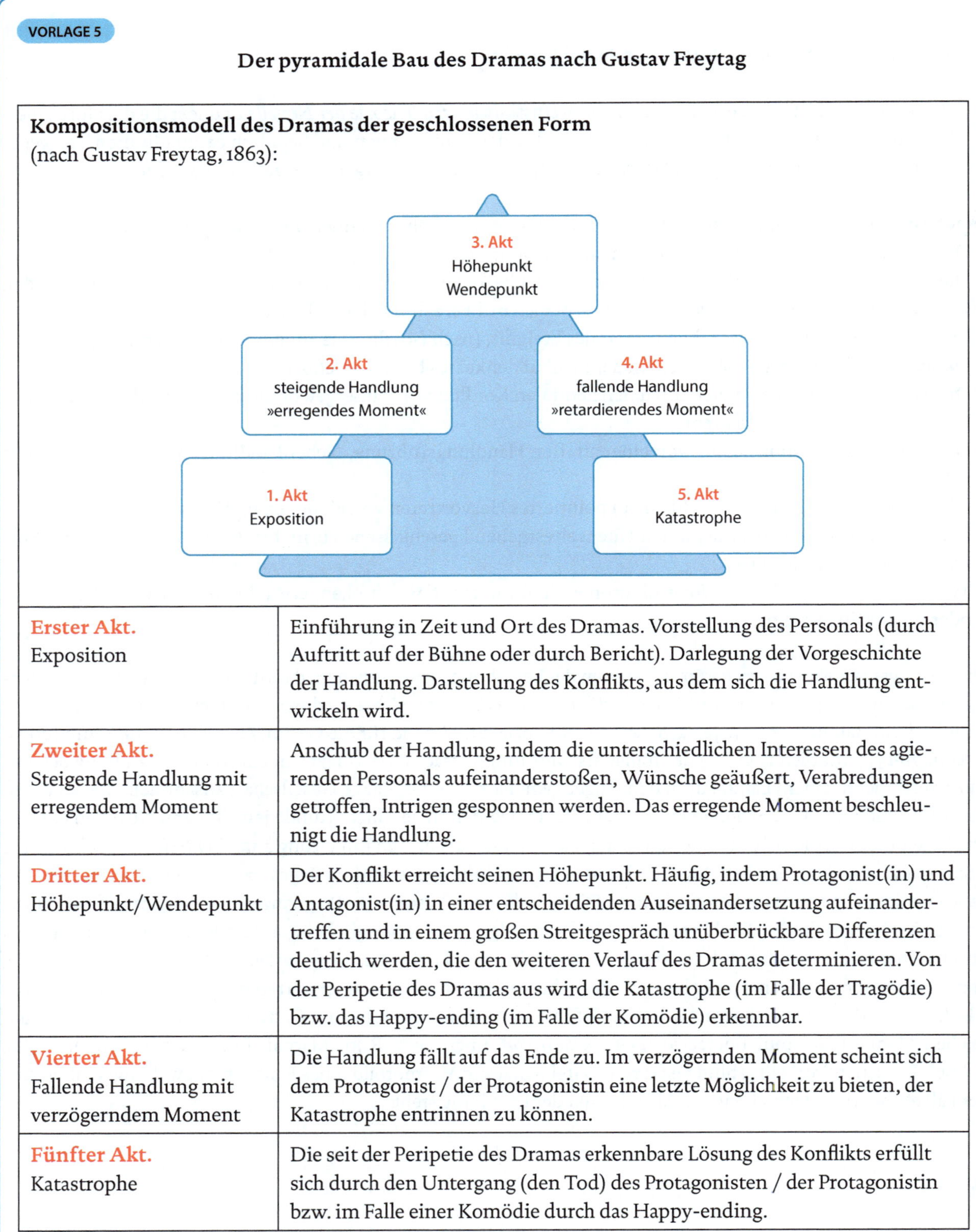

VORLAGE 5

Der pyramidale Bau des Dramas nach Gustav Freytag

Kompositionsmodell des Dramas der geschlossenen Form
(nach Gustav Freytag, 1863):

Erster Akt. Exposition	Einführung in Zeit und Ort des Dramas. Vorstellung des Personals (durch Auftritt auf der Bühne oder durch Bericht). Darlegung der Vorgeschichte der Handlung. Darstellung des Konflikts, aus dem sich die Handlung entwickeln wird.
Zweiter Akt. Steigende Handlung mit erregendem Moment	Anschub der Handlung, indem die unterschiedlichen Interessen des agierenden Personals aufeinanderstoßen, Wünsche geäußert, Verabredungen getroffen, Intrigen gesponnen werden. Das erregende Moment beschleunigt die Handlung.
Dritter Akt. Höhepunkt/Wendepunkt	Der Konflikt erreicht seinen Höhepunkt. Häufig, indem Protagonist(in) und Antagonist(in) in einer entscheidenden Auseinandersetzung aufeinandertreffen und in einem großen Streitgespräch unüberbrückbare Differenzen deutlich werden, die den weiteren Verlauf des Dramas determinieren. Von der Peripetie des Dramas aus wird die Katastrophe (im Falle der Tragödie) bzw. das Happy-ending (im Falle der Komödie) erkennbar.
Vierter Akt. Fallende Handlung mit verzögerndem Moment	Die Handlung fällt auf das Ende zu. Im verzögernden Moment scheint sich dem Protagonist / der Protagonistin eine letzte Möglichkeit zu bieten, der Katastrophe entrinnen zu können.
Fünfter Akt. Katastrophe	Die seit der Peripetie des Dramas erkennbare Lösung des Konflikts erfüllt sich durch den Untergang (den Tod) des Protagonisten / der Protagonistin bzw. im Falle einer Komödie durch das Happy-ending.

werden. Im Folgenden wird der Versuch unternommen, die auf dem ARBEITSBLATT 5b fixierten Ergebnisse und die VORLAGE 5 ***Der pyramidale Bau des Dramas nach Gustav Freytag*** zu amalgamieren. Als Ziel der Partnerarbeit soll hinterfragt werden, ob und inwiefern Eichendorffs *Marmorbild* in Aufbau und Struktur dem Drama der geschlossenen Form folgt. Dazu erhalten die Schülerinnen und Schüler das ARBEITSBLATT 5c ***Joseph von Eichendorff: »Das Marmorbild« – Gustav Freytags Dramenmodell als Kompositionsprinzip der Novelle***. Sie unternehmen den Versuch, die leer belassenen Teile des Modells mit den sich aus VORLAGE 5 ergebenden Inhalten zu füllen. Die Schülerinnen und Schüler könnten dabei zu unterschiedlichen Ergebnissen gelangen, die von der Lehrkraft als Tafelbild gesichert und mit der Lerngruppe diskutiert werden sollten, vgl. hierzu die beiden Lösungsmöglichkeiten TAFELBILD 5b und TAFELBILD 5c. Der Unterrichtsschritt sollte ungefähr 30 Minuten in Anspruch nehmen.

Erläuterungen. *Das Marmorbild* ist mittels mehrerer deutlich im Text erkennbarer Akzentuierungen in fünf Erzählabschnitte gegliedert. Erfahrungsgemäß erkennen Schülerinnen und Schüler die strukturierende Funktion der in den Text eingezogenen überlangen, heute im Druckbild (für das Ende eines Kapitels) nicht mehr gebräuchlichen Schlusslinien (die sich sowohl in der Erstausgabe von 1819 als auch in der ersten von Eichendorff selbst besorgten Einzelausgabe von 1826 finden). Die so pointiert gegeneinander abgegrenzten fünf Erzählabschnitte bieten jeweils in sich geschlossene Handlungsbogen, die in chronologischer Reihenfolge erzählt werden. Erkennbar ist eine Abfolge von vier Tagen und Nächten, darauf folgt ein Zeitsprung, mehrere Tage später setzt die Handlung neuerlich ein, um am darauffolgenden Morgen zu enden. Die strukturierenden Schlusslinien finden sich in der zugrundeliegenden Ausgabe *Das Marmorbild*, Reclam XL auf den Seiten 17, 24, 34 und 43.

Dem Gattungsverständnis Theodor Storms folgend, der die Novelle als die »epische Schwester des Dramas« und damit als strengste Prosa-Form bezeichnet, wird mit der Einteilung in fünf Erzählabschnitte die Nähe der Novelle zum Drama der geschlossenen Form augenfällig. In der gymnasialen Oberstufe darf das von Gustav Freytag entwickelte Kompositionsmodell für das drei- bzw. fünfaktige Drama der geschlossenen Form (gerne auch als Dramendreieck bzw. Dramenpyramide bezeichnet) als bekannt vorausgesetzt werden. Die VORLAGE 5 ruft der Lerngruppe Eckpunkte des Kompositionsmodells in Erinnerung.

Zu TAFELBILD 5b: Die erste Lösung, die Schülerinnen und Schüler finden, ist in der Regel eine einfache, zumeist starre Überführung der fünf Erzählabschnitte in die Bauelemente der geschlossenen Dramenform, wie sie bei Gustav Freytag schematisch und modellhaft errichtet sind. TAFELBILD 5c hingegen bietet eine zweite Lösung, zu der gute Schülerinnen und Schüler gelangen könnten. Differenziert und berücksichtigt ist hier, dass die erste Begegnung zwischen Florio und dem Marmorbild durchaus als erregendes Moment gelten kann (im Drama der geschlossenen Form seinen Platz also im zweiten Akt finden würde), weiter erkennt diese Lösung den Maskenball (aus Erzählabschnitt 3) und den nächtlichen Verführungsversuch der Venus (aus Erzählabschnitt 4) als gleichwertige Höhe- bzw. Wendepunkte der Novelle.

Hausaufgabe

Entwickeln Sie ein vorläufiges Schaubild zur Figurenkonstellation des *Marmorbilds*.

TAFELBILD 5b

Joseph von Eichendorff: *Das Marmorbild*

Gustav Freytags Dramenmodell als Kompositionsprinzip der Novelle

Maskenball
Begegnung Bianka/Venus

Akt 3:
Höhepunkt / Wendepunkt

Erste Begegnung mit dem Marmorbild
Florio im Lustgarten der Venus
Lied der Venus

Akt 2:
Steigende Handlung mit erregendem Moment

Fest im Palast der Venus
Verführungsversuch der Venus
Florios Abwendung von Venus

Akt 4:
Fallende Handlung mit retardierendem Moment

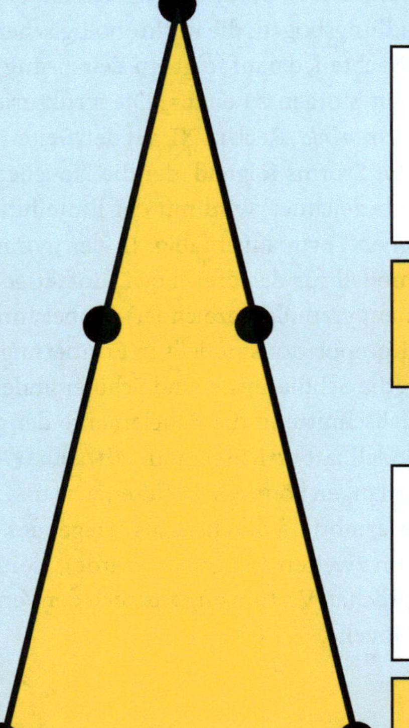

Ankunft Florios in Lucca
Begegnung Fortunato, Bianka, Donati
Erste Begegnung mit dem Marmorbild

Akt 1:
Exposition

Abreise Florios aus Lucca
Begegnung Fortunato, Pietro, Bianka
Florios Hinwendung zu Bianka

Akt 5:
Happy-Ending

TAFELBILD 5c

Joseph von Eichendorff: ***Das Marmorbild***

Gustav Freytags Dramenmodell als Kompositionsprinzip der Novelle

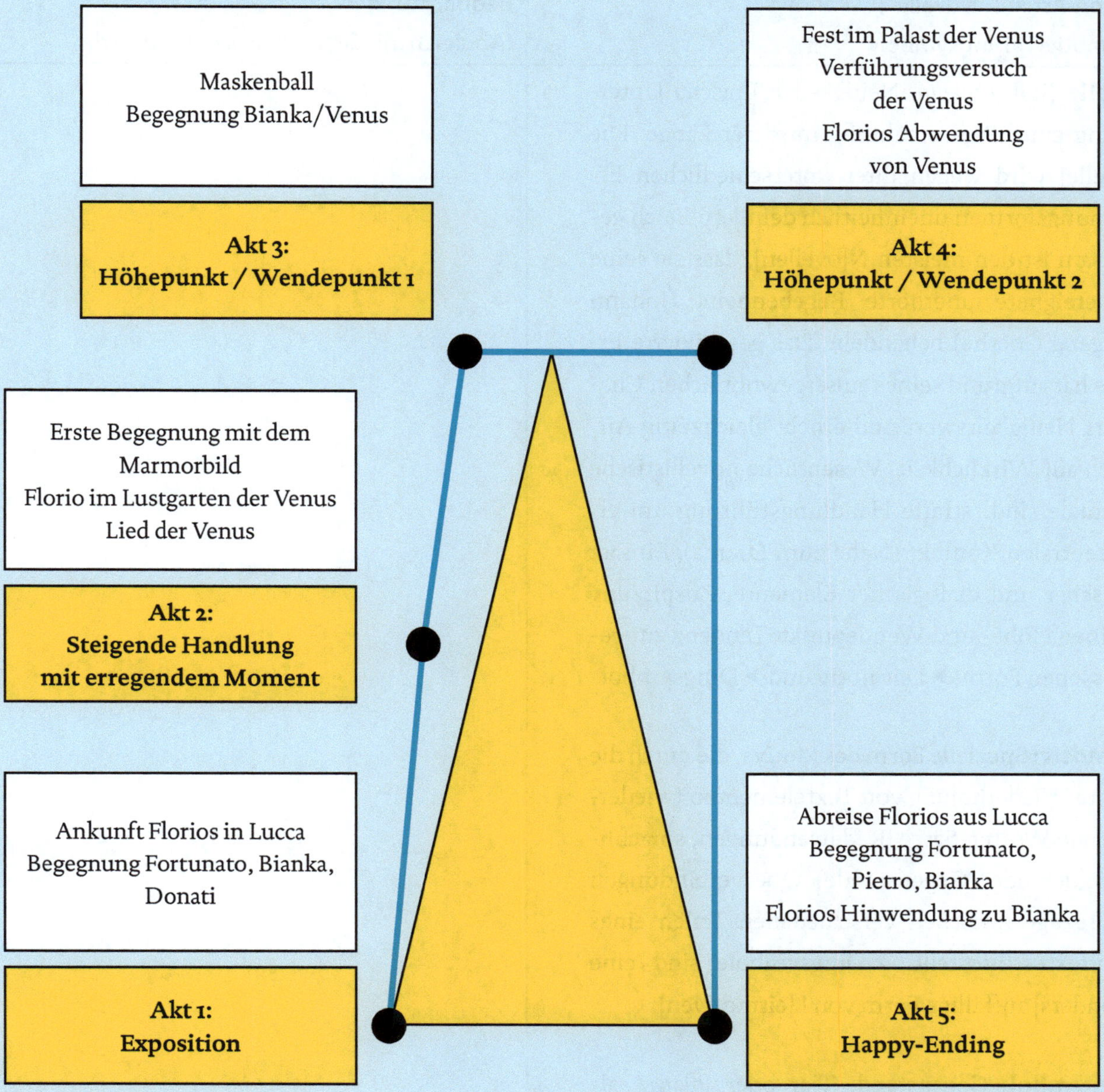

ARBEITSBLATT 5a

Zur Theorie der Novelle

Lexikon-Artikel »Novelle«, »Leitmotiv«, »Dingsymbol«	Beobachtungen (Abgleich mit Eichendorffs *Marmorbild*)
Novelle (ital. *novella* ›Neuigkeit‹): Epische Untergattung einer Prosaerzählung mittlerer Länge. Die N[ovelle] wird wegen ihrer unterschiedlichen Erscheinungsformen uneinheitlich definiert. Doch gemeinsam ist den meisten N[ovellen], dass sie »eine sich ereignete unerhörte Begebenheit« (Johann Wolfgang Goethe) behandeln. Das geschilderte Ereignis hat aufgrund seines außergewöhnlichen Charakters Neuigkeitswert und erhebt gleichzeitig Anspruch auf Wirklichkeit. Wesentliche novellistische Merkmale sind: straffe Handlungsführung um einen zentralen Konflikt (Nähe zum Drama), Einsatz szenischer und dialogischer Elemente, Zuspitzung auf einen Höhe- und Wendepunkt, Tendenz zur geschlossenen Form, ➤ Leitmotiv und ➤ Dingsymbol. **Leitmotiv:** Spezielle Form des Motivs, die durch die gezielte Wiederholung von Textelementen (wiederkehrende Wörter, Sätze, Redewendungen, sprachliche Bilder oder Gegenstände) Querverbindungen und Bezüge zwischen verschiedenen Teilen eines Erzähltextes herstellt. ➤ Dingsymbole sind eine bes[onders] auffällige Form von L[eitmotiven]. **Dingsymbol:** Gegenstand, Tier oder Pflanze als zentrales Element mit Leitmotivcharakter. Das D[ingsymbol] kommt vor allem in der Ballade und Novelle vor. Es erscheint wiederholt an Schlüsselstellen der Handlung und wird somit zum Signal für das Kernproblem des Geschehens. Yomb May: Literarische Grundbegriffe. (Kompaktwissen XL.) Stuttgart: Reclam, 2021. S. 117, 100, 40.	

Arbeitsaufträge:

1. Exzerpieren Sie entscheidende Merkmale der Gattung Novelle in der rechten Spalte.
2. Prüfen Sie (soweit möglich), ob diese Merkmale auf Eichendorffs Novelle *Das Marmorbild* zutreffen.

*3. Recherchieren Sie online den Begriff der »Falkentheorie« und wenden Sie diesen auf Eichendorffs Novelle *Das Marmorbild* an.

ARBEITSBLATT 5b

Das Marmorbild. Aufbau der Novelle

Erzählabschnitt	Erster Erzählabschnitt	Zweiter Erzählabschnitt	Dritter Erzählabschnitt	Vierter Erzählabschnitt	Fünfter Erzählabschnitt
Seitenangabe (Reclam XL)	3,1–17,3	17,4–24,10	24,11–34,32	35,1–43,4	43,5–49,18
Erzählte Zeit					
Knappe Inhaltsangabe					

ARBEITSBLATT 5c

Joseph von Eichendorff: *Das Marmorbild*

Gustav Freytags Dramenmodell als Kompositionsprinzip der Novelle

Akt 3:
Höhepunkt / Wendepunkt

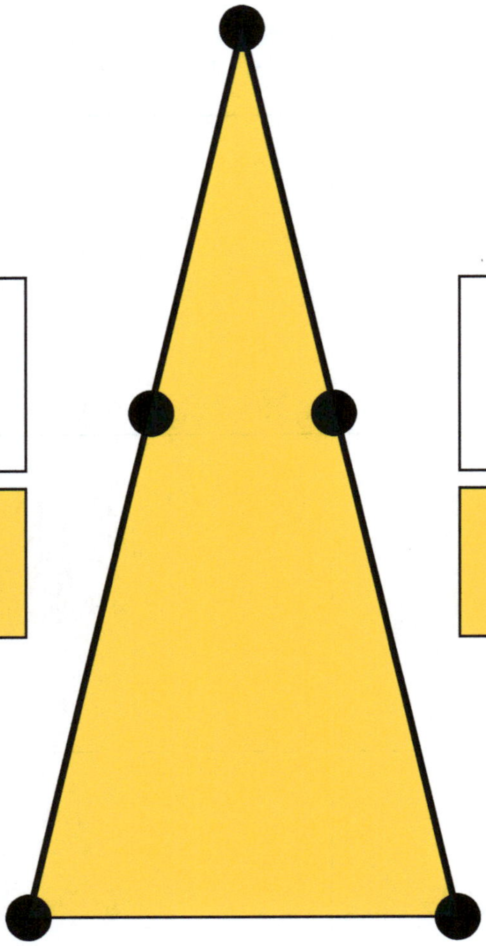

Akt 2:
Steigende Handlung
mit erregendem Moment

Akt 4:
Fallende Handlung
mit retardierendem Moment

Akt 1:
Exposition

Akt 5:
Happy-Ending

6 »Sie stand fast wie erschrocken« Die weiblichen Figuren untersuchen: Unterschiede von Bianka und Venus

Sachanalyse

In seinem Strukturmodell der Psyche (entwickelt 1923 in der Schrift *Das Ich und das Es*) beschreibt Sigmund Freud das Ich als den Kern der Persönlichkeit, als jene bewusste Instanz, die Erlebnisse und Handlungen einer Person steuert. In der Psychoanalyse gilt das Ich neben dem Es und dem Über-Ich als diejenige Organisationsinstanz, die zwischen den Erfordernissen der gesellschaftlichen Realität, den Triebwünschen des Es und den moralischen Forderungen des Über-Ichs zu vermitteln und auszugleichen hat. Dabei umfasst das Es »die Gesamtheit des Unbewussten«. Außer den Triebwünschen umschließt es »auch das Abgewehrte und Verdrängte. Das Es kann man sich als einen ›brodelnden Kessel‹ vorstellen, in dem sich alle Wünsche und Bedürfnisse gleichzeitig rühren; es kennt keine Ordnung und keine Zeit, sondern nur das Lustprinzip. Die Triebenergie des Es ist der Motor menschlichen Fühlens und Handelns: Die Libido [...].«[1] Tatsächlich scheint es, als sei Florio, adoleszenter Protagonist des *Marmorbilds*, über weite Strecken der Handlung Opfer seiner Libido: Nachdem er in den Zauberkreis der Venus geraten und damit dem Archetyp des rauschhaften Eros verfallen ist, folgt er – gleichermaßen obsessiv wie in entscheidenden Momenten lustvoll panisch – ausschließlich seinen Triebwünschen. Vergessen ist das Reisen, insofern es als Bildungsreise im umfassenden Sinne des Wortes geplant war, vergessen der Wunsch, an einem ihm zur Seite gestellten Vorbild und Mentor zum Dichter zu reifen, vergessen (um mit Eichendorffs Gedicht *Die zwei Gesellen* von 1818 zu sprechen) der Eifer, »nach hohen Dingen« zu streben und etwas »Rechts in der Welt [zu] vollbringen«. Stattdessen droht ihm das dort beschriebene Schicksal des zweiten Gesellen: »Dem zweiten sangen und logen / Die tausend Stimmen im Grund, / Verlockend' Sirenen, und zogen / Ihn in der buhlenden Wogen / Farbig klingenden Schlund.«[2]

Die Schülerinnen und Schüler erfassen zunächst die Personenkonstellation des *Marmorbilds*: Um den Protagonisten Florio sind zwei einander asymmetrisch spiegelnde Paare geordnet. Dabei repräsentieren Fortunato und Bianka einen positiven Lebensentwurf, der mit Klarheit und Liebe zu verbinden ist, während Donati und Venus einen negativen Lebensentwurf markieren, der mit Verwirrung und Verlust assoziiert werden muss. Ausgehend von Sigmund Freuds Strukturmodell der Psyche lassen sich nicht nur hinsichtlich der psychischen Ausgangssituation Florios, sondern auch hinsichtlich der Personenkonstellation der Novelle eindeutige Aussagen treffen: Der Protagonist Florio markiert das Ich, das zwischen den beiden ständig kollidierenden Instanzen, dem Über-Ich und dem Es, beinahe aufgerieben wird. Für das Über-Ich stehen Bianka und Fortunato, für das Es Venus und Fortunato. Erstere gemahnen an eine durch die Normen und Werte der Gesellschaft reglementierte Liebe, letztere an das rauschhafte Lustprinzip der Libido, das in dem unreifen, jungen Mann besonders stark ausgeprägt ist. Florio befindet sich nicht nur im Spannungsfeld zweier gegensätzlicher Paare, sondern, Freud folgend, insbesondere auch im Spannungsfeld seiner eigenen, aus der Balance geratenen Persönlichkeitsstruktur. Diese Konfliktkonstellation droht den in sich Zerrissenen zu zerreißen. Die beiden Paare, und hierfür sollten die Schülerinnen und Schüler weiter sensibilisiert werden, erscheinen zudem auch bei der Betrachtung der Einzelfiguren gegenläufig: Um Florios Gunst bemühen sich die beiden (vollkommen unterschiedlichen) Männer Fortunato und Donati ebenso wie die beiden (scheinbar vollkommen unterschiedlichen) Frauen Bianka und Venus. Im Mittelpunkt dieser Unterrichtseinheit stehen die zuletzt genannten weiblichen Figuren.

Die Venus des *Marmorbilds* ist Teil einer langen Reihe gleichermaßen emanzipierter wie dämonisierter Frauenfiguren, die durch ihren Freiheitsdrang, ihre Unabhängigkeit, ihren Intellekt und ihre körperliche Schönheit in vielen Werken Eichendorffs außergewöhnliche Macht über das männliche Geschlecht erlangen.[3] Am Anfang dieser Reihe steht die Gräfin Romana aus Eichendorffs erstem Roman *Ahnung und Gegenwart*, die im zwölften Kapitel des Romans dem Grafen Friedrich gegenüber »mit fast unweibliche[r] Kühnheit«[4] bemerkt: »Die Welt, der große Tölpel, der niemals gescheiter wird, wäre freilich der Mühe wert, daß man ihm höflich und voll Ehrfurcht das Gesicht streichelte, damit er einen wohlwollend und voll Applaus anlächle. Es ist ja doch nichts als Magen und

1 *Brockhaus Psychologie*, Leipzig/Mannheim 2001, S. 258.

2 Alle Zitate: Joseph von Eichendorff, »Die zwei Gesellen«, in: J. v. E., *Werke*, Bd. 1, München 1981, S. 90. Vgl. ARBEITSBLATT 1, Material F.

3 Vgl. hierzu auch die Sachanalyse zu Kapitel 3.

4 Joseph von Eichendorff, »Ahnung und Gegenwart«, in: J. v. E.: *Werke*, Bd. 2, München 1978, S. 151.

Kopf, und noch dazu ein recht breiter, übermütiger, selbstgefälliger, eitler, unerträglicher, den es eine Götterlust ist aufs Maul zu schlagen.«[5] Anders die Venus des *Marmorbilds*: Ihre archaische Ur-Macht rechtfertigt sich nicht über den Intellekt einer Gräfin Romana – ihren Zauberkreis markiert stattdessen der Eros. Lässt man ihr Frühlingssonett (21,6–19), das sich nicht unmittelbar an Florio richtet,[6] beiseite, so spricht die Venus im Verlauf der gesamten Märchennovelle insgesamt fünf Sätze (mit insgesamt 77 Wörtern), die sich allesamt und ausschließlich an Florio, den jungen Protagonisten, richten.[7] Zweifellos sind es nicht der intellektuelle Austausch, nicht das Gespräch oder das geistige Zusammenfinden, die das Terrain der Venus markieren – ihr Netz ist geknüpft aus Verlockung, Versuchung, Verführung, aus dem blinden und blind machenden Begehren, aus dem triebhaften, nach unbedingter Erfüllung drängenden Rausch – aus einer Macht also, die der Katholik Eichendorff, indem er sie als Teil der Conditio humana (auch: der eigenen Conditio humana) erkennen und anerkennen muss, ebenso fürchtet wie bekämpft. Der adoleszente, prädisponierte Protagonist der Märchennovelle jedenfalls ist dieser Macht der Venus nahezu willenlos ausgeliefert, droht sich in ihr zu verlieren bzw., den vielen Untergangsmetaphern des Textes folgend, in ihr zu versinken. Mit der Gestalt und dieser Form der Ausgestaltung der Venus-Figur schließt Eichendorff zunächst an das in der Romantik vielfach wiederkehrende Motiv des Venusbergs bzw. des Tannenhäusers an. »In diesen Berg haben sich die Teufel hinein geflüchtet und sich in den wüsten Mittelpunkt der Erde gerettet«, heißt es in Tiecks *Der getreue Eckart und der Tannenhäuser*, »[h]ier, sagt man nun, solle vor allen Frau Venus Hof halten, und alle ihre höllischen Heerscharen der weltlichen Lüste und verbotenen Wünsche um sich versammeln, so daß das Gebirge auch verflucht seit undenklichen Zeiten gelegen hat.«[8] Schon bei Tieck scheinen antiker Mythos und archaisches Heidentum auf merkwürdige Weise amalgamiert: Mit den »höllischen Heerscharen«[9] lebt die römische Göttin der Liebe orgiastisch feiernd – wer ihr verfällt, den vermag keine christliche Macht (kein Bischof) zu erretten, der bleibt an die Sünde des Fleisches verloren.

Die Konstellation des Tieck'schen Tannenhäusers findet sich – auf wirkungsmächtige Weise variiert und mit der Topographie des Rheines verwoben – auch bei einer anderen, zum Mythos erhobenen romantischen Frauenfigur: Der Lore Lay, wie sie zuerst von Clemens Brentano in der Ballade *Zu Bacharach am Rheine* erdichtet und nur wenig später von Eichendorff in seinem Gedicht *Waldgespräch* (um 1812) aufgegriffen wurde. Auch hier: eine Frau, deren Schönheit und deren erotischer Strahlkraft die Männer er- und unterliegen. Auch hier: keine Rettung für denjenigen, der dieser Frau zu nahekommt: »Zu Bacharach am Rheine / Wohnt eine Zauberin, / Sie war so schön und feine / Und riß viel Herzen hin. / Und brachte viel zu schanden / Der Männer rings umher, / Aus ihren Liebesbanden / War keine Rettung mehr.«[10] Und doch: Bei genauer Betrachtung ist diese Lore Lay, sie mag in welchem Sinne auch immer Zauberin heißen, eben nicht die teuflische Verführerin, ist eben nicht die kaltherzig heißblütige Versucherin. Im Gegenteil: Das Gespräch mit dem Bischof, von dem sie für sich einen christlichen Tod erbittet, nimmt eine erstaunliche Wendung. Sie selbst, so stellt sich heraus, ist mehr Opfer denn Täterin: Was alle Männer an ihr erleiden, kennt sie, weiß sie, hat sie längst durchlebt und durchlitten an einer eigenen, unerfüllten Liebe. Und die Verzweiflung hierüber treibt sie im Verlauf der Ballade auf den Weg ins Kloster, an den Rand des Wahnsinns und schließlich in den Suizid: »Mein Schatz hat mich betrogen, / Hat sich von mir gewandt, / Ist fort von hier gezogen, / Fort in ein fremdes Land. / Die Augen sanft und wilde, / Die Wangen rot und weiß, / Die Worte still und milde / Das ist mein Zauberkreis.«[11] Lange bevor sie zum Touristenmagnet und zum Erotikon deutschen Philistertums wurde, lange bevor sie nahezu obsessiv zur Verkörperung libidinöser Zwangs-, Traum- und Wahnvorstellungen stilisiert wurde, lange bevor der beim deutschen Publikum bestenfalls missverstandene, häufiger wohl: unverstandene Heinrich Heine sie zunächst in die Nähe schwermütiger Sehnsucht und dann unfreiwillig an den Rand sentimentalen Kitsches rückte, ist die Lore Lay eine romantische Venus-Figur der ›zweiten Generation‹: Befreit vom höllischen Ballast wird sie im Gedicht zur angehenden Novizin, nicht mehr ist sie abgefeimte Dämonin, stattdessen unschuldige Zauberin, in allen Männerherzen entfacht sie Liebe und Begehren und leidet zugleich zutiefst nicht nur an diesem Umstand, sondern mehr noch an ihrer eigenen schicksalshaft unerwiderten Liebe und einem wie ihr dreifaches Echo verhallenden Begehren. Lore Lay ist eine ins Christliche wie ins Tragische gewendete Venus, eine moderne, eine romantische Liebesgöttin,

5 Ebd.
6 Im Text heißt es ausdrücklich: »Sie aber sang, ohne den Fremden zu bemerken« (*Marmorbild*, Reclam XL, 21,4 f.).
7 Vgl. ebd., 30,24, 31,2–6, 31,20–23, 39,27–30.
8 Zit. nach: *Das Marmorbild*, Reclam XL, S. 65.
9 Ebd.
10 Clemens Brentano, »Zu Bacharach am Rheine«, in: C. B., *Werke*, Bd. 1, hrsg. von Wolfgang Frühwald, Bernhard Gajek und Friedhelm Kemp, München [2]1978, S. 112.
11 Ebd., S. 113.

und: ein moderner, romantischer Mythos. Nicht mehr ist sie Dämonin der Liebe, wohl aber Opfer dämonischer Liebe.

Von der Forschung ist diese Umdeutung der dämonischen Frau nur selten wahrgenommen und nur selten auf die Liebesgöttin des *Marmorbilds* angewandt worden: Bei genauer Betrachtung finden sich auch für die Venus des *Marmorbilds* Hinweise darauf, dass sie an der ihr per Mythos verliehenen Macht leidet – auch wenn Eichendorff in der Novelle nicht so weit geht, ihr einen dezidiert eigenen Charakter zu verleihen und sie damit gleichsam zu entmythisieren: »Und schmerzlich nun muss ich im Frühling lächeln, / Versinkend zwischen Duft und Klang vor Sehnen« (21,18 f.).

Unterrichtsverlauf

Überblick. Die Lerngruppe erweitert und vertieft die in Unterrichtsstunde 2 erarbeitete vorläufige Charakterisierung des Personals hinsichtlich der beiden Frauenfiguren Bianka und Venus. Geklärt wird zunächst die Figurenkonstellation, die Florio in das Spannungsfeld unterschiedlicher Interessen rückt, bevor die Schülerinnen und Schüler die beiden Frauenfiguren Bianka und Venus einander gegenüberstellen. ! **Verkürzter Verlauf: 6.1 - 6.2 - 6.3**

Phase	Thema	Sozialform	Kompetenzen und Lernziele	Materialien
Voraussetzungen: Entwicklung eines vorläufigen Schaubildes zur Figurenkonstellation				
6.1	Einstieg (1): Zur Figurenkonstellation	UG / PA	• Florio als Mittelpunkt einer spannungsgeladenen Figurenkonstellation begreifen	TAFELBILD 6 ➤ S. 56
6.2	Einstieg (2): Zur Namensgebung der Figuren	UG / PA	• Die Bedeutung der Namen des Personals erkennen und hinsichtlich der Charaktere bewerten	VORLAGE 6a ➤ S. 57
6.3	Erarbeitung/Sicherung: Zu den Charakteren Bianka – Venus	PA / UG	• Vergleichende Analyse der Figurenkonzepte • Die weiblichen Figuren ausdifferenzieren und in ihrem Verhältnis zu Florio verstehen	ARBEITSBLATT 6 ➤ S. 61
6.4 **fakultativ**	Vertiefung: Moodboards zu Bianka und Venus	GA / UG	• Die weiblichen Charaktere der Novelle reflektieren und handlungsorientiert gestalten	VORLAGE 6b ➤ S. 59 VORLAGE 6c ➤ S. 60
HA	Intensive Lektüre der Geschehnisse auf dem Maskenball			*Das Marmorbild*, Reclam XL, 26,8–34,32

6.1 Einstieg (1): Zur Figurenkonstellation

Unterrichtsschritt. Die Lehrkraft entwickelt in einem offenen Unterrichtsgespräch gemeinsam mit den Schülerinnen und Schülern zunächst die Grundzüge von TAFELBILD 6 zur Figurenkonstellation. Die Erweiterung des Tafelbilds um die Gegensätze wird in Partnerarbeit vorbereitet und ebenfalls in TAFELBILD 6 gesichert. Der Einstieg in die Unterrichtseinheit sollte nicht mehr als 15 Minuten Zeit in Anspruch nehmen.

UG / PA

TAFELBILD 6 ➤ S. 56

Erläuterungen. Die Figurenkonstellation der Novelle wird erfahrungsgemäß unschwer von Schülerinnen und Schülern erkannt. Um den Protagonisten Florio sind zwei einander kontrastierend spiegelnde Paare geordnet (der Diener Florios und Pietro, der Onkel Biankas, werden hier als Nebenfiguren vernachlässigt). Dabei repräsentieren Fortunato und Bianka einen positiven Lebensentwurf, der mit Klarheit und Liebe assoziiert wird, während Donati und Venus einen negativen Lebensentwurf markieren, der mit Verworrenheit und der Gefahr des Untergangs verbunden ist. Florio befindet sich demnach im Spannungsfeld zweier gegensätzlicher Paare, die auch hinsichtlich

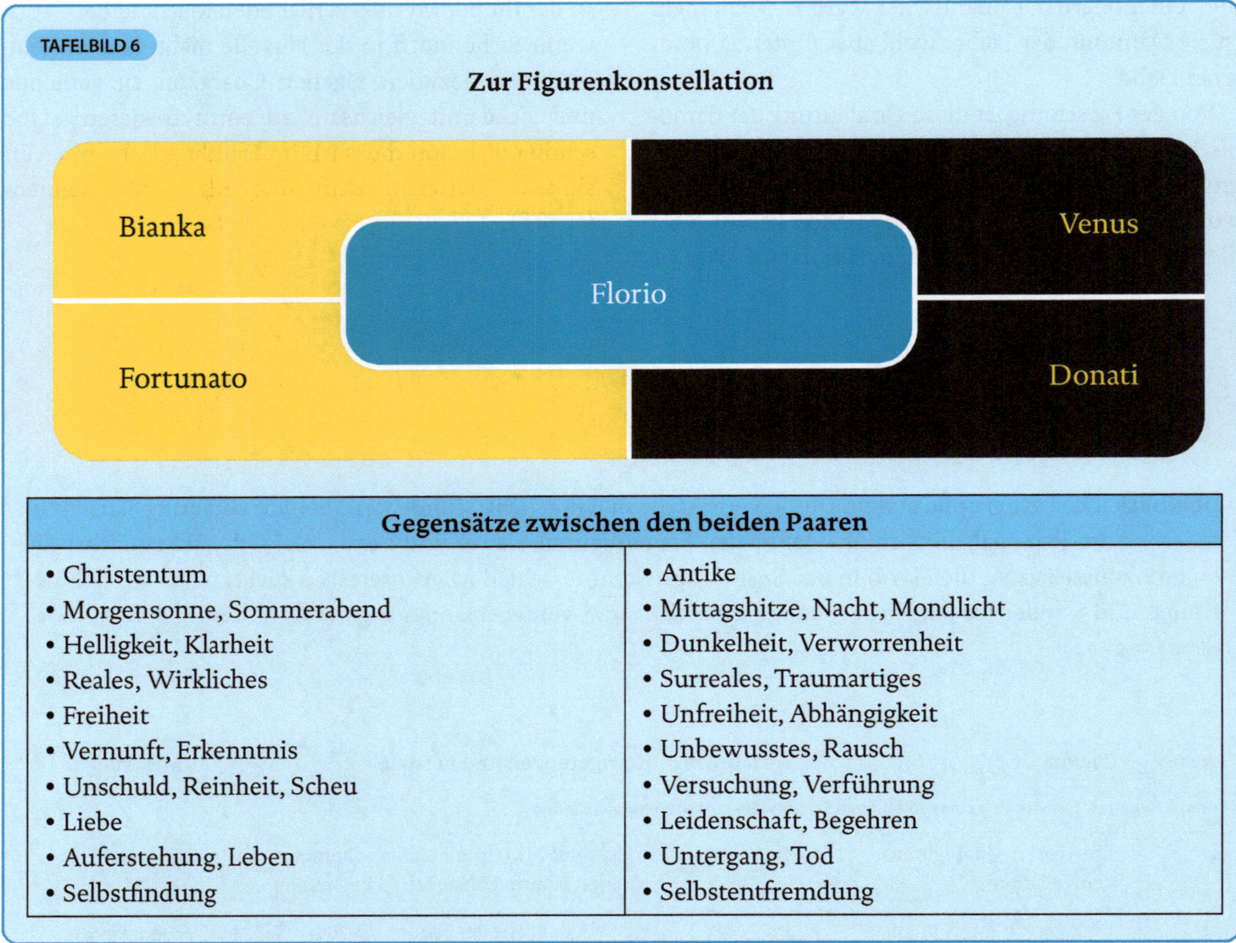

Gegensätze zwischen den beiden Paaren	
• Christentum	• Antike
• Morgensonne, Sommerabend	• Mittagshitze, Nacht, Mondlicht
• Helligkeit, Klarheit	• Dunkelheit, Verworrenheit
• Reales, Wirkliches	• Surreales, Traumartiges
• Freiheit	• Unfreiheit, Abhängigkeit
• Vernunft, Erkenntnis	• Unbewusstes, Rausch
• Unschuld, Reinheit, Scheu	• Versuchung, Verführung
• Liebe	• Leidenschaft, Begehren
• Auferstehung, Leben	• Untergang, Tod
• Selbstfindung	• Selbstentfremdung

der Betrachtung der Einzelfiguren gegenläufig erscheinen: Um Florios Gunst bemühen sich die beiden (vollkommen unterschiedlichen) Männer Fortunato und Donati ebenso wie die beiden (scheinbar vollkommen unterschiedlichen) Frauen Bianka und Venus.

Nachdem die Grundzüge von TAFELBILD 6 entworfen sind, erhält die Lerngruppe den Arbeitsauftrag, in Partnerarbeit assoziativ nach Gegensätzen zwischen beiden Paaren zu suchen. Gefunden werden sollen Antonyme, mittels derer die Paare Bianka/Fortunato und Donati/Venus gegeneinander ausdifferenziert werden können.

6.2 Einstieg (2): Zur Namensgebung der Figuren

UG / PA

VORLAGE 6a

➤ S. 57

Internetzugang

Unterrichtsschritt. Im Anschluss werden in einem offenen Unterrichtsgespräch Hinweise zur Namensgebung der Figuren gesammelt. Dazu können die Schülerinnen und Schüler den Anmerkungsapparat der Ausgabe Reclam XL prüfen oder in Partnerarbeit online recherchieren. Teile der in VORLAGE 6a ***Zu den Namen der Figuren*** angeführten Informationen sind den Schülerinnen und Schülern nicht selbst zugänglich. Es liegt im Ermessen der Lehrkraft, Informationstiefe und -dichte zu steuern. Als Sicherung kann die VORLAGE 6a auch ausgedruckt und der Lerngruppe an die Hand gegeben werden. Auch dieser Unterrichtsschritt sollte nicht mehr als 15 Minuten Zeit in Anspruch nehmen.

Erläuterungen. Alle Namen der Novelle sind sprechende Namen (ähnlich wie im Märchen, dem der Text nach eigener Aussage Eichendorffs angenähert ist). Sie dienen somit bereits der Charakterisierung. Ob und inwieweit die Verwendung sprechender Namen darüber hinaus erste Hinweise auf Dynamik bzw. Statik der Figuren liefert, kann zum Gegenstand des Unterrichtsgesprächs gemacht werden: Seinem Namen entsprechend ist Florio eine Figur, die im Verlauf der Erzählung eine Entwicklung durchläuft. In Ansätzen mag dies noch für Bianka gelten. Alle anderen Figuren der Erzählung erscheinen hingegen statisch, was im Falle Fortunatos bzw. der Venus bereits durch den Namen signalisiert ist. Von Eichendorff selbst sind in einem Paralipomenon Überlegungen hinsichtlich der Namen des Novellenpersonals erhalten geblieben, die nahezu ironische Beiläufigkeit suggerieren (wollen?):

»NB: Alessandro [Name Florios in Eichendorffs Primärquelle und in den frühen Entwürfen] mag Florio, Florentin [später Fortunato] Romano und Donati Ubaldo heißen etc. (Wegen der Namen nimm zuletzt den Kalender zur Hand! –) [sic!] [...] Fortunato heißt der Sänger, das Fräulein Benigna o[der] Bianca. Donati bleibt Donati. Alessandro = Florio« (Joseph von Eichendorff, »Paralipomena zum *Marmorbild*«, in J. v. E., *Werke*, Bd. 4, München 1988, S. 147).

VORLAGE 6a

Zu den Namen der Figuren

Figur	Hinweise zum Namen der Figur
Florio	Der Name Florios (vom lat. *florere*: ›blühen‹) verweist sowohl auf die Jugend des Protagonisten wie auf dessen Möglichkeit und Bereitschaft zur Entwicklung bzw. zur Veränderung. »Der Held bei Happel [in der Quelle des *Marmorbildes*: *E. G. Happelii grösseste Denkwürdigkeiten der Welt oder so genandte Relationes Curiosae [...]*, Hamburg 1687], dessen Namen Eichendorff bis zu den letzten Entwürfen [des *Marmorbilds*] beibehält, heißt Alessandro. Florio klingt an Eichendorffs Dichternamen ›Florens‹ an« (Joseph von Eichendorff, *Sämtliche Erzählungen*, hrsg. von Hartwig Schultz, Stuttgart 2012, S. 530).
Bianka	»Bianka« (von ital. *bianco* ›weiß‹) verweist zunächst auf die Reinheit und Unschuld der Geliebten. Gleichzeitig ist Bianka über die Farbe Weiß allerdings auch in auffälliger Form mit der Marmorstatue der Venus konnotiert.
Venus	Venus ist die römische Göttin der Schönheit, der Liebe, der Fruchtbarkeit (des Eros), des Frühlings. In der Novelle verkörpert sie (insbesondere für den jugendlichen Protagonisten) rauschhaft sinnliches Begehren, Versuchung und Verführung. »Für Eichendorff ist die von Tieck und im *Wunderhorn* [...] tradierte Sage vom Tannhäuser das maßgebliche Vorbild. Frau Venus erscheint darin als Sinnbild zerstörerischer Liebesmacht. Sie lockt die Männer mit unwiderstehlicher Gewalt in den Venusberg, wo sie den sinnlichen Lüsten verfallen« (Eichendorff, *Sämtliche Erzählungen*, S. 532). Venus erscheint in der Novelle in zweifacher Form: Zum einen als Idealbild aller Frauen in lebendiger Schönheit, zum anderen als weißes Marmorbild. Anders als bei Bianka ist die Farbe Weiß bei Venus als Farbe der Erstarrung und des Todes zu lesen.
Fortunato	Der Name des Freundes und Mentors Florios leitet sich ab von der römischen Glücksgöttin Fortuna bzw. dem ital. *fortunato* ›glücklich‹. Demnach ist Fortunato ›der Begünstigte‹ bzw. ›der Glückliche‹ (und als solcher bereits durch den Namen als überwiegend statische Figur gekennzeichnet).
Donati	Für den Namen des Außenseiters mit dämonischen Zügen sind unterschiedliche Herleitungen gefunden worden. »Der Name ist aus der Quelle entnommen [s. o.]. Bereits bei Happel wird deutlich, daß der Ritter mit der ›Teuffelschen Jungfrau‹ im Bund steht. Er nennt Frau Venus seine ›gute Freundin und nahe Anverwantin‹ [...] und führt den Helden in der Nacht zu ihr« (Eichendorff, *Sämtliche Erzählungen*, S. 533).

6.3 Erarbeitung/Sicherung: Zu den Charakteren Bianka – Venus

PA / UG

Unterrichtsschritt. In Partnerarbeit prüfen die Schülerinnen und Schüler die Novelle hinsichtlich der beiden Charaktere Bianka und Venus. Ziel des Unterrichtsschrittes ist es, Venus und Bianka (zunächst!) als zwei antithetisch konstruierte Charaktere zu begreifen. Als Hilfestellung und Impuls dient den Schülerinnen und Schülern ARBEITSBLATT 6 ***Zu den Charakteren Bianka und Venus*** und dort die beiden Abbildungen der Frühlingsgöttin Flora bzw. der »Venus von Milo«, die den Ausgangspunkt der Überlegungen bilden können. Die Ergebnisse werden auf ARBEITSBLATT 6 gesichert und in einem offenen Unterrichtsgespräch abgeglichen. Je nachdem, ob der nachfolgende fakultative Unterrichtsschritt geplant ist, sollten zwischen 30 und 60 Minuten zur Verfügung stehen.

ARBEITSBLATT 6
➤ S. 61
Lösungshinweise
➤ S. 111

Erläuterungen. Die abschließende Sammlung bzw. Sicherung der Ergebnisse sollte insbesondere die beiden Liebeskonzeptionen thematisieren, die durch die Frauenfiguren verkörpert werden: Während Florio in der Figur der Liebesgöttin Venus archetypisch die Versuchung bzw. Verlockung durch die triebhafte Liebe entgegentritt, verkörpert Bianka, zunächst durch ihr kindhaftes, später durch ihr androgynes Auftreten im Schlussteil der Novelle die ideale, vergeistigte Liebe. Mit guten Lerngruppen könnte abschließend diskutiert werden, warum Florios Liebe zu Bianka sich erst in jenem Moment erfüllt, in dem sie ihm als »zierliche[r] Knabe« (48,8) begegnet, scheint doch die Erklärung, die durch den Text angeboten wird (»Eine seltsame Verblendung hatte bisher seine Augen wie mit einem Zaubernebel umfangen«, 48,28 f.), den Vorgang zwar innerhalb des Gefüges der Novelle stimmig, aber psychologisch nur unzureichend freizulegen.

6.4 Vertiefung: Moodboards zu Bianka und Venus (fakultativ)

GA / UG

VORLAGE 6b
➤ S. 59
VORLAGE 6c
➤ S. 60

Unterrichtsschritt mit Erläuterungen. Die Methode der Moodboard-Erstellung fordert die Lerngruppe auf, das bis zu diesem Zeitpunkt Erarbeitete in einen zugleich handlungsorientierten wie prüfend-reflektierenden Prozess zu überführen. Indem die Schülerinnen und Schüler ihre Figurenkenntnis assoziativ in ein Moodboard überführen, verbildlichen sie ihr Gesamtverständnis. Jedes Moodboard dient dazu, eine Figur (Bianka oder Venus) zu umreißen. Folgende Textpassagen eignen sich für eine Verbildlichung in besonderem Maße: Biankas Einführung zu Beginn der Novelle (5,6–19), Florios erste (15,28–16,31) bzw. letzte (36,20–41,24) Begegnung mit der Venus, die Geschehnisse am Abend des Maskenballs (26,8–36). Die Lehrkraft sollte im Vorfeld den Begriff des »Moodboards« erläutern (s. etwa de.wikipedia.org/wiki/Moodboard). Die Fotoshootings sollten im Außenbereich stattfinden. Die Ergebnisse werden geordnet, zum Moodboard zusammengestellt und mit einer kurzen schriftlichen Begründung versehen. In einem offenen Unterrichtsgespräch werden die Moodboards abschließend durch die Gruppen vorgestellt und begründet. Der Unterrichtsschritt eignet sich auch als Projektarbeit oder als Gruppen-Hausaufgabe.

Im vorliegenden Fall wurden Moodboards aus jeweils neun einheitlich konzipierten, thematisch geklammerten, quadratischen Fotos erstellt, die zu einem ebenso quadratischen Moodboard angeordnet wurden (VORLAGE 6b ***Moodboard Bianka*** und VORLAGE 6c ***Moodboard Venus***). Gegebenenfalls können diese der Lerngruppe als Anregung gezeigt werden.

Hausaufgabe

Intensive Lektüre der Geschehnisse auf dem Maskenball (*Marmorbild*, Reclam XL, 26,8–34,32).

VORLAGE 6b

Moodboard Bianka

Fotos: Schülerarbeiten des Wahlfachs Literatur und Theater 13, Kolping-Bildungszentrum Heilbronn, Sozialwissenschaftliches Gymnasium, Schuljahr 2021/22, Verlagsarchiv

Erläuterungen: Das Zentrum des Bildes spiegelt eine der ersten Szenen des Werkes wider – das Federballspiel Biankas. Durch den Blumenkranz in ihrem Haar (angedeutet links oben) ist sie mit dem Frühling verbunden. Dies zeigt sich in der hellen, ins Weiß changierenden Farbgebung des Moodboards. Das Weiß steht für Biankas Reinheit und Unschuld zu Beginn der Erzählung. Die Darstellung des Blumenkranzes, die hier durch die Abbildung von Haar, Blumen, sowie dem Marienkäfer erfolgt, verdeutlicht ihren frühlingshaften Charakter. Die Bilder der weißen Rose und des Brunnens spielen auf den Moment während des Maskenballs an, in welchem Florio Bianka singend am Brunnen antrifft (28,25 f.). Im Gegensatz zu Venus wird Bianka hier ein Gesicht verliehen, da sie eine wirkliche Frau, gleichsam eine der Sphäre des Realen zugehörende Person ist.

VORLAGE 6c

Moodboard Venus

Fotos: Schülerarbeiten des Wahlfachs Literatur und Theater 13, Kolping-Bildungszentrum Heilbronn, Sozialwissenschaftliches Gymnasium, Schuljahr 2021/22, Verlagsarchiv

Erläuterungen: Venus, die römische Göttin der Schönheit, der Liebe, der Fruchtbarkeit, des Eros, des Frühlings, ist ein Archetyp: Sie verkörpert die ›perfekte Frau‹ und wird deswegen nicht als ›reale‹ Person mit ›realem‹ Gesicht dargestellt. Aus diesem Grund erscheint sie hier gesichts-, also identitätslos. Als Verdeutlichung der mit ihr verbundenen sexuellen Begierde gelten hier die gleichermaßen verführerischen wie bedrohlichen Hände hinter dem Bettlaken, das sich in die Blätter der Lotuspflanze ergießende Wasser, die sichtbaren männlichen Geschlechtsteile der Wasserstatue sowie die roten Rosen. Der Weiher, an welchem Florio Venus das erste Mal als Marmorbild antrifft, wird durch den weißen Steinpavillon, die Seerose und die verschiedenen leitmotivischen Gewässer zum Ausdruck gebracht. Ihre farbliche Anmutung verbleibt im Düsteren: Das gedeckte Weiß drückt das Kalte, Marmorne und Todbringende ihrer Präsenz aus, die Farbe Rot steht für die mit ihr verbundene Libido, das dunkle Waldgrün für die Gefahr, die von Venus ausgeht. Unter anderem spiegelt sich in dieser Dunkelheit jene Nacht wider, in der Florio das erste Mal auf das Marmorbild trifft. Einige Motive zeigen bewusst Ähnlichkeiten zum Moodboard Biankas, indem die beiden Frauenfiguren durch leitmotivische Attribute verknüpft sind und am Abend des Maskenballs in Florios Wahrnehmung verschmelzen. Aus diesem Grund stellt dieselbe Schülerin in beiden Moodboards beide Frauenfiguren dar.

Zu den Charakteren Bianka und Venus

Sandro Botticelli (1445–1510): Flora. Detail des Gemäldes *Primavera* (Frühling) (1482/87). Tempera auf Holz, 203 × 314 cm, Uffizien, Florenz	»Venus von Milo« (2. Jh. v. Chr.). Künstler unbekannt, gefunden 1820 auf der Kykladeninsel Milos. Marmor, 202 cm, Louvre, Paris
Bianka:	***Venus:***

Arbeitsaufträge:

1. Charakterisieren Sie Bianka und Venus (mit Hilfe des gesamten Textes) als antithetisch konstruierte Charaktere.
2. Beginnen Sie mit Ihren Überlegungen bei der Darstellung der Flora aus Botticellis Renaissance-Gemälde *Primavera* (1482/87) bzw. der Marmorstatue der »Venus von Milo« (2. Jh. v. Chr.).

7 »Mein Gott! […] Wer war denn das?« Den Maskenball als Höhepunkt eines Verwirrspiels begreifen: Gemeinsamkeiten von Bianka und Venus

Sachanalyse

In ihrer Mitte – und zugleich hinter ihrem Rücken – schafft die Gesellschaft Luccas die Gelegenheit für das neuerliche Zusammentreffen zwischen der archaischen Gottheit und dem Jüngling aus gutem Haus. Es ist Maskenball: Niemand, der an diesem Abend wahrhaftig der ist, der er zu sein scheint. Alle Anwesenden verbergen ihre Persönlichkeit hinter Larven, spielen an diesem Abend Rollen, wechseln ihre Identitäten voller Lust an der Verkleidung, geben vor zu sein, was sie nicht sind – und schaffen mit diesem Verwirrspiel aus Identitätstausch und Identitätsverlust jenen Korridor, der es der Venus ermöglicht, sich Florio neuerlich anzunähern. Nur sie kommt als diejenige, die sie wahrhaftig ist. Zwar verschleiert, aber im griechischen Originalgewand. Unmaskiert ist ihre ›Maskerade‹ just und nur an diesem Abend unauffällig genug, um in der feinen Gesellschaft Luccas unentdeckt zu erscheinen. Es ist, als bräche das Wunderbare sich seine Bahn in die Wirklichkeit in eben jenem Moment, in dem die Wirklichkeit sich voller Freude dem Wunderbaren verschreibt. Im Taumel dieses Vexierspiels kann das zum Leben erwachte Marmorbild vergesellschaftet werden, ohne dass die Gesellschaft es gewahr wird. Dass zudem auch Bianka als – freilich maskierte – Griechin auftritt, schafft die Voraussetzung für das nun einsetzende, geschickt vom Erzähler inszenierte und in Gang gesetzte Verwirrspiel, das nicht nur Florio, sondern auch den Rezipienten verunsichert: »Mein Gott! […]«, wird Florio sich am Ende des Abends befragen, »wer war denn das?« (33,20 f.)

Schon die Zeit, zu der man sich versammelt, und der Ort, an dem man sich versammelt, gemahnen an die Anwesenheit der antiken Göttin: »Es war schon völlig dunkel, als sie […] ankamen. Mitten in einem Garten, wie es schien, lag eine zierliche Villa mit schlanken Säulen, über denen sich von der Zinne ein zweiter Garten von Orangen und vielerlei Blumen duftig erhob« (26,8–12). Die Nacht ist im *Marmorbild* dezidiert die Zeit der Liebesgöttin, das Landhaus von Biankas Onkel zitiert durch seine Architektur die Antike, und auch die von der ersten Begegnung zwischen Florio und der Venus bekannten Leitmotive der Sterne und der Kreisbewegungen werden neuerlich angeschoben, wenn sich im Saal eine »große Gesellschaft […] bunt und zierlich durcheinander im Glanze unzähliger Lichter [bewegt], die gleich Sternenkreisen, in kristallenen Leuchtern über dem lustigen Schwarme schwebten« (26,21–24). Wie sehr Florio bereits zu Beginn des Abends – trotz und jenseits der Begrüßung durch Bianka – die Begegnung mit der Liebesgöttin erhofft, belegen die vielen weiteren Leitmotive, die in der Novelle stets an die Venus geknüpft sind und die ihn nun durch den Abend begleiten und geleiten, hier insbesondere das des Wassers: »Verwundert durchstrich nun der Letztere [Florio] die rauschende Menge. Was er heimlich gehofft, fand er nirgends, und er machte sich beinah Vorwürfe, dem fröhlichen Fortunato so leichtsinnig auf dieses Meer von Lust gefolgt zu sein« (27,4–7). Die Annäherung an sein Triebobjekt (um mit der Freud'schen Terminologie zu sprechen) geht im Folgenden so weit, dass der Erzähler, um Florios Empfindungen zu beschreiben, das Frühlings-Sonett der Liebesgöttin nicht nur zitiert – sondern gleichsam in Prosa überführt: »Wohl kommt die Tanzmusik, wenn sie auch nicht unser Innerstes erschüttert und umkehrt, recht wie ein Frühling leise und gewaltig über uns, die Töne tasten zauberisch wie die ersten Sommerblicke nach der Tiefe und wecken alle die Lieder, die unten gebunden schliefen, und die Quellen und Blumen und uralte Erinnerungen und das ganze eingefrorne, schwere, stockende Leben wird ein leichter klarer Strom, auf dem das Herz mit rauschenden Wimpeln den lange aufgegebenen Wünschen fröhlich wieder zufährt« (27,12–21).[1]

Beide Frauenfiguren, die an diesem Abend um den adoleszenten Protagonisten streiten, repräsentieren unterschiedliche Liebeskonzeptionen: Bianka die himmlische (geistige) Liebe, Venus die irdische (körperliche) Liebe. Die Lerngruppe sollte in dieser Unterrichtseinheit für die Frage sensibilisiert werden, was es (für die weiblichen Figurenkonzeptionen und für Florio) bedeutet, dass die beiden Frauen während des Maskenballs – in einem kaum mehr zu durchdringenden Verwechslungsspiel – derart ineinander verschränkt erscheinen. Nähert sich die (maskierte) Bianka an diesem Abend der Figur der erotischen Liebe an? Bedeutet das (unmaskierte) Erscheinen der Venus eine unausgesprochene Übereinstimmung mit den Konventionen gesellschaftlich akzeptierter Formen von Liebe? Verwischen sich an diesem Abend die

1 Vgl. hierzu das Sonett der Venus »Was weckst du, Frühling, mich von neuem wieder?« (21,6–19), aber auch Eichendorffs Gedicht *Frische Fahrt* (VORLAGE 1).

Grenzen zwischen idealer Liebe und rauschhaftem Begehren? Nähert sich die eine dem Jüngling voller Absicht oder in gänzlicher Unkenntnis in Gestalt der jeweils anderen? Bianka überreicht Florio zu Beginn des Balls eine Rose – jene Blume also, die ikonographisch ihrer Widersacherin, der Liebesgöttin, zugewiesen ist und mit der sich die Venus in ihrem Sonett (21,6–19) vergleicht. Später am Abend wird Bianka – wie die Venus im zweiten Teil der Novelle – von Florio singend am Springbrunnen belauscht: »Ist er doch so schön und milde! / Stimmen gehen durch die Nacht, / Singen heimlich von dem Bilde – / Ach, ich bin so froh verwacht!« (28,33–29,2) Der Gedankenstrich nach dem dritten Vers der Strophe markiert die Doppeldeutigkeit: Das »er« (28,33) ist Florio – aber ist er auch das »Bilde« (29,1)? Für Bianka: wohl ja. Für den (besser unterrichteten) Rezipienten bestenfalls: vielleicht.

Die Doppeldeutigkeit (auch: die doppelte Sinnhaftigkeit) der Ereignisse ist dem für die deutsche Romantik wirkungsmächtigen und folgenreichen Motiv des Doppelgängers geschuldet. Es scheint, als würde die Liebesgöttin, von Theokrit die »Vielnamige«[2] genannt, dieser Bezeichnung folgend auf mehr als nur eine Weise und mit mehr als nur dem ihr eigenen Namen das Geschehen lenken. Venus – Bianka, Bianka – Venus: Die vorausgegangene Unterrichtsstunde zeigte, wie unterschiedlich die Frauenfiguren des *Marmorbilds* konzipiert sind. Für die hier zu untersuchenden Geschehnisse des Maskenballs, Mittel- und Höhepunkt der Novelle, sollte die Lerngruppe erkennen, dass und wie die beiden Frauen in ihrer Diversität zugleich die Valenz ihres Gegenübers bilden – und auf identische Weise kostümiert, unter dem Signum des Doppelgänger-Motivs erscheinend, auf eine von guten Lerngruppen zu hinterfragende Weise amalgamiert werden.

Das Doppelgänger-Motiv hat in der Literaturgeschichte eine lange Tradition. Der Motivkomplex setzt mit der Zwillingskomödie ein, die zentraler Bestandteil antiker Lustspieltradition ist. Die komische Verwechslung zweier Personen ist kennzeichnendes Strukturelement eines Komödientypus, wie er mustergültig ausgeformt in Plautus' *Menaechmi* vorliegt (dt.: *Die beiden Zwillinge*, 200 v. Chr.) und wie ihn noch Heinrich von Kleist in seinem *Amphitryon* (1807) aufgreift. Die deutsche Romantik hat das Motiv des Doppelgängers vielfach behandelt. Insbesondere ist es ein Leitgedanke im Werk E. T. A. Hoffmanns (1776–1822) und begegnet im *Sandmann* (1816) ebenso wie in der *Brautwahl* (1820), in den *Abenteuern der Sylvester-Nacht* (1815) ebenso wie in *Die Doppelgänger* (1821). Hoffmann ist das Verdienst zuzuschreiben, das Motiv des Doppelgängers um die (für ihn typische und ungemein moderne) Komponente der Persönlichkeitsspaltung erweitert und bereichert zu haben. »Der Doppelgänger funktioniert nicht mehr als eine objektiv vorgegebene Person, die durch ihr identisches Aussehen die Verwechslung mit ihrem Prototyp verursacht, sondern als subjektiv erlebte Persönlichkeit, welche die Identität ihres Prototyps reflektiert.«[3] Für die Protagonisten Hoffmanns bedeutet dies, dass sie die Begegnung mit ihren Doppelgängern folgerichtig als einen Moment grauenerfüllten Zurückschreckens erleben, indem sie mit einem Alter Ego konfrontiert werden, an dem alle unterdrückten und ungelebten, verdrängten oder verweigerten Möglichkeiten der eigenen Identität übersteigert zum Ausdruck kommen. Ob und inwieweit auch das Verhältnis von Bianka und Venus von einer solchen Konstellation gekennzeichnet ist, kann mit leistungsstärkeren Schülerinnen und Schülern abschließend hinterfragt werden.

2 Zit. nach: Heinz Schlaffer, *Geistersprache. Zweck und Mittel der Lyrik*, Stuttgart 2015, S. 54.

3 Minhui Zhu, *Das Doppelgängermotiv in der deutschen Romantik*, München 2012, www.grin.com/document/346906 (Stand: 23. 5. 2023).

Unterrichtsverlauf

Überblick. Nachdem Bianka und Venus als antithetisch konstruierte Figuren charakterisiert wurden, sollen die Schülerinnen und Schüler nun dafür sensibilisiert werden, dass – und warum – die beiden Frauenfiguren während der Geschehnisse des Maskenballs amalgamiert und sowohl für Florio als auch den Leser nahezu ununterscheidbar werden. ! **Verkürzter Verlauf: 7.2**

Phase	Thema	Sozialform	Kompetenzen und Lernziele	Materialien
Voraussetzungen: Intensive Lektüre 26,8–34,32				
7.1 **fakultativ**	Erarbeitung/Sicherung (1): Die zweite Begegnung Florio – Venus	UG / PA	• Lyrik nach Inhalt und Funktion analysieren. • Kontext und Funktion des Gedichtes erkennen und benennen	ARBEITSBLATT 7a ➤ S. 72 VORLAGE 7a ➤ S. 64
7.2	Erarbeitung/Sicherung (2): Maskenball und Doppelgängermotiv	UG / PA / GA	• Informationen aus einem literarischen Text isolieren und zusammenstellen • Die Gestaltung der Frauenfiguren begreifen	ARBEITSBLATT 7b ➤ S. 73 f. VORLAGE 7b ➤ S. 68
HA	Lektüre der Textbausteine / Bearbeitung des Sonetts der Venus (7.1)			VORLAGE 8b ➤ S. 79

7.1 Erarbeitung/Sicherung (1): Die zweite Begegnung Florio – Venus (fakultativ)

UG / PA

ARBEITSBLATT 7a ➤ S. 72

VORLAGE 7a ➤ S. 64

Unterrichtsschritt. Fakultativ können die Schülerinnen und Schüler – bevor Mittel- und Höhepunkt der Novelle, also die Geschehnisse des Maskenballs, ins Zentrum der Untersuchung rücken – die zweite Begegnung zwischen Florio und der Venus prüfen (und damit den zweiten Teil der Novelle knapp rekapitulieren). In einem *close reading* führt die Lehrkraft die Lerngruppe bis zu der Lyrikeinlage der Venus, »Was weckst du, Frühling, mich von neuem wieder?« (21,6–19), die sich die Schülerinnen und Schüler in Partnerarbeit eigenständig erschließen. Dazu erarbeiten sie das ARBEITSBLATT 7a ***»Was weckst du, Frühling, mich von neuem wieder?«***. Zu Arbeitsauftrag 2 kann den Schülerinnen und Schülern VORLAGE 7a ***Das Sonett*** gereicht werden. Der Unterrichtsschritt sollte maximal 30 Minuten Zeit in Anspruch nehmen.

VORLAGE 7a

Das Sonett

»**Sonett** (ital. *sonetto* ›kleiner Ton‹): Streng geregelte Gedichtform, die sehr häufig im Barock verwendet wurde. Das S[onett] besteht aus 14 Versen, die in zwei Quartette (zwei vierzeilige Strophen) und zwei Terzette (zwei dreizeilige Strophen) gegliedert sind. Für die Quartette gilt die verbindliche Reimfolge a b b a / a b b a. In den Terzetten dagegen variiert das Reimschema (z. B. c c d / e e d; c d c / d e d; c d e / c d e). Das Versmaß ist [häufig] ein 6-hebiger Jambus mit einer Zäsur nach der dritten Hebung (Alexandriner). Die innere Struktur des S[onetts] ist die Antithetik, welche häufig einen Kontrast zum Ausdruck bringt.«

Yomb May: Literarische Grundbegriffe. (Kompaktwissen XL.)
Ditzingen: Reclam, 2021. S. 154.

Erläuterungen. Das durch die Lehrkraft angeleitete *close reading* kann die Schülerinnen und Schüler für die folgenden Punkte sensibilisieren:

- Eine in Eichendorffs Werk wiederkehrende Konstante sind Garten- und Parkanalagen, die, je nach Jahres- und Tageszeit bzw. dem in dieser Kulisse agierenden Personal, unterschiedlichen Deutungen unterworfen sind. Dies gilt auch für den »prächtigen Lustgarten« (19,33) der Venus. Der von Eichendorff gewählte Begriff des »prächtigen Lustgarten[s]« sollte den Schülerinnen und Schülern zunächst als negativ konnotiert deutlich werden, benennt er doch (mindestens) eine der sieben Todsünden: die Wollust. Die Vorstellung von der schuldhaft sündigen ›Fleisches Lust‹ (im Anschluss an das Neue Testament, 1. Johannes 2,16) ist in der gesamten Novelle eng mit der Darstellung der Venus verwoben.

- Florio gelangt am hohen Mittag an das »Tor von Eisengittern« (19,31), welches den Garten der Venus vor Besuchern schützt: »Die Vögel schwiegen schon, der Kreis der Hügel wurde nach und nach immer stiller, die Strahlen der Mittagssonne schillerten sengend über der ganzen Gegend draußen, die wie unter einem Schleier von Schwüle zu schlummern und zu träumen schien« (19,26–31). Die Tageszeit ist metaphorisch zu lesen: In der griechischen Mythologie ist die Mittagsstille, der hohe, heiße Mittag eine Zeit des Unglücks, in der Schlaf und Tod sich einander annähern, aber auch »die Tageszeit, in der die Macht des großen Gottes Pan besonders fühlbar wird; Pan ist der Gott der Geschlechtskraft, des zeugenden Lebens, des Naturzusammenhangs; die (mittägliche) Begegnung mit dem Gott treibt den Menschen in panischen Schrecken« (Max Frisch, *Homo faber. Ein Bericht*, Frankfurt a. M. 1998, S. 296). Eichendorff weiß um diesen Kontext: »Man sagt, die Mittagsstille / Brüt wunderbaren Spuk« heißt es in Szene IV,2 seines Trauerspiels *Der letzte Held von Marienburg* (*Werke*, Bd. 1, München 1981, S. 812); oder im zweiten Buch des Romans *Dichter und ihre Gesellen*, Kapitel 17: »[...] so war die Mittagsstunde herangekommen, die Zeit der zauberischen Schwüle, die im Süden alles Lebendige überwältigt. [...] Da rührte sich jetzt kein Blättchen in der weitern träumerischen Stille, die Vögel schwiegen, nur einzelne Schlangen sonnten sich ringelnd auf den einsamen Gängen, alle Menschen lagen wie tot. Es war das erstemal, dass er [der Protagonist Fortunat] hier zu dieser Stunde wach war, und dieses Schlafen der Natur mit offenen Augen erschreckte ihn gespenstisch« (*Werke*, Bd. 2, München 1978, S. 419). Gute Schülerinnen und Schüler könnten (neben dem Leitmotiv des Kreises, 19,27) die Alliteration auf die Buchstaben ›s‹ bzw. ›sch‹ erkennen, die die Keywords der oben zitierten Textpassage verklammert (schwiegen, stiller, Strahlen, schillerten, sengend, Schleier, Schwüle, schlummern, schien). Eichendorffs Wissen um den mythologischen Kontext bestätigt sich an späterer Stelle: »Unter der Mauer auf zerschlagenen Marmorsteinen und Säulenknäufen, zwischen denen hohes Gras und Blumen üppig hervorschossen, lag ein schlafender Mann ausgestreckt. Erstaunt erkannte Florio den Ritter Donati. Aber seine Mienen schienen im Schlafe sonderbar verändert, er sah fast wie ein Toter aus. Ein heimlicher Schauer überlief Florion bei diesem Anblick« (21,34–22,6).
- Der sich anschließende kurze Dialog mit Donati legt die Vermutung nahe, dass es sich beim Lustgarten der Venus um einen nicht in der Realität verankerten ›Zaubergarten‹ handelt, der sich nur für kurze Zeitfenster – und auch dann nicht jedem – öffnet: »›Wie seid ihr‹, frug dagegen Donati sehr ernst, ›in diesen Garten gekommen?‹ Florio erzählte kurz den Hergang, worüber der Ritter in ein tiefes Nachdenken versank« (22,15–18).
- Die Schülerinnen und Schüler sollten die Farbsymbolik der Textpassage bemerken: Dem Bereich der Venus – und damit dem Bereich des ›Wunderbaren‹ – sind in der Erzählung die Farben Grün (19,33; 20,1; 20,8; 20,14; 20,17; 20,24 f.; 21,20; 21,23; 21,30; 21,32; 22,1; 22,15 f.; 22,30) und Gold (19,32; 20,2; 20,7; 20,26; 20,28; 20,32; 22,30) zugeordnet; (eine Farbgebung, die nicht untypisch für die Romantik ist und sich z. B. auch in E. T. A. Hoffmanns Kunstmärchen *Der goldne Topf* für das ›Wunderbare‹ findet). Neben dem Gold ist der Figur der Venus weiter die Farbe Weiß zugeordnet (20,29 ff.), ein Umstand, der auf ihre zunächst marmorne Erscheinung zurück- und auf die Ereignisse des Maskenballs vorverweist.
- Leitmotivisch ist mit dem Erscheinen der Venus das Element des Wassers verbunden, hier markiert durch die unzähligen Springbrunnen (20,6; 20,14; 20,21; 21,24; 21,28 f.), aber auch den konjunktivischen Gedankengang Florios: »[...] es war ihm, als sei das alles lange versunken, und über ihm ginge der Strom der Tage mit leichten, klaren Wellen, und unten läge nur der Garten gebunden und verzaubert und träumte von dem vergangnen Leben« (20,14–18) – der in direktem Zusammenhang mit dem Sirenentraum (14,1–9) bzw. mit der forcierten Unklarheit der Perspektiven am Weiher der Venus zu lesen ist: »Der Mond, der eben über die Wipfel trat, beleuchtete scharf ein marmornes Venusbild, das dort dicht am Ufer auf einem Steine stand, als wäre die Göttin soeben erst aus den Wellen aufgetaucht und betrachte nun, selber verzaubert, das Bild der eigenen Schönheit, das der trunkene Wasserspiegel zwischen den leise aus dem Grunde aufblühenden Sternen widerstrahlte« (15,30–16,5).
- Leitmotivisch sind mit dem Erscheinen der Venus (wie mit dem Erscheinen Biankas) weiter die vielen Blumen bzw. Blumenvergleiche verbunden. Dies gilt für den Lustgarten (20,3 f.; 20,14; 22,1 f.) ebenso wie für die Erscheinung der Venus (20,31; 20,35; 21,1) – und nicht zuletzt für Florio, der beim Anblick und dem Gesang der Venus – seiner Namensgebung folgend – in »blühende Träume« (21,25) versinkt.

Zum Lied der Venus (21,6–19): Auch an anderen Stellen im Werk Eichendorffs schrecken dämonische Frauenfiguren dezidiert vor dem Frühling zurück. Das Wiedererwachen der Natur, die Wiederkehr des ewigen Zyklus von Erblühen, Ergrünen und nicht zuletzt die Bedrängungen durch neuerlich entfesselte Liebe und Begehren sind bei diesen Frauenfiguren negativ konnotiert. Die Gräfin Rominta aus dem Trauerspiel *Der letzte Held von Marienburg* erlebt (und kommentiert) den wiederkehrenden Frühling so: »*Erste Stimme*: Von allen Bergen nieder / So fröhlich Grüßen schallt. *Zweite Stimme*: Das ist der Frühling wieder, / Der ruft zum grünen Wald! *Erste Stimme*: Ein Liedchen ist erklungen / Herauf zum stillen Schloss. / *Zweite Stimme*: Dein Liebster hat's gesungen – / Der hebt dich auf sein Ross. *Rominta* […]: Schweigt, schweigt! Ich will das Lied nicht weiter hören! – / Falsch ist Musik, verträumte Fernen lügt sie, / Wo silbern Ströme gehen von blauen Bergen – / Und wenn wir folgen, bricht der Zaubergrund / Und mit den Klängen zieht uns die Sirene / Hinab ins bodenlose Meer von Wehmut« (*Werke*, Bd. 1, München 1981, S. 811). Ganz ähnlich auch die Venus im *Marmorbild*, die Florio (und der Lerngruppe) in der vorliegenden Textpassage 20,19 ff. zum ersten Mal als ›lebendige‹ Frau gegenübertritt.

Zu Arbeitsauftrag 1: Zum äußeren Erscheinungsbild der Venus vgl. die letzten drei Punkte zum *close reading* (zu den leitmotivischen Farben bzw. Blumen). Den Schülerinnen und Schülern könnte auffallen, dass die Göttin der Liebe hier durch ihre Kleidung jener Griechin angenähert ist, als die sie später beim Maskenball auftreten wird (mit Ausnahme des himmelblauen Gewandes, das an die Darstellungen der Jungfrau Maria in der europäischen Kunstgeschichte anschließt). Bemerkenswert ist weiter, wie die Venus dem Bereich der Kunst, der Musik, des Gesangs zugeordnet ist und dem angehenden Dichter Florio demnach auf einer anderen Augenhöhe begegnet als die kindliche Bianka.

Zu Arbeitsauftrag 2: Bei dem Lied handelt es sich um ein Sonett. »In der Gedichtsammlung von 1837 erscheint dieser Text durch Abgrenzung in zwei Quartette (Vierzeiler) und zwei Terzette (Dreizeiler) als Sonett strukturiert« (Joseph von Eichendorff, *Sämtliche Erzählungen*, hrsg. von Hartwig Schultz, Stuttgart 2012, S. 534). VORLAGE 7a bietet den Schülerinnen und Schülern die Möglichkeit, sich der traditionsreichen Gedichtform und damit dem Rollengedicht der Liebesgöttin anzunähern. Eichendorff nutzt in den beiden Quartetten den umarmenden Reim (also: a b b a a b b a), in den beiden Terzetten den wiederholenden Reim (also: c d e c d e). Das Metrum ist hier ein 5-hebiger Jambus. Das lyrische Ich (die Liebesgöttin) spricht in V. 1 in der 2. Person Singular (»du«) zum Frühling, in V. 12 in der 2. Person Plural (»ihr«) wohl mit einer zu denkenden Summe aus »tausend Lieder[n]« (V. 5), »Wald« (V. 7), »Ströme[n]« (V. 7), »Najaden« (V. 8) und der »Rose« (V. 9). Ob der Text auch in seiner inneren Struktur dem für Sonette typischen dialektischen Aufbau folgt, kann an späterer Stelle geprüft werden.

Zu Arbeitsauftrag 3: Für das anspruchsvolle Lied, mittels dessen die Liebesgöttin Venus sich in den Text einführt, sich als Charakter entfaltet und sich dem (bei der ersten Begegnung noch ausschließlich sehenden, nun aber auch) hörenden Florio präsentiert, könnten die Schülerinnen und Schüler die folgenden interpretatorischen Zugänge finden:

- Als rhetorische Suggestivfrage formuliert das Eröffnungsquartett einen Moment der (ewigen, zyklischen) Wiederkehr: Der Frühling hält »von neuem« (V. 1) Einzug und weckt (wie die Antithese pointiert) die immer gleichen »alten Wünsche« (V. 2). Die Alliteration auf den Buchstaben ›w‹ verknüpft die Schlüsselwörter des Auftaktes: »was« – »weckst« – »wieder« – »Wünsche« – »wunderbares« – »Wehen«. Gute Schülerinnen und Schüler sollten die Sprechsituation dieser Eröffnung bemerken, eventuell darüber hinaus, dass der Begriff des Wunderbaren von Venus selbst eingeführt wird.
- Das zweite Quartett führt den Gedanken der zyklischen Wiederkehr in V. 5 und 6 zunächst fort, indem Venus diesen nun auf sich selbst anwendet: Sie sieht sich wieder »jung, im Brautkranz« (V. 6), obgleich sie längst »Mutter« (V. 5) ist, und spannt damit in komprimierter Form den (für das frühe 19. Jh. immer noch gültigen, konventionellen) weiblichen Lebensbogen von der jugendlich Geliebten zur liebenden Mutter. Ausgelöst und ermöglicht wird die Gleichzeitigkeit dieser Schau durch die »tausend Lieder« (V. 5), die der Venus »durch die Glieder« (V. 4) schauern. In V. 7 und 8 (arithmetisch die Mitte des Gedichtes) wird die Natur personifiziert – ein in Eichendorffs Lyrik häufig wiederkehrendes poetisches Verfahren – und damit zum Akteur des Gedichtes: »Der Wald will sprechen, rauschend Ströme gehen« (V. 7). Für Eichendorffs Gedicht *Lockung* hat Gerd Sautermeister dieses Verfahren der fortschreitenden Anthropomorphisierung der Landschaft durch das lyrische Ich wie folgt beschrieben: »Am Ende scheint die ›gehende‹, ›sehende‹, ›erwachende‹, ›singende‹, ›träumende‹ und ›lauschende‹ Landschaft [hier: der sprechende Wald, die gehenden Ströme, die singenden Najaden, die sich dehnende Rose] ihrerseits zu sprechen. So erklimmt ihre lockende Kraft sukzessive eine Klimax. Sie wird zur Magie. Wir wohnen einer poetischen Operation bei, die Natur und Landschaft nicht als etwas Gegebenes nachbildet, sondern zu einer sinnlich-seelischen Energie um-bildet. Romantisches Dichten ist auch bei Eichendorff, dem im besonderen Maße Naturverbundenheit nachgerühmt wird, keine waldursprüngliche Mimesis, es ist kunstbewusste Umformung von Wald und Nacht, Strom und Feld« (Gerd Sautermeister, »Eichendorffs Eros«, in: *Interpretationen. Gedichte von Joseph von Eichendorff*, hrsg. von G. S., Stuttgart 2005, S. 91 f.). Gute Schülerinnen und Schüler werden erkennen, dass mit den Najaden (in der griechischen Mythologie Nymphen, die über Quel-

len, Bäche, Flüsse, Seen wachen) an jene Sirenen angeknüpft wird, die Florio zu Beginn der Novelle – und vor der ersten Begegnung mit der Venus – träumte (14,3 ff.). Mit diesen kehrt auch hier das Moment von Verlockung und Untergang wieder, das sich am Ende des Gedichtes erfüllen wird. Das explizit benannte Versinken (V. 14) greift die vielen Vertikalbewegungen der Novelle auf, denen zumeist ein erotischer Subtext eingeschrieben ist: »Die räumliche Vertikale ist bei Eichendorff häufig auf eine seelische und triebbestimmte Bewegung hin transparent: auf die Entgrenzung des Selbst zum verborgenen Eros hin. Die Erkundung der Tiefe des Raums symbolisiert die Eröffnung der Tiefen, ja der Verliese des eigenen Innern« (Sautermeister, »Eichendorffs Eros«, S. 91; vgl. hierzu weiter die Gedichte *Die zwei Gesellen* bzw. *Frische Fahrt* aus den Unterrichtsschritten 1.1 bzw. 1.2). Bemerken sollten die Schülerinnen und Schüler weiter das Element Wasser, das ab V. 7 das bis hierhin vorherrschende Element der Luft ablöst und in besonderer Weise mit dem Erscheinen der Venus verknüpft ist (vgl. den vorletzten Punkt des *close reading*, s. o.).

- Im ersten Terzett setzt sich Venus mit der erblühenden Rose gleich, die sich aus »grüner Klause« (V. 9, an späterer Stelle und dort konkreter mit dem »stillen Hause« V. 12 gleichzuführen) »buhlerisch« (V. 10) und »[e]rrötend« (V. 11) in die »laue Flut« (V. 11) hinaus dehnt. Wurde im Quartett zuvor Natur personifiziert, findet hier ein Umkehrprozess statt: Die Liebesgöttin, der Florio zuerst als steinernes Bild begegnete, verwandelt sich zu einem sich dehnenden Stück Natur (der Rose). Dass die rote Rose (V. 11) in besonderem Maße mit den Bereichen Liebe und Sexualität verbunden ist, erkennen Schülerinnen und Schüler erfahrungsgemäß.
- Das zweite Terzett bestätigt den verführerischen Ruf der »tausend Lieder« aus V. 5, indem die Liebesgöttin nun ihr stilles Haus (V. 12) verlässt. Der Gedankenstrich legt Synthese und Conclusio des Sonettes frei: »[S]chmerzlich« (V. 13) lächelnd folgt Venus dem Ruf des Frühlings, der Lieder, der Natur, um, dem ewigen Zyklus der wiederkehrenden Neubelebung folgend, in den Synästhesien aus »Duft und Klang« (V. 14) vor Sehnsucht zu versinken. Zur Vertikalbewegung und deren Bedeutung bei Eichendorff siehe oben.
- Neben den hier versammelten Beobachtungen könnten der Lerngruppe für das Ganze weiter auffallen: Für die Gesamtstruktur des Liedes gilt – durchaus in Übereinstimmung mit den in VORLAGE 7a entwickelten Gattungscharakteristika –, dass das Sonett antithetisch komponiert ist. Folgende Sinneinheiten lassen sich bilden: Q1 Die Venus erwachend – Q2 Anthropomorphisierung der Landschaft – T1 Venus amalgamierend mit der Landschaft – T2 Die Venus versinkend. Dabei stehen einander gegenüber: Q1 vs. T2 bzw. Q2 vs. T1 (Q = Quartett / T = Terzett).

Zu Arbeitsauftrag 4: Auffallend ist, wie sehr die Figur der Venus bereits an dieser ersten Stelle, an der sie als gleichsam ›wirkliche‹ Frau erscheint, der Figur Biankas angenähert ist – ein Verfahren, das sich in den Maskenballpassagen fortsetzen wird (vgl. Unterrichtsschritt 7.2). Die Schülerinnen und Schüler könnten hierfür anführen: Das Leitmotiv des Frühlings, das in der Exposition deutlich mit Bianka verbunden ist (5,6–13), das Leitmotiv der Blumen und des Blumenkranzes, für welches das Gleiche gilt (ebd.), das Erröten der Rose (also: der Venus V. 11), das an Biankas Erröten nach dem Kuss Florios gemahnt (7,24). Weiter gleichen Teile der Landschaftsbeschreibungen einander in auffälliger Weise, so die blaue Luft (5,3 f.) und V. 10 f. des Venus-Liedes; in beiden Textpassagen spielt Musik eine bedeutsame Rolle, es korrespondieren die Musikchöre (4,30) mit den »tausend Lieder[n]« aus V. 5, und nicht zuletzt werden beide Textpassagen durch auffallende Vertikalbewegungen markiert: Dem Auf und Nieder der Federbälle und der »Mädchenbilder« (5,1–6 bzw. 5,13 ff.) ist im Lied der Venus das »auf und nieder« (V. 8) der Najaden zur Seite gestellt. Diese wiederum erinnern an die Sirenen aus Florios Traum (14,3), von denen es heißt, dass sie »alle aussahen wie das schöne Mädchen mit dem Blumenkranze vom vorigen Abend« (14,4 f.), also: wie Bianka.

Florio, dem angehenden Dichter, muss die Figur der Liebesgöttin (jenseits ihrer körperlichen Schönheit, also: ihrer erotischen Anziehungskraft) auch deswegen besonders attraktiv erscheinen, weil sie als Sängerin auftritt und somit dem Bereich der (Dicht-)Kunst zuzuordnen ist. Wie Polyhymnia, die ›Liederreiche‹, die Muse des Gesangs, erscheint sie hier singend und mit dem Attribut der Leier. Die von ihr vorgetragene Dichtung macht bei genauer Betrachtung die Dichtkunst selbst zum Thema (Lied V. 5, Gesang V. 8) und entfaltet dabei einen derart bezaubernden, Sehnsüchte erweckenden »Klang« V. 14 (ital. *sonare* ›klingen‹, daher der Begriff des Sonetts!), dass die Venus selbst darin zu versinken droht.

Mit guten Schülerinnen und Schülern ließe sich auf der Grundlage des abschließenden zweiten Terzetts diskutieren, ob die Liebesgöttin Venus tatsächlich als ausschließlich negativ besetzte, in die Untiefen aus Versuchung und Verführung lockende, also: dämonische Figur zu lesen ist. Anders als das grauenerregende Marmorbild (16,22 ff.) der ersten Begegnung scheint sie in den abschließenden Versen hier ihre eigene Rolle zu problematisieren (Schmerz, Lächeln, Sehnsucht, Versinken) und gewinnt dabei möglicherweise an einer psychologischen Tiefe, die in der Forschung selten gesehen wird.

7.2 Erarbeitung/Sicherung (2): Maskenball und Doppelgängermotiv

UG / PA / GA

ARBEITSBLATT 7b
➤ S. 73 f.
VORLAGE 7b
➤ S. 68

Unterrichtsschritt. Den Mittelpunkt der Unterrichtseinheit bildet eine detaillierte Untersuchung der Geschehnisse auf dem Maskenball. Dazu wird die Lerngruppe in fünf Arbeitsgruppen zu jeweils 4–5 Schülerinnen und Schülern unterteilt. Jeder Arbeitsgruppe wird eine Textpassage der nächtlichen Ereignisse zugewiesen. Die Lerngruppe erhält das ARBEITSBLATT 7b ***Die Nacht des Maskenballs als Mittel- und Höhepunkt der Novelle*** und löst die dort vermerkten Arbeitsaufträge hinsichtlich der ihr vorgegebenen Textpassage. Die Ergebnisse werden in der jeweiligen Spalte gesichert und anschließend der Gruppe präsentiert. Um Missverständnisse zu vermeiden, sind die Figuren Venus und Bianka bereits verifiziert. Ziel der Gruppenarbeit ist es, die Lerngruppe dahingehend zu sensibilisieren, wie (und warum) die beiden Frauenfiguren phasenweise amalgamiert erscheinen: Gefunden werden sollen demnach Gründe, warum es sich um die jeweils benannte Frauenfigur handelt und wie der Erzähler Florio (und mit ihm den Leser!) verunsichert, indem er Hinweise auf die jeweils abwesende Frauenfigur streut. Zu diesem Zweck kann es sinnvoll sein, noch einmal an die erste Annäherung an die beiden Figuren in Unterrichtsschritt 2.2 zu erinnern.

Vor dem Beginn der Gruppenarbeit kann der Lerngruppe (z. B. mittels VORLAGE 7b ***Komposition der Maskenball-Passage***) die spiegelsymmetrische Komposition des Mittelpunkts der Novelle gezeigt werden. Florio begegnet den beiden Frauen während des geschickt inszenierten Verwirrspiels in einer präzise bemessenen Abfolge: Bianka – Venus – Bianka – Venus – Bianka. Die Komposition gewichtet ebenso wie sie pointiert: Der späteren Geliebten begegnet Florio drei Mal, der Venus nur zwei Mal, die mittlere Begegnung bildet gleichzeitig den Mittelpunkt der nächtlichen Ereignisse wie der gesamten Novelle und wird durch Biankas (einziges!) Lied »Über die beglänzten Gipfel« (28,29–29,6, vgl. Unterrichtsschritt 4.4 bzw. TAFELBILD 4) besonders exponiert.

Abschließend wird ein gemeinsamer Blick auf die Bedeutung des Doppelgängermotivs in der Romantik geworfen.

Für den gesamten Arbeitsschritt stehen insgesamt ca. 60 Minuten zur Verfügung (15 Minuten Gruppenarbeit, 5–10 Minuten Präsentation pro Gruppe, 5 Minuten für den Arbeitsauftrag 3). Sollte der fakultative Unterrichtsschritt 7.1 übersprungen oder als Hausaufgabe vorgesehen sein, kann die Bearbeitungszeit für insbesondere den dritten Teil mit dem einzigen Lied Biankas erweitert bzw. angepasst werden.

VORLAGE 7b

Komposition der Maskenball-Passage

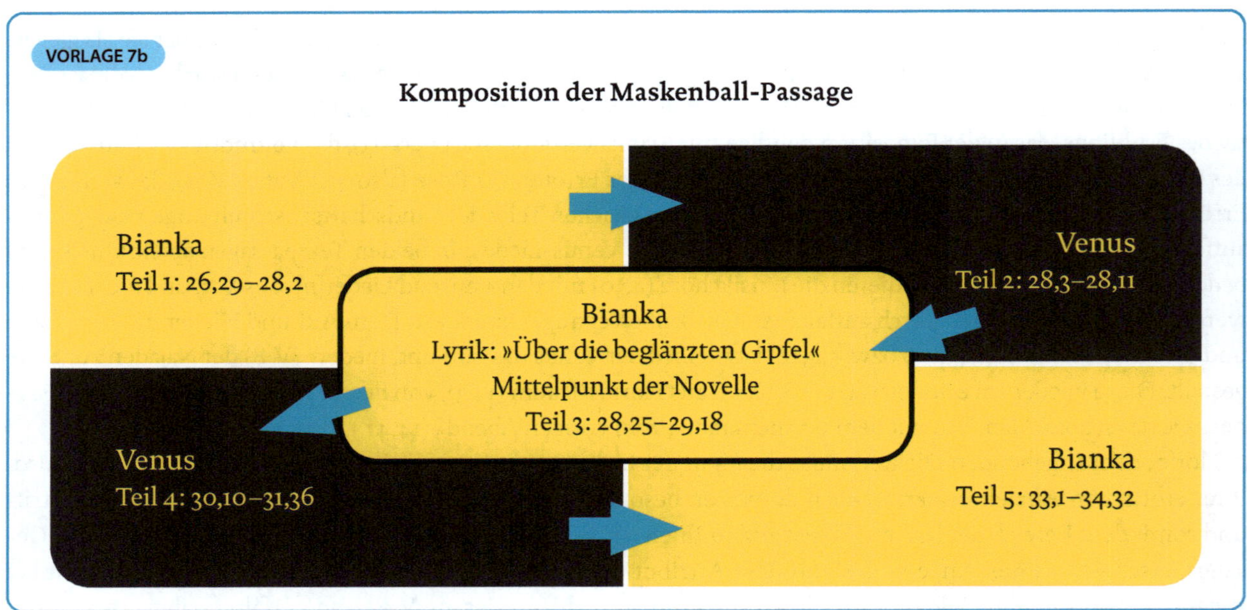

Erläuterungen. Die Geschehnisse des Maskenballs bilden den (ersten) Höhe- und Mittelpunkt der Novelle (vgl. Unterrichtsschritt 5.3): Ein einziges Mal ist Florio im Verlauf der Erzählung mit beiden Frauenfiguren zugleich konfrontiert (und damit den beiden in ihm und um ihn streitenden Liebeskonzeptionen). In der Nacht des Maskenballs werben Bianka und Venus um ihn, fliehen ihn, ziehen ihn lockend an, beobachten ihn oder werden von ihm beobachtet, nähern sich ihm im Tanz und im Gespräch. Dabei erscheint die Liebesgöttin neuerlich (nach den mittäglichen Ereignissen im Zaubergarten 19,26 ff. aus dem zweiten Teil der Novelle, vgl. Unterrichtsschritt 7.1) in ihrer menschlichen Gestalt. Im Zeichen ihrer Wandlung und Verwandlung schlägt der Erzähler einen Korridor zwischen Wunderbarem und Wirklichem. Aus der Einsamkeit des nächtlichen Weihers und des mittäglichen Gartens ist die Venus nun in die Mitte des Lebens geholt. Eichendorff »vergesellschaftet die auferlebte Statue, ohne dass die Gesellschaft es überhaupt gewahr wird. [...] Beim Maskenball also, wo die Gesellschaft ohnehin offiziell auszuscheren trachtet aus ihrer berechenbaren Geschäftigkeit; wo niemand wahrhaft das ist, was sein Kostüm vorgibt; und wo jeder die eigene Persönlichkeit hinter einer Larve verbirgt: hier kann kein Skandal entstehen, wenn die Dame Venus höchstselbst [...] als diejenige erscheint, die sie wahrhaftig ist. Maskenlos und unerkannt von allen außer von Florio« (Volker Klotz, *Venus Maria. Auflebende Frauenstatuen in der Novellistik*, Bielefeld 2000, S. 56).

- *Arbeitsgruppe 1 Bianka (26,29–28,2): Arbeitsauftrag 1.* Dass es sich bei der ersten Frauenfigur, der Florio an diesem Abend begegnet, um Bianka handelt, legen die folgenden Beobachtungen nahe: Bianka wird hier, wie in der Exposition, als beinahe noch kindlich (5,7) beschrieben. Im Zusammenhang mit ihr fallen Begriffe wie z. B. zierlich (26,31), niedlich (27,24), oder Köpfchen (27,32), und auch ihr scheues Verhalten erinnert an den Beginn der Erzählung. Auffällig ist ihre »bewegliche Lebhaftigkeit« (27,29 f.), die sie von der steinernen Starre der Venus-Statue unterscheidet. Sie selbst ist es, die Florio an den ersten gemeinsamen Abend vor den Toren Luccas erinnert, indem sie ihm kaum hörbar »Du kennst mich« (27,36) zuflüstert. Auch die Art und Weise, wie Biankas Onkel Pietro den Protagonisten Florio »prüfend« (27,2) ansieht, als dieser von seiner Nichte eine Rose überreicht bekommt, lässt sich nur erklären durch die Sorgepflicht des Onkels bezüglich einer sich hier anbahnenden zukünftigen Verbindung. *Arbeitsauftrag 2.* Gleichzeitig wird Biankas Erscheinung durch den Erzähler mehrfach mit der Liebesgöttin Venus konnotiert. Am augenfälligsten natürlich durch ihre Verkleidung in einem »griechische[n] Gewande« (26,31 f.), aber auch das Überreichen der Rose (26,35 f.) gemahnt an die Göttin, die sich in ihrem Sonett 21,14 ff. (Unterrichtsschritt 7.1) selbst mit einer Rose vergleicht. Weiter verweist die Beschreibung Biankas als »reizende[] Gauklerin, die ihn [Florio] gleich den Zaubergestalten auf den alten fabelhaften Schildereien umschwebte« (27,34 ff.) auf die spätere Begegnung zwischen Florio und der Venus (38,34 ff.).
- *Arbeitsgruppe 2 Venus (28,3–11): Arbeitsauftrag 1.* Sowohl ihre Bezeichnung als auch ihre Reglosigkeit kennzeichnen die schöne Tänzerin am anderen Ende des Saales eindeutig als Venus: »Das schöne Bild schien unverwandt auf ihn herzusehen und stand fortwährend still« (28,7 f.). Dass es sich nicht um Bianka handeln kann, belegt weiter die Tatsache, dass diese am Ende der zu prüfenden Textpassage noch bei Florio steht, die Erscheinung ausdrücklich nicht bemerkt und Florio mit einem »flüchtigen Händedruck« (28,14) verlässt. Die Formulierung des Erzählers, dass die zweite Frauenfigur (Venus) unter den Festgästen wirke »wie ein heiteres Gestirn«, das »zwischen dem leichten fliegenden Gewölk bald untergeht, bald lieblich wieder erscheint« (28,9 ff.), greift das Motiv der Vertikalbewegung auf, mit welchem die Venus häufig verknüpft erscheint. *Arbeitsauftrag 2*: In diesem Abschnitt finden sich keine Hinweise.
- *Arbeitsgruppe 3 Bianka (28,25–29,18)* bearbeitet nicht nur den Mittelpunkt der nächtlichen Maskenball-Ereignisse, sondern auch den Mittel- und Höhepunkt der Novelle, der zudem durch die einzige Liedeinlage Biankas gekennzeichnet ist. *Arbeitsauftrag 1.* Zu keinem anderen Zeitpunkt sind die beiden Frauenfiguren Bianka und Venus durch den Erzähler einander so angenähert wie an dieser exponierten Stelle. Dass es sich um Bianka handelt, könnten die Schülerinnen und Schüler mit dem Ende der Passage begründen: »Als sie die Zweige hinter sich rauschen hörte, sprang das schöne Bildchen rasch auf, steckte die Larve vor und floh schnell wie ein aufgescheuchtes Reh, wieder zur Gesellschaft zurück« (29,15–18). Das »schöne Bildchen« (ebd.) ist, durch den Diminutiv kenntlich, eben gerade nicht das Marmorbild, weiter sind Behändigkeit und Schnelligkeit mit der unbeweglichen Starre des Marmorbildes unvereinbar und anders als die Venus, die die Gesellschaft scheut und Florio in das Dunkel der Nacht lockt (und damit metaphorisch in das Dunkel seiner Triebe, vgl. 30,31–34), flieht die der Helligkeit und dem Tag zugehörende Bianka zurück in die Gesellschaft. Für die mit dem Werk Eichendorffs nicht vertrauten Schülerinnen und Schüler ist die Metapher des Rehs, die Eichendorff gerne für geliebte Frauenfiguren nutzt, erklärungsbedürftig: In Kapitel 17 von *Ahnung und Gegenwart* hört Graf Friedrich während einer Jagd ein Lied, das mit den folgenden Versen beginnt: »Hast ein Reh du lieb vor andern, / Lass es nicht alleine grasen«. Unmittelbar darauf begegnet Friedrich der von ihm zu diesem Zeitpunkt des Romans geliebten Rosa, von der es heißt: »Sie schien heftig erschrocken über den unerwarteten Anblick Friedrichs. Hochrot im Gesicht, ängstlich und verwirrt, wandte sie sich schnell und sprang wie ein aufgescheuchtes Reh, ohne der Gefahr zu achten, von Klippe zu Klippe die Höhe hinab, bis sie sich unten im Wald verlor« (*Werke*, Bd. 2, München 1978, S. 194; vgl. die Sachanalyse zu Kapitel 10). *Arbeitsauftrag 2.* Besonders intensiv gestaltet der Erzähler das Verwirr- und Verwechslungsspiel hinsichtlich der beiden Frauenfiguren in der Textpassage unmittelbar nach dem Lied »Über die beglänzten Gipfel«, in welcher die Gestaltung des Raums durch die kreisrunde Anordnung des Rasenplatzes (29,7 ff.), die Nähe zum Wasser (29,8) und das Mondlicht (29,9) an Florios erste Begegnung

mit der Venus erinnert. Biankas Nacken wird als blendendweiß bezeichnet (29,13) und gleicht damit der marmornen Erscheinung der Venus, sie spielt mit einer Rose über dem »schimmernden Wasserspiegel« (29,12), die an diesem Abend leitmotivisch sowohl ihr als auch der Venus zugeordnet ist (vgl. oben). In der Exposition träumte Florio Bianka als Sirene (14,3 ff.), hier heißt sie eine Najade (in der griechischen Mythologie eine Nymphe, die über Quellen, Bäche, Flüsse, Seen wacht) und ist als Wesen antiker Mythologie auf diese Weise bewusst der Göttin der Liebe angenähert, zumal Venus in ihrem Sonett 21,13 von ebensolchen singt.

- Mit guten Lerngruppen könnte knapp Biankas (einziges!) dreistrophiges Lied *Über die beglänzten Gipfel* thematisiert werden, das, seiner exponierten Stellung entsprechend, aus großer Höhe (vgl. Strophe 1) einen Überblick über die Ereignisse zu geben sucht. Ausgedrückt ist Biankas emotionales Befinden in dieser Nacht: Noch ist sie hinsichtlich ihrer Liebe in einem schwebenden Zustand voller »Glück und Sorgen« (V. 12), noch findet die sich anbahnende Beziehung im Geschützten, Geheimen statt, weswegen sich die Wipfel »[f]lüsternd neigen« (V. 3), noch singen die durch die Nacht gehenden Stimmen »heimlich von dem Bilde« (V. 7), noch sollen die Quellen »nicht so laut« (V. 9) plaudern, noch darf der Morgen nichts von alledem wissen (V. 10). Ähnlich wie im Sonett der Venus wird auch hier Natur anthropomorphisiert und verleiht stellvertretend für das lyrische Ich dessen Gefühlswelt Ausdruck.
- *Arbeitsgruppe 4 Venus (30,10–31,36): Arbeitsauftrag 1.* Trotz des mit der Bemerkung »Ihr habt mich in meinem Gesange belauscht« (30,24) einsetzenden Verwirrspiels, in dem Florio und der Leser die Äußerung auf das unmittelbar vorangegangene Lied Biankas (28,29–29,6) beziehen könnten – da die Liebesgöttin doch die Geschehnisse vom Vortag im Zaubergarten meint (19,26–21,24) –, handelt es sich hier eindeutig um Venus. Dafür lassen sich eine Vielzahl an Belegen anführen: So scheint Florio die Frauenfigur »größer, schlanker und edler, als vorhin beim Tanze und am Springbrunnen« (31,10 f.), insbesondere aber heißt es an späterer Stelle eindeutig: »Bei diesen Worten schlug sie den Schleier zurück, und Florio fuhr erschrocken zusammen. – Es war die wunderbare Schöne, deren Gesang er in jenem mittagschwülen Garten belauscht. – Aber ihr Gesicht, das der Mond hell beschien, kam ihm bleich und regungslos vor, fast wie damals das Marmorbild am Weiher« (31,23–28). Mit dem Mond ist weiter eines der Leitmotive angeführt, das im *Marmorbild* der Venus zugeordnet ist (vgl. in dieser Textpassage 31,8; 31,16), daran knüpfen das Leitmotiv der Nacht (30,33; 31,35), das Leitmotiv des Kreises bzw. der kreisrunden Bewegungen (31,15) sowie die Farbsymbolik an (31,27; 31,32). Anders als Bianka, die bei der vorausgegangenen Begegnung mit Florio zurück in die Gesellschaft flüchtet (29,17 f.), sucht Venus die Einsamkeit, entfernt sich absichtlich von den Stimmen im Garten, lockt Florio »tiefer in die Nacht hinein« (30,33 f.) und scheint es »gern zu sehen, dass Florio ihr« folgt (30,34). An einer späteren Stelle des *Marmorbilds* wird die Liebesgöttin Venus deutlich mit der Jagdgöttin Diana verschmolzen (vgl. 35,16 ff.), damit korrespondiert hier die Formulierung, dass die Schöne »von mehreren reichgeschmückten Dienern empfangen wurde, und in einem schnell umgeworfenen schimmernden Jagdkleide einen schneeweißen Zelter« (31,29–32) besteigt. Das »Grauen« (31,33), das Florio, dies beobachtend, empfindet, schließt an das Ende der ersten Begegnung mit der Venus an, als er bei der Betrachtung des Marmorbildes von einem »nie gefühlte[n] Grausen« (16,24) überfallen wird. Einen letzten Hinweis auf die Tatsache, dass es sich hier um die Liebesgöttin handelt, mögen ihre dunkel erscheinenden Bemerkungen sein, mit denen sie Florios Frage nach ihrem Namen abtut und dabei auf das ihr eigene Motiv der Vertikalbewegungen verweist: »[N]ehmet die Blumen des Lebens fröhlich, wie sie der Augenblick gibt, und forscht nicht nach den Wurzeln im Grunde, denn unten ist es freudlos und still« (31,3–6). *Arbeitsauftrag 2.* Verwechslungspotenzial mit Bianka ergibt sich in dieser Textpassage durch die einleitende Bemerkung, durch die verwirrten Bemerkungen Florios, die fälschlicherweise den Ort Biankas aus Teil 3 in Erinnerung rufen und durch einige der benannten Leitmotive (insbesondere das der Blumen, 31,3).
- *Arbeitsgruppe 5 Bianka (33,1–34,32):* Die abschließende Textpassage, in welcher Bianka das erste Mal namentlich benannt wird, ist in diesem Unterrichtsmodell als Klausurthema vorgesehen, Erläuterungen in Kapitel 11.

Zu Arbeitsauftrag 3: Himmlische und irdische Liebe finden ihre Inkarnation in den beiden Frauenfiguren Bianka und Venus. Beide repräsentieren unterschiedliche Formen der Liebe und unterschiedliche Liebeskonzeptionen. Vereinfacht formuliert: Florio liebt Bianka und begehrt Venus. Ungeachtet der erkennbar antithetischen Konstruktion der Frauenfiguren (und ungeachtet der Tatsache, dass die eine der beiden – nämlich die Liebesgöttin Venus – überwiegend negativ gezeichnet und negativ zu lesen ist) sollten die Schülerinnen und Schüler bemerkt haben, wie sehr Bianka und Venus durch ihr Auftreten als Doppelgängerinnen einander angenähert sind. Potenziert wird das Spiel von antithetischem Inneren bei gleichem Äußeren, um Maskierung und Demaskierung, um Identitätsfindung und Identitätsverlust durch den Maskenball, der das Doppelgängertum von Bianka und Venus nicht nur begünstigt, sondern forciert. Für das Erscheinen der Frauen als Doppelgängerfiguren gibt es unterschiedliche Erklärungsansätze: Möglich ist nach der bei Frenzel beschriebenen Zwei-Seelen-Vorstellung die Lesart eines leiblich-seelischen Dualismus, eines in den Frauenfiguren personalisierten Kampfes zwischen dem sinnlichen und dem sittlichen Ich (wie es Sigmund Freud in seinem Instanzenmodell zur Persönlichkeitsstruktur formuliert). Der gleichermaßen unerfahrene wie labile Florio wäre demnach zerrissen zwischen seiner sinnlich-triebhaften und seiner sittlich-emotionalen Liebe – ein Dilemma, das er an diesem Abend nicht aufzulösen vermag. Denkbar ist aber auch eine – bei allem konservativen Katholizismus Eichendorffs – moderne Deutung, die von Schülerinnen und Schülern gerne erkannt und benannt wird: Die Annäherung der Frauenfiguren könnte den Wunsch Florios offenlegen, eine Partnerin zu finden, mit der ihn eine sowohl sinnlich als auch emotional erfüllende Beziehung verbindet.

Hausaufgabe

VORLAGE 8b
➤ S. 79

Vorbereitende Lektüre der Textbausteine VORLAGE 8b ***Textpuzzle zur Figur Fortunato***. Falls nicht im Unterricht besprochen: Bearbeitung des Sonetts der Venus (7.1).

ARBEITSBLATT 7a

»*Was weckst du, Frühling, mich von neuem wieder?*«

Joseph von Eichendorff: *Das Marmorbild*	Beobachtungen
Er war noch nicht weit vorgedrungen, als er Lautenklänge vernahm, bald stärker, bald wieder in dem Rauschen der Springbrunnen leise verhallend. Lauschend blieb er stehn, die Töne kamen immer näher und näher, da trat plötzlich in dem stillen Bogengange eine hohe schlanke Dame von wundersamer Schönheit zwischen den grünen Bäumen hervor, langsam wandelnd und ohne aufzublicken. Sie trug eine prächtige mit goldnem Bildwerk gezierte Laute im Arm, auf der sie, wie in tiefe Gedanken versunken, einzelne Akkorde griff. Ihr langes goldenes Haar fiel in reichen Locken über die fast bloßen, blendendweißen Achseln bis in den Rücken hinab, die langen, weiten Ärmel, wie vom Blütenschnee gewoben, wurden von zierlichen goldnen Spangen gehalten, den schönen Leib umschloss ein himmelblaues Gewand, ringsum an den Enden mit buntglühenden, wunderbar ineinander verschlungenen Blumen gestickt. Ein heller Sonnenblick durch eine Öffnung des Bogenganges schweifte soeben scharfbeleuchtend über die blühende Gestalt. Florio fuhr innerlichst zusammen – es waren unverkennbar die Züge, die Gestalt des schönen Venusbildes, das er heute Nacht am Weiher gesehen. – Sie aber sang, ohne den Fremden zu bemerken: Was weckst du, Frühling, mich von neuem wieder? Dass all die alten Wünsche auferstehen, Geht übers Land ein wunderbares Wehen. Das schauert mir so lieblich durch die Glieder. Die schöne Mutter grüßen tausend Lieder, Die, wieder jung, im Brautkranz süß zu sehen. Der Wald will sprechen, rauschend Ströme gehen, Najaden tauchen singend auf und nieder. Die Rose seh ich gehn aus grüner Klause Und, wie so buhlerisch die Lüfte fächeln, Errötend in die laue Flut sich dehnen. So mich auch ruft ihr aus dem stillen Hause – Und schmerzlich nun muss ich im Frühling lächeln, Versinkend zwischen Duft und Klang vor Sehnen. *Das Marmorbild*, Reclam XL, 20,19–21,19.	

Arbeitsaufträge:

1. Lesen Sie den in der linken Spalte wiedergegebenen Textauszug aus dem *Marmorbild*, der die zweite Begegnung zwischen Florio und der Venus beschreibt. Achten Sie dabei auf die äußeren Umstände der Begegnung und auf das Aussehen der Venus.
2. Beschreiben Sie die äußere Form des Gedichts. Lesen Sie dazu die VORLAGE 7a ***Das Sonett***.
3. Tragen Sie in der rechten Spalte stichwortartig inhaltliche Aspekte des Gedichtes ein. Entwickeln Sie davon ausgehend eine knappe Interpretation des Liedes.
4. Suchen Sie abschließend nach Gemeinsamkeiten und Unterschieden zwischen diesem ersten Auftreten der Liebesgöttin als ›wirkliche‹ Frau und dem ersten Auftreten Biankas (4,36–5,19; 6,27–31 bzw. 7,15–26).

ARBEITSBLATT 7b (Seite 1 von 2)

Die Nacht des Maskenballs als Mittel- und Höhepunkt der Novelle

Zur Komposition von Teil III

Bianka	Venus	Bianka	Venus	Bianka
26,29–28,2	28,3–11	28,25–29,18	30,10–31,36	33,1–34,32
Hinweise auf Bianka	Hinweise auf Venus	Hinweise auf Bianka	Hinweise auf Venus	Hinweise auf Bianka
Hinweise auf Venus	Hinweise auf Bianka	Hinweise auf Venus	Hinweise auf Bianka	Hinweise auf Venus

Arbeitsaufträge:

1. Begründen Sie, warum es sich bei der von Ihnen zu bearbeitenden Textpassage um Bianka bzw. Venus handelt.
2. Während der nächtlichen Geschehnisse des Maskenballs sind Bianka und Venus phasenweise kaum zu unterscheiden, indem sie Florio als Doppelgängerinnen gegenübertreten. Achten Sie in der von Ihnen zu bearbeitenden Textpassage auf erzählerische Gestaltungsmittel, die zur Verunsicherung Florios (und des Lesers) beitragen, indem sie auf die jeweils abwesende Frauenfigur verweisen (dazu können beispielsweise gehören: Einsatz der Leitmotive, Einsatz der Farben, räumliche Gestaltung, Gestaltung der Lichtverhältnisse, Auftreten und Gestik der Figuren etc.).
3. Lesen Sie die die folgenden Erläuterungen zum Motiv des Doppelgängers in der deutschen Romantik und versuchen Sie zu begründen, warum Bianka und Venus an diesem Abend als Doppelgängerinnen erscheinen.

»Doppelgängertum beruht auf der physischen Ähnlichkeit zweier Personen. In der Dichtung wird dieses Phänomen einerseits durch reale Personen verkörpert, deren Ähnlichkeit auf Zufall oder Verwandtschaft, im Bereich von Sage und Märchen auch auf das Eingreifen überirdischer Mächte zurückgeht; schon ein solcher personaler Doppelgänger eröffnet ein weites Feld für heitere bis tödlich ernste Verwechslungen, Stellvertretungen und Unterschiebungen. Darüber hinaus haben sich Trugbild-Vorstellungen des Volksglaubens in der Dichtung zu einer Fülle spukhafter Doppelgängergestalten aufgefächert, die vielfach den zwei Seelen des Menschen zu entsprechen scheinen. Solche fiktiven Doppelungen sind durch eine auf seelischer Störung beruhende Ich-Spaltung einsichtig gemacht worden. Entscheidend für die Spannkraft des Motivs ist die Existenz zweier gleichzeitig nebeneinander agierender, sich möglicherweise gegenseitig verdrängender Figuren, die auf diese selbst und ihr Umfeld eine verblüffende bis unheimliche Wirkung hat; […] Die Vorstellung von einer zweiten Existenz des Menschen im Abbild, die – auch mit dem Christentum zu vereinbarende – Idee von den zwei Seelen, einer guten und einer bösen, in der Menschenbrust, der Gedanke an einen leiblich-seelischen Dualismus, der den Kampf des sinnlichen mit dem sittlichen Ich auslöse, alle Hypothesen, Deutungen, Angstbekundungen im Hinblick auf erwiesene oder drohende Persönlichkeitsspaltung wurden von der Romantik durchdacht […].«

Elisabeth Frenzel: Motive der Weltliteratur. Ein Lexikon dichtungsgeschichtlicher Längsschnitte. Stuttgart: Kröner, 2008. S. 92 f., 98.

8 »So seid ihr sicherlich ein Poet!« Die männlichen Figuren charakterisieren: Fortunato und Donati

Sachanalyse

Väterlicher Freund ist er, verehrtes Vorbild, Ratgeber, und Retter, Begleiter und Beschützer, Identifikationsangebot und literarische Integrationsfigur: Es sind viele Rollen, in die Fortunato für seinen jugendlichen Reisegefährten Florio zu schlüpfen, viele Funktionen, die er für ihn zu erfüllen hat. Er tut dies im Stile eines weltklugen und lebenserfahrenen Mannes: warnt, wo es nötig ist, diagnostiziert lachend, wo sein Einfluss nicht hinreicht, rettet, wenn die Not am größten ist. Immer aber lässt er Florio seine eigenen Wege gehen, seine eigenen Fehler machen, seine eigenen Erfahrungen sammeln. Wie ein wirklicher Vater beobachtet er seinen Schützling aus der Entfernung, um im Moment der entscheidenden Gefährdung jenes Netz unter ihm zu spannen, das Florios Fall bremsen wird. Fortunatos Lieder markieren innerhalb des Textgefüges entscheidende Zäsuren, forcieren die bevorstehenden Ereignisse oder klären zurückliegende auf. Sie könnten Florio als Wegweiser dienen – wäre dieser nicht phasenweise durch das rauschhafte Begehren seiner Libido absorbiert. Immerhin gereichen sie ihm am Ende der Erzählung zur Auf- und Erklärung jenes Albtraumes, dem er glücklich entkommen ist.

Sein Name Fortunato weist ihn, in Anlehnung an die römische Göttin, als glücklichen Menschen aus. Scheinbar zu Recht: In Gesellschaften ist der berühmte Sänger gerne gesehener Mittelpunkt, man sammelt sich um ihn, man hört seine Lieder. Gleichwohl streut der Erzähler einen Rest von Zweifel: »Nur Fortunato allein gehörte allen, oder keiner an und erschien fast einsam in dieser anmutigen Verwirrung. Er war ausgelassen lustig und mancher hätte ihn wohl übermütig genannt, wie er so wildwechselnd in Witz, Ernst und Scherz sich ganz und gar losließ, hätte er dabei nicht wieder mit so frommklaren Augen beinah wunderbar dreingeschaut« (7,28–34). Die Tatsache, dass der Tiefsinnige als »einsam« und seinem Wesen nach als »wildwechselnd« bezeichnet wird, verweist auf die außerordentliche charakterliche Disposition des Dichters. Als solcher lebt er ungebunden und ohne wirklichen Anschluss an die Gesellschaft der Bürger und Philister.

Es ist Fortunato, der Florio bereits auf der zweiten Druckseite des Textes vor den Gefahren des Venusbergs warnt und damit das zentrale Leitmotiv der Märchennovelle anstößt: »Habt Ihr wohl jemals [...] von dem wunderbaren Spielmann gehört, der durch seine Töne die Jugend in einen Zauberberg hinein verlockt, aus dem keiner wieder zurückgekehrt ist?« (4,10–14) Während Donati den adoleszenten Jüngling der Liebesgöttin Venus zuführt, begleitet Fortunato Florio zu der abendlichen Festgesellschaft, bei der er Bianka wiedertrifft. Mit ihm streitet Florio sich – versteckt poetologisch – um die Kraft und die Macht des Morgens, den Fortunato vehement gegen die Mondscheinjägerei, die Melancholie und den überempfindsamen »Blütenstaub zärtlicher Herzen« (17,24 f.) verteidigt: »Der Morgen [...] ist ein recht kerngesunder, wildschöner Gesell, wie er so von den höchsten Bergen in die schlafende Welt hinunterjauchzt und von den Blumen und Bäumen die Tränen schüttelt und wogt und lärmt und singt. Der macht eben nicht sonderlich viel aus den sanften Empfindungen, sondern greift kühl an alle Glieder und lacht einem ins lange Gesicht« (17,8–15).

Damit ist der Dichter – auch im Unterschied zu seinem Antagonisten Donati – der Klarheit, der Wahrheit, dem Licht und der Erkenntnis verbunden. Seine freundliche, heitere und offene Art kontrastiert auch sonst mit dem manipulativen Versucher, der, seiner dämonisch surrealen Natur folgend, Florio immer wieder an sich zu ziehen und gleichzeitig sich selbst zu entfremden sucht. Es wird deutlich, dass die beiden Figuren Fortunato und Donati zwei Existenzmöglichkeiten Florios repräsentieren: Das Klare und Vernünftige ist in ihm ebenso angelegt wie das Rausch- und Triebhafte. Um mit dem Freud'schen Drei-Instanzen-Modell zu sprechen: Fortunato repräsentiert Florios Über-Ich, Donati Florios Es.

Unterrichtsverlauf

Überblick. Die Schülerinnen und Schüler erarbeiten sich die männlichen Nebenfiguren Fortunato und Donati sowie deren Beziehung zu und Bedeutung für den Protagonisten Florio.

Phase	Thema	Sozialform	Kompetenzen und Lernziele	Materialien
Voraussetzungen: Kenntnis des gesamten Textes, Lektüre der Textbausteine VORLAGE 8b				
8.1	Einstieg: Zur Figur des Ritters Donati	UG	• Eine literarische Figur charakterisieren und ihre Bedeutung für Florio erkennen	ARBEITSBLATT 2 ➤ S. 22 TAFELBILD 6 ➤ S. 56
8.2	Erarbeitung/Sicherung (1): Aggression, psychogene Personifikation	GA / PA / UG	• Informationen aus einem literarischen Text isolieren und zusammenstellen	VORLAGE 8a ➤ S. 77
8.3	Erarbeitung/Sicherung (2): Fortunatos Funktion für Florio	UG / PA	• Eine literarische Figur charakterisieren und ihre Bedeutung für Florio erkennen	ARBEITSBLATT 2 ➤ S. 22 VORLAGE 8b ➤ S. 79 TAFELBILD 8a ➤ S. 80
8.4	Erarbeitung/Sicherung (3): Fortunato und Donati	UG	• Vergleichende Analyse der Figurenkonzepte. • Die männlichen Figuren ausdifferenzieren und in ihrem Verhältnis zu Florio verstehen	TAFELBILD 8b ➤ S. 81
HA	Lektüre der Textbausteine			ARBEITSBLATT 9c ➤ S. 93

8.1 Einstieg: Zur Figur des Ritters Donati

UG

Unterrichtsschritt. In einem offenen Unterrichtsgespräch werden zunächst die bisherigen Erkenntnisse zur Figur Donatis in Erinnerung gerufen. Dazu rekurriert die Lehrkraft auch auf TAFELBILD 6 bzw. auf ARBEITSBLATT 2.

ARBEITSBLATT 2 ➤ S. 22

TAFELBILD 6 ➤ S. 56

Erläuterungen. TAFELBILD 6 zeigte für den Protagonisten Florio, dass er sich im Spannungsfeld zweier einander asymmetrisch spiegelnder Paare befindet: Um Florios Gunst bemühen sich die beiden (unterschiedlichen) Männer Fortunato und Donati ebenso wie die beiden (unterschiedlichen) Frauen Bianka und Venus. Eine erste Annäherung an den Charakter Donatis, an die ebenfalls erinnert werden sollte, fand in Unterrichtsstunde 2 statt. ARBEITSBLATT 2 fasst zusammen, auf welch ambivalente Weise die Figur Donatis in die Handlung eingeführt wurde: Der hohe, schlanke, durchaus schöne Ritter im grünlichgoldenen Geschmeide (11,10 f.) erscheint überraschend bei der Abendgesellschaft vor den Toren Luccas, begrüßt Florio freundlich als »früheren Bekannten« (11,23), scheint einiges an Wissen über Florios frühere Tage (11,27 f.), die Gegend seiner Heimat und sogar den Garten seiner Kindheit zu haben (11,28 ff.) und nimmt auf diese Weise den Protagonisten mit seiner ausnehmenden Beredsamkeit (11,26 f.) und seiner »feinen und besonnenen Anständigkeit« (13,4) für sich ein. Gleichzeitig lässt der Erzähler keinen Zweifel daran, »[d]ass es sich bei dem Fremden […] um eine Gestalt mit pathologischen Zügen handelt, […] schon die zahlreichen negativen Aussagen über sein äußeres Erscheinungsbild« (Wolfgang Pütz, *Lektüreschlüssel XL. Joseph von Eichendorff: Das Marmorbild*, Stuttgart 2019, S. 30) legen dies nahe. So heißt es von Donatis Gesicht, es sei »blass und wüst«, von seinem Blick, er sei »irre flammend« (11,14), am Ende des ersten Zusammentreffens erscheint er »in der wilden Beleuchtung noch viel bleicher und schauerlicher als vorher« (12,7 f.), zu Beginn des dritten Zusammentreffens »verstört, hastig und beinah wild« (24,16). In die Gesellschaft fügt sich Donati nicht, eine »ängstliche Störung« (11,34 f.) geht von dem im eigentlichen Sinne des Wortes asozial zu nennenden Fremden aus, der bei seinem ersten Erscheinen mit dem stillen Gast (Thanatos) aus Fortunatos

Lied *Was klingt mir so heiter* konnotiert ist. Als Helferfigur der Venus gehört er in den Bereich des archaisch-verführerischen Zaubers, des dämonisch Bösen; er ist es, der Florio im mittäglichen Zaubergarten der Venus begegnet, und er ist es, der Florio in die abendliche Gesellschaft der Venus einführt. Der Unterrichtsschritt sollte maximal 10 Minuten Zeit in Anspruch nehmen.

8.2 Erarbeitung/Sicherung (1): Aggression, psychogene Personifikation

Unterrichtsschritt. Die Schülerinnen und Schüler erarbeiten sich weitere Hinweise zur Figur Donatis in Partnerarbeit. Untersucht werden sollen (nachdem die Exposition der Novelle bereits in Unterrichtsstunde 2 bearbeitet wurde) drei Textpassagen aus dem ersten, dem dritten und dem vierten Teil des *Marmorbilds*. Dazu wird die Lerngruppe in drei etwa gleich große Gruppen geteilt, innerhalb derer in Partnerarbeit jeweils eine der drei Textpassagen untersucht wird. Die Schülerinnen und Schüler beantworten die Arbeitsaufträge auf VORLAGE 8a ***Aggression, psychogene Personifikation***. In einem offenen Unterrichtsgespräch werden die Ergebnisse gesammelt und gesichert. Der gesamte Unterrichtsschritt sollte wenig mehr als 20 Minuten Zeit in Anspruch nehmen.

GA / PA / UG

VORLAGE 8a

➤ S. 77

VORLAGE 8a

Aggression, psychogene Personifikation

Zur Figur des Ritters Donati

<table>
<tr><td>Joseph von Eichendorff:
Das Marmorbild</td><td rowspan="4">Arbeitsaufträge:
1. Lesen Sie zunächst den Ihnen zugewiesenen Textauszug.
2. Charakterisieren Sie die Figur des Ritters Donati auf der Grundlage des Ihnen zugewiesenen Textauszuges. Prüfen Sie dazu auch die Anmerkungen der Reclam XL-Ausgabe (S. 54 f.).
3. a) Textauszug Gruppe 1: Erläutern Sie weiter die Position Florios im vorliegenden Textauszug.
b) Textauszug Gruppe 2: Achten Sie weiter auf das Verhältnis Donatis zum Christentum und dessen Bräuchen.
c) Textauszug Gruppe 3: Bewerten Sie die Abwesenheit Donatis bzw. die Tatsache, dass Donatis Anwesen offensichtlich nie existiert hat, hinsichtlich der Figur Florios.</td></tr>
<tr><td>Textauszug Gruppe 1:
12,27–13,27 (Teil I der Novelle):
»Alle drei bestiegen … Renommisten in der Melancholie.«</td></tr>
<tr><td>Textauszug Gruppe 2:
24,11–25,13 (Teil III der Novelle):
»Am folgenden Morgen … aus dem Hause fort.«</td></tr>
<tr><td>Textauszug Gruppe 3:
42,1–43,4 (Teil IV der Novelle):
»Schon flogen einzelne … folgende Nacht hindurch.«</td></tr>
</table>

Erläuterungen. Insgesamt erscheint Donati an nur wenigen, exponierten Stellen der Novelle. Sein »Porträt […] muss […] lückenhaft bleiben, weil konkrete Angaben zu seiner Person weitgehend fehlen«, konstatiert Pütz (Pütz, *Lektüreschlüssel XL*, S. 30). Die ausgewählten Textpassagen unternehmen den Versuch, das lückenhafte Bildnis Donatis – soweit möglich – hinsichtlich einiger ausgewählter Aspekte zu schärfen: Textauszug 1 verdeutlicht Donatis dämonisches Aggressionspotenzial, Textauszug 2 seine unchristliche Haltung, Textauszug 3 hinterfragt die gleichsam surreale Zaubererscheinung hinsichtlich ihrer Bedeutung für den Protagonisten. In Eichendorffs Primärquelle, der Erzählung *Die seltzahme Lucenser-Gespenst* aus Eberhard Werner Happels *[G]rösseste Denkwürdigkeiten der Welt oder so genandte Relationes Curiosæ* (Leipzig 1687) beschreibt die Figur Donati ihr Verhältnis zur Göttin Venus mit den Worten: »Sie ist meine gute Freundin und nahe Anverwantin« (zit. nach: Joseph von Eichendorff, *Sämtliche Erzählungen*, Bd. 1, hrsg. von Wolfgang Frühwald und Brigitte Schillbach, Frankfurt a. M. 2007, S. 762). Eichendorff übernimmt Konstellation und Formulierung: »Die Dame ist eine Verwandte von mir, reich und gewaltig, ihr Besitztum ist weit im Lande verbreitet – Ihr findet sie bald da, bald dort – auch in der Stadt Lucca ist sie zuweilen« (22,20–23).

Zu Textauszug 1: Das Scheuen von Donatis Pferd vor dem Tor der Stadt »verweist im Glauben des Volkes auf einen schuldigen Reiter mit bösem Gewissen« (zit. nach: Eichendorff, *Sämtliche Erzählungen*, Bd. 1, S. 774). Neben der Vielzahl an bereits bekannten Hinweisen (vgl. hierzu Unterrichtsschritt 8.1) ist Donati durch diese Handlung für Schülerinnen und Schüler erkennbar dem Bereich des Sündhaften und Verwerflichen zugewiesen: Das Böse, das die Venus selbst nicht zeigt, wird durch ihn verkörpert. Donati ist nicht nur eine Helferfigur der Venus, er ist auch deren Suppositionsfigur: An ihm werden verborgene Charakterzüge der Venus unverstellt offensichtlich, er verkörpert Wesensmerkmale, die die archaische Göttin nicht zeigen will oder kann. Die Lerngruppe sollte darüber hinaus erkennen, dass Donatis ritterlicher Anstand und seine Höflichkeit kaum mehr als eine fragile Fassade sind, hinter der sich ein eruptiv zutage tretendes Aggressionspotenzial verbirgt: »Ein funkelnder Zornesblitz fuhr, fast verzerrend, über das Gesicht des Reiters und ein wilder, nur halbausgesprochener Fluch aus den zuckenden Lippen« (12,36 ff.). Das gotteslästerliche Fluchen Donatis an dieser Stelle ist bereits ein Vorverweis auf die Ergebnisse der zweiten Arbeitsgruppe. Mit guten Schülerinnen und Schülern könnte diskutiert werden, warum Florio in diesem Textauszug »still wie ein träumendes Mädchen« (12,31 f.) zwischen Donati und Fortunato reitet. Erfahrungsgemäß erkennen diese, dass er träumend (also: seiner selbst kaum bewusst) in das Spannungsfeld der beiden männlichen, um ihn ringenden Identifikationsfiguren geraten ist, die sowohl unterschiedliche Lebens-, als auch Liebeskonzeptionen repräsentieren. Insbesondere interessant ist die Frage, wieso der Erzähler Florio hier ein anderes Geschlecht zuweist und ob diese Tatsache mit dem Ende der Erzählung korrespondiert, in welchem Bianka auf spiegelsymmetrische Weise, zwischen Fortunato und ihrem Onkel reitend, als »zierliche[r] Knabe« (48,8) erscheint.

Zu Textauszug 2: Kleidung und Aussehen Donatis legen nahe, dass der Diener der Venus auch in diesem Textauszug negativ konnotiert ist: Ganz »schwarz gekleidet« (24,15) betritt er das Zimmer Florios und sieht dabei »ungewöhnlich verstört, hastig und beinah wild aus« (24,16). Den Grund dafür benennt er auf die Frage Florios wie folgt: »Heute ist Sonntag« (24,21), an diesem Tag könne die Venus nicht besucht werden. Stattdessen wünscht Donati mit Florio auf die Jagd zu gehen, ein Anliegen, das Florio entschieden zurückweist: »Zur Jagd? [...] heute am heiligen Tage?« (24,23 f.) Die Lerngruppe sollte bemerken, dass und wie sehr der Diener der heidnischen Göttin christliches Brauchtum und also auch den christlichen Glauben ablehnt, gar verächtlich macht, wenn es im Folgenden von ihm heißt: »›Nun wahrhaftig‹, fiel ihm der Ritter mit einem ingrimmigen, abscheulichen Lachen ins Wort, ›Ihr wollt doch nicht etwa mit dem Büchlein unterm Arm zur Kirche wandern und im Winkel auf dem Fußschemel knien und andächtig Gotthelf sagen, wenn die Frau Base niest‹« (24,25–29). Das unchristliche Verhalten Donatis setzt sich fort, indem der Ritter beim Klang der sonntäglichen Glocken von den Türmen der Stadt zunächst »erschrocken« (25,8), dann »beinah ängstlich« (25,9) reagiert und schlussendlich fortstürzt. Mit seinem Verhalten verbildlicht Donati den Konflikt zwischen Heidentum und Christentum, wie er vielfach in der Novelle benannt wird (insbesondere in den beiden Liedern Fortunatos *Was klingt mir so heiter*, 8,12–11,4, bzw. *Von kühnen Wunderbildern*, 44,14–46,16).

Zu Textauszug 3: Am Ende der Erzählung verschwindet Donati so, als habe er nie existiert. Nach den Ereignissen im Palast der Venus sucht Florio »Donatis Wohnung auf, ihn wegen der Begebenheiten dieser Nacht zur Rede zu stellen« (42,3 f.). Statt des Landhauses des schwarzen Ritters findet Florio allerdings nur noch eine »niedere Hütte [...], ganz von Weinlaub überrankt und von einem kleinen Gärtchen umschlossen« (42,8 ff.), deren Besitzer den Namen Donati nicht kennt und den derangierten Florio für »wahnsinnig« (42,23) hält. Bezeichnenderweise ist es dieser Gärtner, der mit seinem Lied den Zauber der Nacht und die Macht des Bösen endgültig bricht: »Vergangen ist die finstre Nacht, / Des Bösen Trug und Zaubermacht, / Zur Arbeit weckt der lichte Tag; / Frisch auf, wer Gott noch loben mag!« (42,15–18 – die Formulierungen schließen an Fortunatos Bemerkung 18,15–24 an) Unmissverständlich wird Donati durch sein Verschwinden am Ende der Novelle zur schwarzromantisch-spukhaften Zauberfigur, deren Existenz auch innerhalb der Fiktion der Erzählung höchst zweifelhaft scheint. Diese Tatsache kann durch gute Lerngruppen zum Anlass genommen werden, der Funktion der Donati-Figur für den Protagonisten Florio nachzuspüren: »Die [...] Zweifel an der Existenz Donatis legen die Vermutung nahe, dass es sich bei ihm um eine gespenstische Projektion der Schuldgefühle von Florio handelt, also um eine psychogene, d. h. seelisch bedingte, Verkörperung seiner tabuisierten Fantasien. Indem der unheimliche und geheimnisvolle Mann zu Florios großem Erstaunen nachweist, dass er ihn aus ›früheren Tagen‹ (11,28) kennt, tritt die Triebnatur – in bildhafter Weise – aus dem Unbewussten des Helden hervor. Unter dem Anschein einer zivilisierten und moralisch integren Persönlichkeit verkörpert die Symbolfigur des Ritters Donati als Florios Schatten-Ich die negativen Affekte, die der Wunsch nach einer Befriedigung der libidinösen Bedürfnisse im Gefühlshaushalt des Ich erzeugt« (Pütz, *Lektüreschlüssel XL*, S. 32 f.).

8.3 Erarbeitung/Sicherung (2): Fortunatos Funktion für Florio

Unterrichtsschritt. Fakultativ kann zunächst an früherer Stelle Erarbeitetes zur Figur Fortunatos in Erinnerung gerufen werden. In einem offenen Unterrichtsgespräch versammelt die Lerngruppe noch einmal die auf ARBEITSBLATT 2 fixierten Ergebnisse. Im Anschluss daran erhalten die Schülerinnen und Schüler VORLAGE 8b ***Textpuzzle zur Figur Fortunato***, prüfen in Partnerarbeit die genannten Textbausteine und bereiten mittels einer Mind-Map das TAFELBILD 8a vor, in welchem die Ergebnisse gesichert werden. Da die Textbausteine kurzgehalten sind, sollten die Partnerarbeit und die Erstellung des Tafelbilds nicht mehr als 25 Minuten Zeit in Anspruch nehmen.

UG / PA

ARBEITSBLATT 2 ➤ S. 22

VORLAGE 8b ➤ S. 79

TAFELBILD 8a ➤ S. 80

VORLAGE 8b

Textpuzzle zur Figur Fortunato

Textbaustein 1 3,33–4,14	Textbaustein 2 6,10–18	Textbaustein 3 17,4–18,24
Textbaustein 4 32,1–33,9	Textbaustein 5 38,34–39,6 bzw. 41,25–36	Textbaustein 6 43,24–44,11 bzw. 46,17–47,21

Arbeitsaufträge:

1. Lesen Sie zunächst die Textbausteine 1 bis 6.
2. Klären Sie für jeden der Textbausteine, in welchem Verhältnis Fortunato zu Florio steht bzw. welche Funktion Fortunato für den Protagonisten Florio erfüllt. Überführen Sie Ihre Überlegungen in eine Mind-Map, dessen Ausgangs- und Mittelpunkt »Zur Funktion Fortunatos für Florio« heißen soll.

Erläuterungen. Eichendorff hat die Figur Fortunatos der romantischen Vorstellung eines mittelalterlichen Minnesängers angenähert. In Anlehnung an seinen Namen, der auf die römische Glücksgöttin Fortuna verweist, sollte Fortunato von den Schülerinnen und Schülern als zugleich glückliche und Glück bringende Figur verstanden werden. Wie sein Gegenspieler Donati erscheint der berühmte Sänger im Verlauf der Novelle mehrfach an Florios Seite. In der Exposition der Novelle ist es Fortunato, der Florio in die Gesellschaft einführt, zu deren bewundertem Mittelpunkt der Sänger wird, ohne deshalb wirklich Anschluss zu suchen. Er erscheint heiter und lebensfroh, dabei bescheiden und uneitel, freundlich und entgegenkommend, seine scheinbare Leichtigkeit und entwaffnende Offenheit verdecken allerdings nur unzureichend die Ambiguität seines Charakters. Zwischen ausgelassenem Witz und tiefer Ernsthaftigkeit vermag der Gemütszustand Fortunatos binnen weniger Momente zu wechseln. Von Beginn an auffällig ist der christliche Impetus der Figur. Mehrfach ist Fortunato mit der Helle und der Klarheit des frischen Morgens verbunden.

Zu den Arbeitsaufträgen: Textbaustein 1 zeigt Fortunato in einer Funktion, die er nur an dieser einen – allerdings exponierten – Stelle der Novelle einnimmt: Auf Florios Begründung, warum er sich »das Reisen erwählt« (4,2) habe, tritt er Florio als mahnende und warnende Figur gegenüber: »Habt Ihr wohl jemals […] von dem wunderbaren Spielmann gehört, der durch seine Töne die Jugend in einen Zauberberg hinein verlockt, aus dem keiner wieder zurückgekehrt ist? Hütet euch!« (4,10–14) Imperativisch – und hellsichtig – mahnt er seinen jungen Protegé vor jenem bereits hier erkennbar zutage tretenden Konflikt, der sich im Verlauf der Novelle verdichten und Florio an den Rand seiner Existenz bringen wird. In *Textbaustein 2* erscheint Fortunato als Mentor und Freund, der Florio buchstäblich an die Hand nimmt, um ihn in die vor den Toren Luccas versammelte Gesellschaft einzuführen: »Freundlich fasste er ihn bei beiden Händen und führte den Blöden, ungeachtet aller Gegenreden, wie einen lieblichen Gefangenen nach dem nahgelegenen offenen Zelte, wo sich die Gesellschaft nun versammelte« (6,11–15). In *Textbaustein 3* rät Fortunato Florio, sich nicht an die verworrenen und verführerischen, surreal-

nächtlichen Traumbilder zu verlieren, an den Mondschein und den »Blütenstaub zärtlicher Herzen« (17,24 f.), sondern sich stattdessen der Klarheit, der Bestimmtheit, der Helle und der Vernunft des klaren Morgens zuzuwenden, den er als »recht kerngesunde[n], wildschöne[n] Gesell« (17,9) bezeichnet. Dass es sich in dieser Textpassage um eine kritische Auseinandersetzung mit der Literatur und dem Literaturmarkt der Zeit handelt, sollte von der Lehrkraft knapp erläutert werden – insofern kann die Figur Fortunatos hier auch als künstlerischer Mentor Florios gelesen werden. In *Textbaustein 4* führt Fortunato seinem jungen Freund Florio die spätere Braut Bianka zu und stiftet damit (wenn auch vorläufig auf Umwegen) das glückliche Ende der Novelle. Die beiden in *Textbaustein 5* benannten Passagen zeigen Fortunato als Beschützer und Retter Florios: Als dieser der sinnlichen Verführung der Liebesgöttin zu unterliegen droht, singt Fortunato vor dem Palast der Venus ein Lied, das Florio an frühe Kindheitseindrücke erinnert und ihn in die Lage versetzt, sich aus dem zauberischen Bann der Göttin zu lösen. In den beiden Stellen, die *Textbaustein 6* bilden, ist es Fortunato, der für die retrospektive Aufklärung der Handlung verantwortlich zeichnet: Er weiß, dass es sich bei den Trümmern, die die Reisegesellschaft passiert, um die Reste eines heidnischen Venustempels handelt, er weiß um den zauberischen Spuk, der mit dem Ort verbunden sein soll: »Auch sagt man, der Geist der schönen Heidengöttin habe keine Ruhe gefunden. Aus der erschrecklichen Stille des Grabes heißt sie das Andenken an die irdische Lust jeden Frühling immer wieder in die grüne Einsamkeit ihres verfallenen Hauses heraufsteigen und durch teufelisches Blendwerk die alte Verführung üben an jungen sorglosen Gemütern, die dann vom Leben abgeschieden, und doch auch noch nicht aufgenommen in den Frieden der Toten, zwischen wilder Lust und schrecklicher Reue, an Leib und Seele verloren, umherirren, und in der entsetzlichsten Täuschung sich selber verzehren« (46,22–32). So ist es Fortunato, der mit seinem letzten Lied *Von kühnen Wunderbildern* (44,14–46,16) der »alte[n] Zaubermacht« (45,6) der Venus ein »andres Frauenbild« (46,4) gegenüber-, ja: entgegenstellt. Es ist die Jungfrau Maria und mit ihr das Christentum, das die archaische Macht der heidnischen Götter überwindet. Insgesamt können die Schülerinnen und Schüler zu dem Ergebnis gelangen, dass Fortunato Florio gegenüber wie ein väterlicher Freund agiert: begleitend und geleitend, mahnend und warnend, klärend und erklärend, und wenn es nötig ist: rettend. Immer aber lässt er Florio die Freiheit, eigene Erfahrungen zu machen, eigene Erkenntnisse zu sammeln, eigene Positionen zu gewinnen.

8.4 Erarbeitung/Sicherung (3): Fortunato und Donati

Unterrichtsschritt. Wie für Bianka und Venus sollen auch für die männlichen Figuren Gemeinsamkeiten und Unterschiede gesammelt werden. Dies kann in Form eines offenen Unterrichtsgesprächs geschehen, das durch die Lehrkraft im TAFELBILD 8b *Fortunato und Donati: Gemeinsamkeiten und Unterschiede* gesichert wird. Der Schritt sollte nicht mehr als 15 Minuten Zeit in Anspruch nehmen.

UG

TAFELBILD 8b

➤ S. 81

Erläuterungen. Im Verlauf des Maskenballs verschmelzen die beiden weiblichen Figuren vor den Augen Florios phasenweise zu einer Person (vgl. Kapitel 7). Auch wenn dies für die beiden männlichen Nebenfiguren Fortunato und Donati nicht gilt, finden sich neben deutlichen Unterschieden, die der antithetischen Konstruktion der Charaktere geschuldet sind, ähnlich wie bei Bianka und der Göttin Venus, auch Gemeinsamkeiten.

TAFELBILD 8b

Fortunato und Donati: Gemeinsamkeiten und Unterschiede

Gemeinsamkeiten der beiden Figuren

- Beide Charaktere sind insgesamt statische Charaktere, wandeln sich also im Verlauf der Erzählung nicht.
- Beide Charaktere sind Florio phasenweise nahe und teilen Wissen um dessen Kindheit.
- Beide Charaktere sind reich gekleidet, gutaussehend und verfügen (zumeist) über Anstand und Manieren.
- Beide Charaktere führen Florio in unterschiedliche Gesellschaften ein.
- Beide Charaktere führen Florio den jeweils ihnen verbundenen Frauenfiguren zu.
- Beide Charaktere fügen sich nicht in die Gesellschaft ein:
  Zwar ist Fortunato gerne als Gast in der Gesellschaft gesehen, wird auch zuvor auf dem Plan von »Frauen und Rittern« (5,31) umringt, während der Abendgesellschaft aber bemerkt der Erzähler, er »allein gehörte allen, oder keiner an und erschien fast einsam« (7,28 f.).
  Von Donati heißt es ausdrücklich, dass er nicht in die Gesellschaft passe. »Eine ängstliche Störung, deren Grund sich niemand anzugeben wusste, wurde überall sichtbar« (11,34 ff.).

Unterschiede der beiden Figuren

Fortunato	Donati
• christlich	• unchristlich, heidnisch
• dem Tag, der Helligkeit, der Klarheit zuzuordnen	• der Nacht, dem Dunklen, Verworrenen zuzuordnen
• Figur der Wirklichkeit	• dämonische Figur des Surrealen
• freundlich, heiter, offen	• manipulativ, verstecktes Aggressionspotenzial
• Vernunft	• Rausch- und Triebhaftes
• Freund, Mentor, Retter	• Versucher, Verführer
• Dichter: Gesang, Lied und Kunst zugewandt	• Beim Lied der Venus schlafend
• gerne in Gesellschaft gesehen	• nicht gerne in Gesellschaft gesehen
• am Ende der Erzählung anwesend, die Ereignisse erklärend und auflösend	• am Ende der Erzählung auf rätselhafte und unerklärliche Weise abwesend

Hausaufgabe

ARBEITSBLATT 9c

➤ S. 93

Lektüre der Textbausteine aus ARBEITSBLATT 9c *Textpuzzle zur Entwicklung Florios.*

9 »Du kennst mich« Himmlische Liebe: Die Beziehung zwischen Florio und Bianka untersuchen

Sachanalyse

»[S]cheu« bleibt er »in einiger Entfernung stehen« (6,3 f.), als er erkennen muss, mit wem er da in die Gesellschaft vor den Toren Luccas geraten ist, und so ist es Fortunato, der Freund und Mentor, der »den Blöden, ungeachtet aller Gegenreden, wie einen lieblichen Gefangenen nach dem nahgelegenen offenen Zelte« (6,12 ff.) und damit in die Gesellschaft führt. Als Florio und Fortunato an diesem Abend in Begleitung Donatis die Gesellschaft verlassen, spitzt der Erzähler den Eindruck des wenig weltgewandten Jünglings zu, indem er berichtet, dass Florio »im Nachklange der Lust, […] still wie ein träumendes Mädchen« (12,30 ff.) zwischen den beiden fortan um ihn ringenden Männern reitet. Jung ist Florio, und in seiner Jugend, der Erzähler lässt von Beginn an keinen Zweifel daran, ebenso unreif und unerfahren, wie er von besonderer Schönheit (3,34) und von blühender Gestalt (6,17 f.)[1] ist. Auf Kavalierstour (also: auf Bildungsreise) befindet sich der Protagonist der Novelle, stammt daher sicher aus gutem Haus und ist finanziell abgesichert. Sein besonderes Interesse scheint der Dichtkunst zu gelten (insgeheim träumt er davon, zum Sänger zu reifen, ein Berufswunsch, den Fortunato ernst nimmt), bald aber ist er verstrickt in – und schließlich rauschhaft absorbiert durch – die Lockungen des anderen Geschlechts.

In merkwürdigem Missverhältnis zu seiner von Anfang an deutlich umrissenen äußeren Erscheinung und seiner charakterlichen Disposition steht die Tatsache, dass die Herkunft Florios ebenso unbekannt bleibt wie die näheren Umstände, unter denen er auf »dem Lande in der Stille aufgewachsen« (4,4 f.) ist. Das Geheimnis seiner Abstammung erschließt sich weder aus den wenigen Textpassagen der Novelle, in welchen der Erzähler Hinweise auf Florios Sozialisation bietet, noch durch die (selbst für Florio unklar bleibenden) Bemerkungen Donatis, der ihn als »einen früheren Bekannten in Lucca willkommen« (11,22 f.) heißt. Dieses Missverhältnis ist als Hinweise auf die Problematik seiner Identitätsfindung zu lesen: Der einzig dynamischen Figur der Novelle mangelt es an eigener Geschichte, an Vergangenheit, also: an Identität. Nur im Moment des dramatischen Höhepunkts der Novelle, in jener Nacht, die Florio im Palast der Venus verbringt und in welcher er ihrer Sinnlichkeit und seinem Begehren zu unterliegen droht, »enthüllt die Erzählung Details aus dem Leben des Protagonisten, als dieser sich an mittelalterliche Minnebilder sowie an Bilder höfisch-galanter Szenen erinnert, die ihn ›zu Hause in früher Kindheit‹ (S. 38) faszinierten, wenn er sie an ›schwülen Nachmittagen in dem einsamen Lusthause [des] Gartens‹ betrachtete.«[2] Zum einzigen Mal erwähnt wird an dieser späten Textstelle der Vater Florios, von dem es heißt, er habe seinem Sohn »manch lustiges Abenteuer [erzählt], das ihm auf seinen jugendlichen Heeresfahrten in der und jener von den abgemalten Städten begegnet. Dann pflegte er [der Vater] gewöhnlich lange Zeit nachdenklich in dem stillen Garten auf und ab zu gehen« (39,16–20). Im Gegensatz zu der zumindest anekdotisch-verknappten Erwähnung des Vaters bildet die Mutter eine Leerstelle in Florios Leben[3] – eine Feststellung, die den Schülerinnen und Schülern Anlass bieten könnte, von dieser, seine Existenz determinierenden Abwesenheit auf seine problematische Beziehung zum anderen Geschlecht zu schließen. In gleichsam paradox anmutendem Dualismus[4] nämlich changieren Florios Beziehungen zu den weiblichen Figuren der Novelle: im Falle Biankas zwischen ebenso schnell erwachender Verliebtheit wie erlöschendem Interesse, im Falle des Marmorbilds zwischen ekstatischem Begehren und panischer Angst.

»Die Französische Revolution, Fichtes Wissenschaftslehre und Goethes Meister sind die größten Tendenzen des Zeitalters«,[5] urteilt Friedrich Schlegel im 216. *Athenäums-Fragment* 1798. Die Sentenz belegt nicht nur, wie sehr die Romantik – anders als häufig unterstellt – der Gegenwart zugewandt ist, sie ist auch literaturhistorisch ebenso präzise wie sensibel verortet: Goethes zweiter Roman *Wilhelm Meisters Lehrjahre* von 1795/96 übt einen ungeheuren Einfluss auf die Dichtung der jungen Generation aus. Kein Ro-

1 Die Beschreibung ist im Zusammenhang mit dem Namen Florios zu lesen (lat. *florere* ›blühen‹). Eichendorff veröffentlicht seine frühen Arbeiten unter dem Pseudonym Florens.

2 Wolfgang Pütz, *Lektüreschlüssel XL. Joseph von Eichendorff: Das Marmorbild*, Stuttgart 2019, S. 25 f.

3 Es sei denn, man unterstellt der folgenden Textpassage, dass sie auf die Mutter zu beziehen sei – was allerdings einen möglichen Ehebruch implizieren würde: »Da flog es ihn plötzlich wie von den Klängen des Liedes draußen an, dass er zu Hause in früher Kindheit oftmals ein solches Bild gesehen, eine wunderschöne Dame in derselben Kleidung, einen Ritter zu ihren Füßen, hinten einen weiten Garten mit vielen Springbrunnen und künstlich geschnittenen Alleen, gerade so wie vorhin der Garten draußen erschienen« (38,34–39,4).

4 Vgl. hierzu Pütz (Anm. 2), S. 27.

5 Zit. nach: *Das Marmorbild*, Reclam XL, S. 62.

mantiker, der sich nicht an der Gattung des Bildungsromans versucht – und sich dabei nicht Handlungsmuster, Personenkonstellationen oder Leitmotive des Goethe-Romanes – anverwandelt hätte. Dies gilt für Ludwig Tiecks *Franz Sternbalds Wanderungen* (1798) ebenso wie für Clemens Brentanos *Godwi* (1800/01), für Novalis' *Heinrich von Ofterdingen* (1802) ebenso wie für die *Gräfin Dolores* (1810) Achim von Arnims, es gilt für Eichendorffs erste Veröffentlichung, den Roman *Ahnung und Gegenwart* (1815) – und nicht zuletzt für das *Marmorbild*. Der Bildungs- und Reifungsprozess Florios kann auch entlang der Gattungsproblematik nachvollzogen werden. Ist doch der Bildungsroman gekennzeichnet durch die innere Entwicklung eines jungen Menschen von einer sich selbst noch kaum bewussten Jugend zu einer gereiften Persönlichkeit. »Dieser Bildungsgang, gesehen als gesetzmäßiger Prozeß, als Entelechie, führt über Erlebnisse der Freundschaft und Liebe, über Krisen und Kämpfe mit den Realitäten der Welt zur Entfaltung der natürlichen geistigen Anlagen, zur Überwindung eines jugendlichen Subjektivismus, zur Klarheit des Bewusstseins.«[6]

6 *Metzler Literatur Lexikon. Begriffe und Definitionen*, hrsg. von Günther und Irmgard Schweikle, Stuttgart [2]1990, S. 55.

Unterrichtsverlauf

Überblick. Die Schülerinnen und Schüler erarbeiten sich in dieser Unterrichtseinheit – ausgehend von Florios anfänglich problematischer Identitätslosigkeit, die seine Adoleszenzkrise befördert – Stationen seines Reifungsprozesses, bewerten die Begegnungen mit Bianka und ordnen das Erarbeitete abschließend in einem psychoanalytischen Interpretationsansatz mit Sigmund Freuds Drei-Instanzen-Modell. ! **Verkürzter Verlauf: 9.1 – 9.2 – 9.3 – 9.4 – 9.5**

Phase	Thema	Sozialform	Kompetenzen und Lernziele	Materialien
Voraussetzungen: Kenntnis des gesamten Textes, Lektüre der Textbausteine aus ARBEITSBLATT 9c				
9.1	Einstieg: Wandzitate zur Figur des Protagonisten Florio	UG	• Assoziative Annäherung an den Charakter Florios	VORLAGE 9a ➤ S. 84
9.2	Erarbeitung/Sicherung (1): Herkunft und Sozialisation Florios	UG / EA / PA	• Leerstellen des Charakters Florios erkennen, hinterfragen, bewerten	ARBEITSBLATT 9a ➤ S. 91 TAFELBILD 9a ➤ S. 85
9.3	Erarbeitung/Sicherung (2): Florios Reifungsprozess (1)	PA	• Florios Reifungsprozess: Anfangs- und Endpunkt bestimmen	ARBEITSBLATT 9b ➤ S. 92
9.4	Erarbeitung/Sicherung (3): Florios Reifungsprozess (2)	PA / GA / UG	• Florios Reifungsprozess: die Entwicklung nachzeichnen	ARBEITSBLATT 9c ➤ S. 93 TAFELBILD 9b ➤ S. 88
9.5	Erarbeitung/Sicherung (4): Florio und Bianka	PA	• Florios Beziehung zu Bianka nachzeichnen	VORLAGE 9b ➤ S. 89
9.6 fakultativ	Erweiterung: Florio und das Drei-Instanzen-Modell nach Sigmund Freud	PA / UG	• Florios Charakter mittels eines psychoanalytischen Ansatzes beschreiben	VORLAGE 9c ➤ S. 90
HA	Bearbeitung Unterrichtsschritt 9.6 / Lektüre des fünften Teils (des Endes) der Novelle			*Das Marmorbild*, Reclam XL, 43,5–49,18

9.1 Einstieg: Wandzitate zur Figur des Protagonisten Florio

UG

VORLAGE 9a
➤ S. 84

Unterrichtsschritt. Den Einstieg in die Unterrichtseinheit bildet eine Zitate-Wand. Die Lehrkraft heftet in unterschiedlichen Bereichen des Klassenzimmers Zitate, die den Protagonisten Florio beschreiben, an die Wand (VORLAGE 9a *Wandzitate zur Figur des Protagonisten Florio*). Die Lerngruppe wird angehalten, alle Zitate zu prüfen, sich eines der Zitate auszuwählen und bei diesem stehenzubleiben. Auf diese Weise bilden sich mehrere Gruppen. Die Schülerinnen und Schüler tauschen sich aus, warum sie dieses Zitat gewählt haben, stellvertretend begründet eine Schülerin bzw. ein Schüler knapp, was sie oder ihn an dem Zitat an-

VORLAGE 9a

Wandzitate zur Figur des Protagonisten Florio

Auf dem Lande in der Stille aufgewachsen, wie lange habe ich da die fernen blauen Berge sehnsüchtig betrachtet, wenn der Frühling wie ein zauberischer Spielmann durch unsern Garten ging und von der wunderschönen Ferne verlockend sang und von großer unermesslicher Lust. (4,4–9)

Alle drei bestiegen daher nun auch ihre Pferde und zogen miteinander der nahen Stadt zu. Fortunato sprach kein Wort unterweges, desto freundlicher ergoss sich Donati in wohlgesetzten zierlichen Reden; Florio, noch im Nachklange der Lust, ritt still wie ein träumendes Mädchen zwischen beiden. (12,27–32)

Er sagte hastig, und die Tränen traten ihm dabei in die seelenvollen Augen: »Ihr sprecht da sicherlich anders, als Euch selber zumute ist […]. Aber ich lasse mich von Euch nicht irremachen, es gibt noch sanfte und hohe Empfindungen, die wohl schamhaft sind, aber sich nicht zu schämen brauchen, und ein stilles Glück, das sich vor dem lauten Tage verschließt und nur dem Sternenhimmel den heiligen Kelch öffnet wie eine Blume, in der ein Engel wohnt.« (17,31–18,7)

[Bianka:] »[…] das weiße Haus da drüben sieht aus wie ein stilles Marmorbild –« »Wo?«, fuhr Florio, bei diesem Worte heftig erschreckt, aus seinen Gedanken auf. – Das Mädchen sah ihn verwundert an, und beide schwiegen einige Augenblicke still. – »Ihr werdet Lucca verlassen?«, sagte sie endlich wieder zögernd und leise, als fürchtete sie sich vor einer Antwort. »Nein«, erwiderte Florio zerstreut, »doch ja, ja, bald, recht sehr bald!« (33,31–34,3)

– Ich aber warf mich in das tiefste Gras und sah stundenlang zu, wie die Wolken über die schwüle Gegend wegzogen. Die Gräser und Blumen schwankten leise hin und her über mir, als wollten sie seltsame Träume weben, die Bienen summten dazwischen so sommerhaft und in einem fort – ach! das ist alles wie ein Meer von Stille, in dem das Herz vor Wehmut untergehen möchte! (39,20–27)

Alle schwiegen, die Sonne ging soeben auf vor ihnen und warf ihre funkelnden Lichter über die Erde. Da schüttelte Florio sich an allen Gliedern, sprengte rasch eine Strecke den andern voraus, und sang mit heller Stimme: Hier bin ich, Herr! Gegrüßt das Licht […]. Es kommt nach allen heftigen Gemütsbewegungen, die unser ganzes Wesen durchschüttern, eine stillklare Heiterkeit über die Seele […]. So fühlte sich auch Florio nun innerlichst erquickt, er blickte wieder recht mutig um sich und erwartete beruhigt die Gefährten, die langsam im Grünen nachgezogen kamen. (47,22–48,7)

gesprochen hat bzw. was sie oder ihn veranlasst hat, dieses Zitat zu wählen. Der Unterrichtsschritt sollte nicht mehr als 15 Minuten in Anspruch nehmen.

Erläuterungen. Die Auswahl der Zitate legt es nahe, dass die Schülerinnen und Schüler unterschiedliche Wesenszüge bzw. charakterliche Dispositionen Florios wahrnehmen und thematisieren: Seine Herkunft, seine Kindheitserinnerungen, seine anfängliche Schüchternheit – kritischer formuliert möglicherweise auch: seine Neigung zu träumerischer Wehmut und Sehnsucht bzw. seine verletzende, wenig empathische Diskussionsführung. Ziel des Impulses ist es, Florio als eine vom Erzähler ambivalent gestaltete Figur zu begreifen, deren Adoleszenzkrise im Verlauf der Novelle durch einen Reifungsprozess überwunden wird.

9.2 Erarbeitung/Sicherung (1): Herkunft und Sozialisation Florios

Unterrichtsschritt. In einem durch die Lehrkraft angeleiteten offenen Unterrichtsgespräch versammelt die Lerngruppe das bisher erarbeitete Wissen um die Figur Florios. Als Impuls kann den Schülerinnen und Schülern die Frage dienen, mit welchen Problemen junge Menschen während der Phase ihrer Adoleszenz grundsätzlich konfrontiert werden. Die Ergebnisse des Gespräches werden durch die Lehrkraft in TAFELBILD 9a ***Florios Adoleszenzkrise*** gesichert. Um den Reifeprozess Florios im folgenden Unterrichtsschritt nachzeichnen zu können, klärt die Lerngruppe weiter in Einzel- oder Partnerarbeit die (nahezu fehlende!) Sozialisation Florios mittels ARBEITSBLATT 9a ***Zur Herkunft Florios.*** Der Unterrichtsschritt sollte nicht länger als 15 Minuten Zeit in Anspruch nehmen.

UG / EA / PA

ARBEITSBLATT 9a
➤ S. 91
TAFELBILD 9a
➤ S. 85

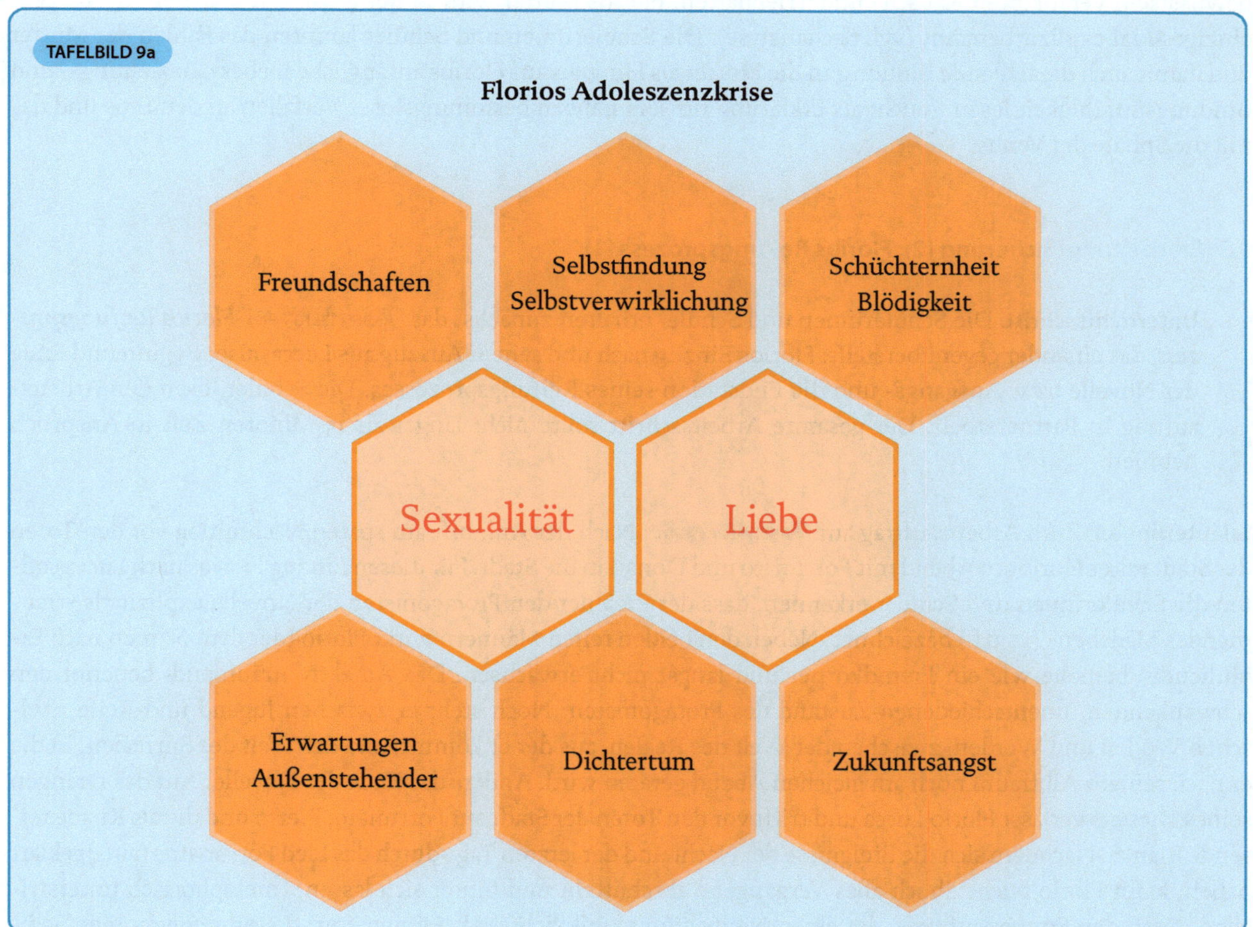

Erläuterungen. Die Schülerinnen und Schüler werden aufgrund ihrer eigenen Lebenserfahrung erkennen, dass Florios Adoleszenzkrise sich mittels unterschiedlicher – auch ihnen vertrauter – Indikatoren benennen lässt. Bei oberflächlicher Lektüre scheint Florios Problematik insbesondere dadurch geprägt, dass er zwischen zwei Frauen – und mit diesen verknüpft: zwei Liebeskonzeptionen – zu wählen hat und dabei gefährdet ist, sich im ausschließlich Rausch- und Triebhaften zu verlieren, also: der erotischen Anziehungskraft der heidnischen Göttin Venus zu erliegen. Eine genauere Betrachtung fördert allerdings auch andere Problematiken zutage, die für die Adoleszenzkrisen junger Erwachsener typisch sind: Die Suche nach der eigenen Bestimmung im Leben, nach tragfähigen und tragenden Freundschaften, der unausgesprochene Wunsch nach Selbstfindung und Selbstverwirklichung als Dichter, der Eskapismus in bedrängenden Situationen.

Das ARBEITSBLATT 9a versammelt die wenigen Informationen, die der Rezipient der Märchennovelle über Sozialisation und Herkunft Florios erhält. Deutlich zutage tritt zunächst Florios vornehme Herkunft, indem der Protagonist sich auf jener Kavalierstour befindet, die bereits seit dem 16. Jahrhundert (und bis ins frühe 19. Jahrhundert) zum Erziehungssystem des Mannes von Stand gehört. Zudem erinnert Florio aus seiner Kindheit mehrfach den Reichtum weiter Gärten, Parkanlagen, Springbrunnen, dort war er gleichermaßen von Natur und (in einem Lusthaus des elterlichen Gartens) von Kunst umgeben. Bereits dem Kind ist die Fähigkeit zu träumerischer Sehnsucht zu eigen, die gerne mit der Jahreszeit, der Ferne oder dem Himmel in Verbindung gebracht wird – eine Eigenschaft, die Florio sich bis ins Erwachsenenalter bewahrt hat und die einen deutlichen Hinweis auf sein Dichtertum markiert.

Vom Vater heißt es in Florios Erinnerungen, er habe ihm »manch lustiges Abenteuer, das ihm auf seinen jugendlichen Heeresfahrten […] begegnet« (39,16 ff.), erzählt. Inwieweit es sich dabei um »wohl auch amouröse[] ›Abenteuer‹« (Pütz, s. Anm. 2, S. 26) handelt, lässt der Text offen. Immerhin scheint die gesamte (hier: zweite) Textpassage im Subtext erotisch aufgeladen: An »schwülen Nachmittagen« betrachtet Florio »in dem einsamen Lusthause« (39,9) die Bilder, auf denen »Kavaliers […] die Damen in den Wagen« (39,13) begrüßen, später liegt er sinnend im Gras, sieht die Wolken über die »schwüle Gegend« (39,22) ziehen und imaginiert den Untergang seines Herzens in dem »Meer von Stille« (39,26) – eine im *Marmorbild* häufige Metapher für die Macht des im Unterbewusstsein verankerten Rausch- und Triebhaften. Florios Mutter wird in der gesamten Märchennovelle kein einziges Mal explizit benannt (vgl. Sachanalyse). Die Schülerinnen und Schüler könnten das Fehlen der Mutter und damit auch die fehlende Bindung an die Mutter als Hinweis auf Florios anfängliche Liebes-, Beziehungs- und Bindungsunfähigkeit lesen – auch: als Erklärung für sein nahezu besinnungsloses Verfallen an den Eros und damit die Sphäre der Venus.

9.3 Erarbeitung/Sicherung (2): Florios Reifungsprozess (1)

PA

ARBEITSBLATT 9b

➤ S. 92

Unterrichtsschritt. Die Schülerinnen und Schüler erhalten zunächst das ARBEITSBLATT 9b ***Florios Reifungsprozess***, das einander gegenüberstellt: Florios Einzug nach und seinen Auszug aus Lucca, also: Beginn und Ende der Novelle bzw. Ausgangs- und die Endstation seines Reifungsprozesses. Die Schüler lösen den Arbeitsauftrag in Partnerarbeit. Der gesamte Arbeitsschritt sollte nicht länger als 15 Minuten Zeit in Anspruch nehmen.

Erläuterungen. Zum Arbeitsauftrag auf ARBEITSBLATT 9b: Nach der Ankunft am späten Nachmittag vor den Toren der Stadt reitet Florio am Abend mit Fortunato und Donati in die Stadt. Für diesen Einzug Florios nach Lucca sollten die Schülerinnen und Schüler erkennen, dass der Erzähler den Protagonisten der Novelle explizit als »träumendes Mädchen« (12,31 f.) bezeichnet. Neben den beiden reifen Männern wirkt Florio (der dem Namen nach Erblühende) beinahe wie ein Fremdkörper und längst nicht erwachsen. Das Adjektiv ›träumend‹ benennt den schwankenden, unentschiedenen Zustand des Protagonisten: Noch steht er zwischen Jugend und Reife, zwischen Wollen und Werden, zwischen der Welt des Realen, aus der er kommt, und der Welt des Surrealen, in die er nach seinem Albtraum noch am gleichen Abend geraten wird. Anders das Ende der Novelle: Auf das Drängen seines Dieners verlässt Florio Lucca und trifft vor den Toren der Stadt auf Fortunato, Pietro und die als Knabe reisende Bianka. Nachdem sich die Ereignisse der Nacht und der letzten Tage durch das Lied Fortunatos (auf-)geklärt haben, kann Florio buchstäblich alles Vergangene abschütteln und hinter sich lassen, (metaphorisch unterstrichen durch den Sonnenaufgang, der einen Neubeginn verbildlicht). Als Hinweis auf die nun gewonnene Selb- und Eigenständigkeit sprengt er seinen Begleitern voraus, findet im Lied wieder auf den rechten Weg, gewinnt an »stillklare[r] Heiterkeit« (48,2 f.) und ist deswegen auch in der Lage, die als Knabe verkleidete Bianka als seine Liebe, seine Rettung und seine Zukunft zu erkennen. »Insgesamt ist der Abschnitt durch viele Kunstgriffe des Autors verdichtet: Einbettung von Florios Lied als Zeichen der Emanzipation […], Erzählerkommentar als Zeichen der Verallgemeinerung und Belehrung […], Erkennen Biankas […], Annäherung der Liebenden […], Florios Geständnis der ewigen Liebe […], Aufbruch« (*Joseph von Eichendorff: Das Marmorbild*, erarbeitet von Sonja Thielecke, hrsg. von Johannes Diekhans, Paderborn: Schöningh, 2010, S. 54). Die Schülerinnen und Schüler sollen zu dem Ergebnis gelangen, dass Florio im Verlauf der Novelle einen Reifungsprozess durchläuft, der dem Erwachsenwerden gleichkommt: Vom passiv scheinenden, schüchternen Jüngling, der den Rezipienten als Mädchen begegnet, zum aktiven jungen Mann, der seinen Begleitern alleine voranzureiten, also sein Leben selbständig zu gestalten vermag. Dass die beiden gewählten Textpassagen einzelne Handlungssequenzen aufgreifen und umverkehren (Ritt zwischen bzw. vor den Begleitern / Florio als verträumtes Mädchen bzw. Bianka als verkleideter Junge) könnte von guten Lerngruppen abschließend bemerkt werden.

9.4 Erarbeitung/Sicherung (3): Florios Reifungsprozess (2)

Unterrichtsschritt. Nachdem auf diese Weise Anfangs- und Endpunkt von Florios Reifungsprozess markiert sind, erhalten die Schülerinnen und Schüler die Aufgabe, Stationen seiner Entwicklung nachzuzeichnen und insofern zu bewerten, als sie diese in Form eines skalierenden Schaubilds skizzieren sollen. Dies können die Schülerinnen und Schüler auf der Grundlage ihrer eigenen Lektüre tun, möglich ist aber auch, ihnen ARBEITSBLATT 9c *Textpuzzle zur Entwicklung Florios* zur Verfügung zu stellen, auf welchem entscheidende Entwicklungsstadien Florios vorskizziert sind. Der Arbeitsschritt kann in Partner- oder Gruppenarbeit geschehen. Gesichert werden die Ergebnisse in TAFELBILD 9b. Der Arbeitsschritt sollte etwa 15 Minuten Zeit in Anspruch nehmen.

PA / GA / UG

ARBEITSBLATT 9c ➤ S. 93

TAFELBILD 9b ➤ S. 88

Erläuterungen. Die Entwicklung Florios ist erkennbar einer Wandlung und einem Reifungsprozess unterworfen. Aus dem zu Beginn schüchternen und passiven Jüngling, der einem »träumende[n] Mädchen« (12,31 f.) gleich beschrieben wird, scheint am Ende ein gereifter, geläuterter, aktiver junger Mann geworden zu sein. Zu Beginn ein metaphorisch zu lesender Sonnenuntergang, am Ende ein nicht minder metaphorisch zu lesender Sonnenaufgang: Zwischen Ausgangs- und Endpunkt seiner Entwicklung durchläuft Florio eine Krise, die ihn zunächst einem Versinken im Wahnsinn, einem Untergang in Rausch und Trieb nahebringt. Dem erotischen Sog aus Begierde und Begehren, den die heidnische Göttin entfacht, vermag er sich kaum zu entziehen. TAFELBILD 9b versucht diese durch den Albtraum (13,31–14,9) ausgelöste Sink- und Untergangsbewegung skalierend wiederzugeben. Am Tiefpunkt dieser Entwicklung, als er im Palast der Venus zu erliegen droht, setzt, ausgelöst durch Fortunatos Gesang, eine gegenläufige Bewegung ein, die Florio aus dem Bann der Venus löst, ihn zurück ins Leben führt und ihm am Ende des Textes einen neuerlichen Aufbruch ermöglicht.

Mit guten Lerngruppen könnte abschließend diskutiert werden, ob und inwiefern Florio selbst für seinen Reifungsprozess verantwortlich zeichnet: Bei genauer Betrachtung könnten die Schülerinnen und Schüler feststellen, dass Florio an vielen Stellen der Novelle mehr einem Getriebenen und passiv Geleiteten gleicht denn einem aktiv sein Schicksal Gestaltenden. Wenig überraschend ist es im Moment höchster Not Fortunato, der ihn aus der Macht der Venus errettet. »Seine eigentliche Bedeutung erwächst dem Helden […] also nicht aus der eigenen, im Dunkel bleibenden Vergangenheit, sondern aus der Gegenwärtigkeit seiner Abenteuer. Deren auffälligste Besonderheit ist zugleich, dass sie nicht in der aktiven ritterlichen Auseinandersetzung, sondern in der primär passiven Begegnung mit übermächtigen Kräften bestehen. Florio ist kein kriegerischer Kämpfer mehr, der sich noch in der Tradition des mittelalterlichen Ritters für die Verteidigung eines (vermeintlich) christlichen und sozialen Wertekatalogs einsetzt, sondern er ist ein ganz und gar unheroischer Mensch, welcher der eigenen Triebhaftigkeit ausgesetzt bleibt, bis er sie in einem äußersten Moment der drohenden Selbstvernichtung überwindet« (Pütz, s. Anm. 2, S. 28).

9.5 Erarbeitung/Sicherung (4): Florio und Bianka

Unterrichtsschritt. Die Lerngruppe prüft in Partnerarbeit den Verlauf der Beziehung zwischen Florio und Bianka. Als Orientierung kann ihr dabei VORLAGE 9b *Zusammentreffen Florio – Bianka / Venus* dienen. Der Arbeitsschritt sollte nicht länger als 15 Minuten Zeit in Anspruch nehmen.

PA

VORLAGE 9b ➤ S. 89

Erläuterungen. Die Schülerinnen und Schüler erkennen erfahrungsgemäß, dass der Stand der Beziehung zwischen Florio und Bianka eng an den Reifungsprozess Florios gekoppelt ist bzw. mit diesem einhergeht. In jenen Phasen der Erzählung, in welchen Florio die Nähe zu dem schönen Marmorbild sucht, ist seine Distanz zu Bianka

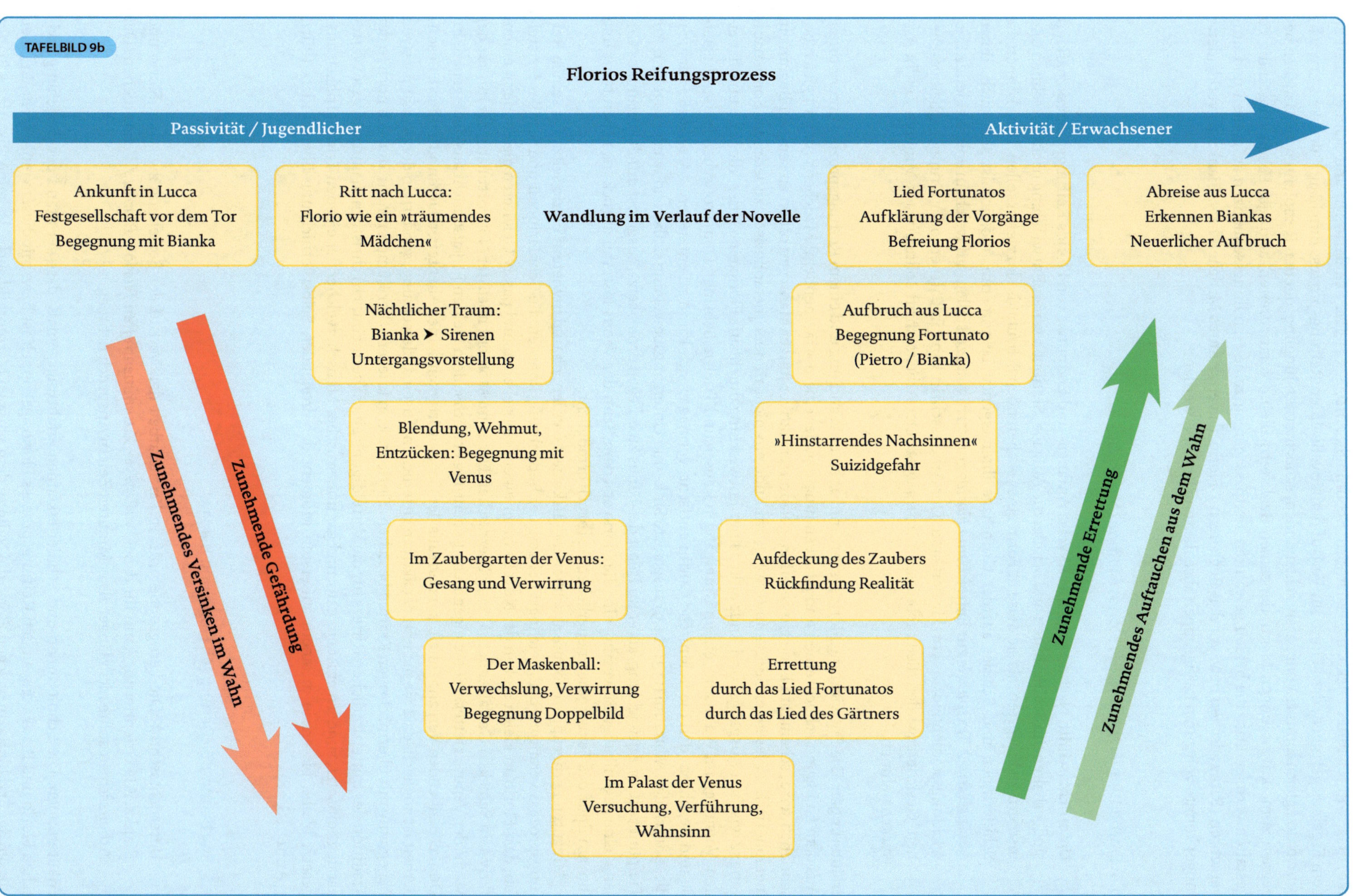
TAFELBILD 9b
Florios Reifungsprozess
Passivität / Jugendlicher
Aktivität / Erwachsener
Ankunft in Lucca
Festgesellschaft vor dem Tor
Begegnung mit Bianka
Ritt nach Lucca:
Florio wie ein »träumendes
Mädchen«
Wandlung im Verlauf der Novelle
Lied Fortunatos
Aufklärung der Vorgänge
Befreiung Florios
Abreise aus Lucca
Erkennen Biankas
Neuerlicher Aufbruch
Nächtlicher Traum:
Bianka ➤ Sirenen
Untergangsvorstellung
Aufbruch aus Lucca
Begegnung Fortunato
(Pietro / Bianka)
Blendung, Wehmut,
Entzücken: Begegnung mit
Venus
»Hinstarrendes Nachsinnen«
Suizidgefahr
Im Zaubergarten der Venus:
Gesang und Verwirrung
Aufdeckung des Zaubers
Rückfindung Realität
Der Maskenball:
Verwechslung, Verwirrung
Begegnung Doppelbild
Errettung
durch das Lied Fortunatos
durch das Lied des Gärtners
Im Palast der Venus
Versuchung, Verführung,
Wahnsinn
Zunehmendes Versinken im Wahn
Zunehmende Gefährdung
Zunehmende Errettung
Zunehmendes Auftauchen aus dem Wahn

VORLAGE 9b

Zusammentreffen Florio – Bianka / Venus

Florio und Bianka	Florio und Venus
Erste Begegnung (Teil I): Festgesellschaft vor den Toren Luccas.	Erste Begegnung (Teil I): Marmorbild am Weiher.
Zweite Begegnung (Teil II): Frau am Fenster eines Hauses? (23,30 ff.).	Zweite Begegnung (Teil II): Zaubergarten der Venus. Gesang der Venus.
Dritte Begegnung (Teil III): Mehrfache Begegnung während des Maskenballs.	Dritte Begegnung (Teil III): Mehrfache Begegnung während des Maskenballs.
Vierte Bewegung (Teil IV): Morgendlicher Auszug aus Lucca.	Vierte Begegnung (Teil IV): Nacht im Palast der Venus.

groß; bevor er allerdings die Göttin kennenlernt und nachdem er sich von ihr lossagen kann, ist er Bianka nahe. VORLAGE 9b markiert der Lerngruppe die Begegnungen zwischen Florio und Bianka. Die Schülerinnen und Schüler können im Rahmen der Partnerarbeit möglicherweise weiter darauf achten, von welchem der beiden (späteren) Partner in welchen Phasen der Beziehung die Initiative ausgeht: Bei der ersten und bei der letzten Begegnung nämlich ist es Florio, der aktiv auf Bianka zugeht; während des Maskenballs allerdings versucht Bianka, die Beziehung zu Florio zu forcieren und zu gestalten. Sie ist es, die ihm am Anfang des Abends eine Rose überreicht (26,35 f.), sie ist es, die kommunizierend Kontakt herzustellen sucht (»Du kennst mich«, 27,36), und sie ist es, die am Ende des Abends das Gespräch auf sein weiteres Verweilen in Lucca, also auf eine mögliche Zukunft der Beziehung (33,35 ff.) lenkt (vgl. Kapitel 2 zur Exposition der Novelle bzw. Kapitel 11, das das Zusammentreffen Florios und Biankas während des Maskenballs in den Mittelpunkt rückt).

9.6 Erweiterung: Florio und das Drei-Instanzen-Modell nach Sigmund Freud (fakultativ)

PA / UG

VORLAGE 9c

➤ S. 90

Unterrichtsschritt. Der abschließende Unterrichtsschritt eröffnet den Schülerinnen und Schülern einen psychoanalytischen Interpretationsansatz – und damit eine weitere Möglichkeit, den Charakter Florios zu deuten. Mittels des Drei-Instanzen-Modells Sigmund Freuds erfasst und erkennt die Lerngruppe den Konflikt, dem Florio während der gesamten Novelle ausgesetzt ist. Dazu erhalten die Schülerinnen und Schüler VORLAGE 9c ***Das Drei-Instanzen-Modell nach Sigmund Freud***, das eventuell durch einen flankierenden Vortrag der Lehrkraft zu erläutern ist. In Partnerarbeit wird das Modell auf Florio angewandt und durch ein abschließendes Unterrichtsgespräch gesichert.

Erläuterungen. Ein »Grund für die Faszination von Eichendorffs Welt«, so Hartwig Schultz, »ist die Nähe zur Welt des Unbewußten. [...] Ohne Zweifel hat die Romantik jenen Bereich von Traum- und Wunschbildern gestaltet, die in der modernen Psychoanalyse dann theoretisch erforscht und [...] benannt wurde« (Joseph von Eichendorff, *Sämtliche Erzählungen*, hrsg. von Hartwig Schultz, Stuttgart 2012, S. 640 f.). Bei genauer Betrachtung finden sich im *Marmorbild* vielfach Belege für die Ausgestaltung des Unbewussten, die heute für einen psychoanalytischen Zugriff auf Florios Charakter nicht unüblich wären: so die Albtraumsequenz (13,34–14,9), die fehlende Mutterbindung, die regressiv anmutenden Kindheitserinnerungen (4,1–9; 39,7–27), die im Gespräch mit Donati auftretenden Erinnerungslücken (11,21 ff.), die befremdlich anmutende Liebe zu einem steinernen Bild, eine phasenweise unkontrollierte und unkontrollierbare Libido.

Ausgehend von Sigmund Freuds Strukturmodell der Psyche (entwickelt 1923 in der Schrift *Das Ich und das Es*) lassen sich nicht nur hinsichtlich der psychischen Ausgangssituation Florios, sondern auch hinsichtlich der Personenkonstellation der Novelle eindeutige Aussagen treffen: Der Protagonist Florio markiert das Ich, das zwischen den beiden ständig kollidierenden Instanzen, dem Über-Ich und dem Es, beinahe aufgerieben wird. Für das Über-Ich stehen Bianka und Fortunato, für das Es Venus und Fortunato. Erstere gemahnen an eine durch die Normen und Werte der Gesellschaft reglementierte Liebe, letztere an das rauschhafte Lustprinzip der Libido, die in dem

VORLAGE 9c

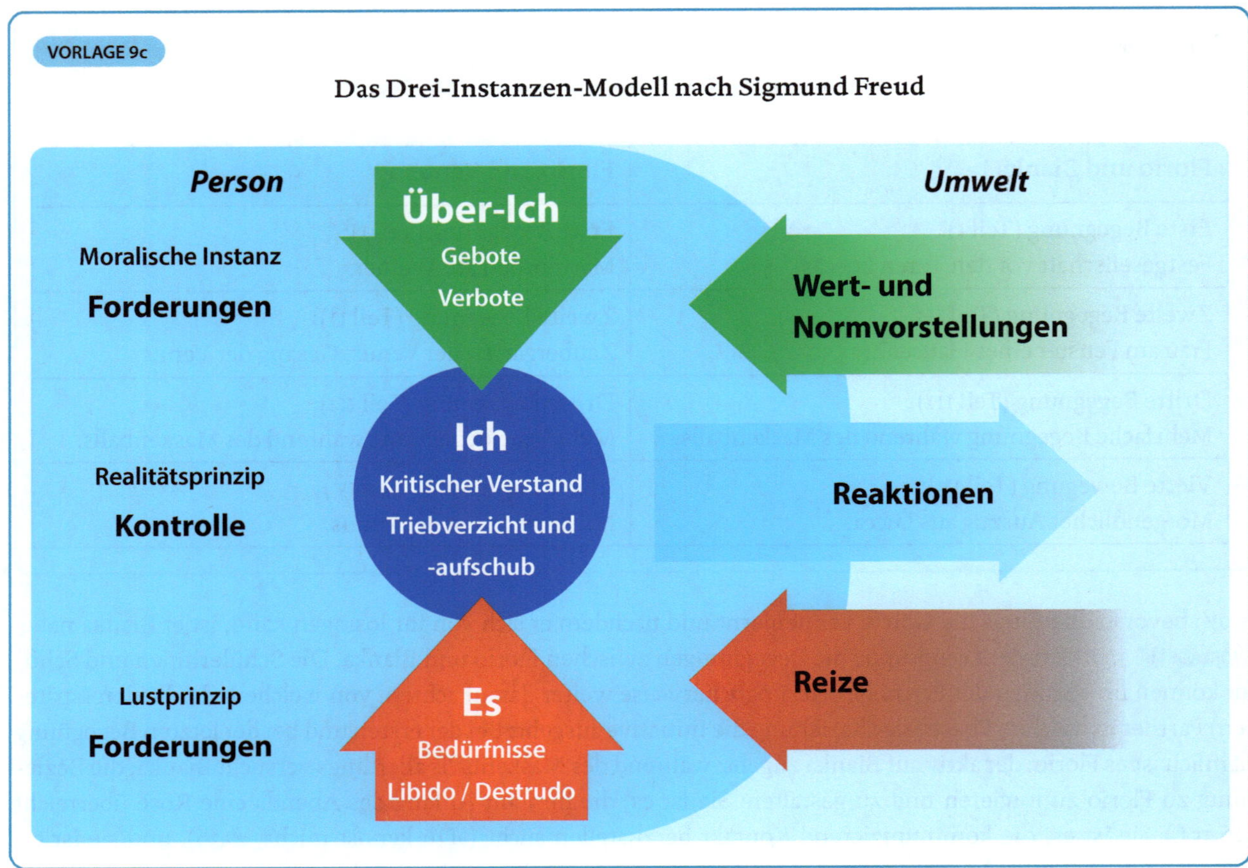

unreifen, jungen Mann besonders stark ausgeprägt ist. Dieser Konflikt droht den in sich Zerrissenen zu zerreißen. »Davon ausgehend ist auch die Konnotation mit dem Tag bzw. der Nacht ganz klar, da das Gute am Tag stattfindet und alles Schlechte, von den Trieben Gelenkte, in der Nacht. Florio befindet sich in der Adoleszenz und sucht einen Weg, um die beiden Instanzen zufriedenzustellen, was ihm allerdings nicht gelingt. In Lucca lebt er vollkommen die Wünsche des Es aus, indem er verzweifelt die Venus sucht und sich von der Verführerin blenden lässt. Zu dem Zeitpunkt, an dem das Über-Ich die Kontrolle wiedererlangt, verlässt Florio Lucca und trifft auf Fortunato und Bianka, die Verkörperung seines Über-Ichs. Durch die Entsexualisierung Biankas (sie ist verkleidet als Junge und erscheint ihm wie ein Engel und Engel sind geschlechtslose Wesen […] kann das Über-Ich das Es vollkommen beherrschen« (Annette Kliewer, Textanalyse und Interpretation zu Joseph von Eichendorff: Das Marmorbild, Hollfeld: Bange, 2020, S. 83).

Hausaufgabe

Falls nicht im Unterricht besprochen: Bearbeitung des Unterrichtsschritts 9.6. Genaue Lektüre des fünften Teils (des Endes) der Novelle (*Das Marmorbild*, Reclam XL, 43,5–49,18).

ARBEITSBLATT 9a

Zur Herkunft Florios

Textauszug 1:	**Textauszug 2:**
»Ich habe jetzt«, fuhr dieser nun kühner und vertraulicher fort, »das Reisen erwählt, und befinde mich wie aus einem Gefängnis erlöst, alle alten Wünsche und Freuden sind nun auf einmal in Freiheit gesetzt. Auf dem Lande in der Stille aufgewachsen, wie lange habe ich da die fernen blauen Berge sehnsüchtig betrachtet, wenn der Frühling wie ein zauberischer Spielmann durch unsern Garten ging und von der wunderschönen Ferne verlockend sang und von großer unermesslicher Lust.« – Der Fremde war über den letzten Worten in tiefe Gedanken versunken. »Habt Ihr wohl jemals«, sagte er zerstreut, aber sehr ernsthaft, »von dem wunderbaren Spielmann gehört, der durch seine Töne die Jugend in einen Zauberberg hinein verlockt, aus dem keiner wieder zurückgekehrt ist? Hütet Euch!« *Das Marmorbild*, Reclam XL, 4,1–14.	»Damals«, sagte er in Erinnerungen verloren, »wenn ich so an schwülen Nachmittagen in dem einsamen Lusthause unseres Gartens vor den alten Bildern stand und die wunderlichen Türme der Städte, die Brücken und Alleen betrachtete, wie da prächtige Karossen fuhren und stattliche Kavaliers einherritten, die Damen in den Wagen begrüßend – da dachte ich nicht, dass das alles einmal lebendig werden würde um mich herum. Mein Vater trat dabei oft zu mir und erzählte mir manch lustiges Abenteuer, das ihm auf seinen jugendlichen Heeresfahrten in der und jener von den abgemalten Städten begegnet. Dann pflegte er gewöhnlich lange Zeit nachdenklich in dem stillen Garten auf und ab zu gehen. – Ich aber warf mich in das tiefste Gras und sah stundenlang zu, wie die Wolken über die schwüle Gegend wegzogen. Die Gräser und Blumen schwankten leise hin und her über mir, als wollten sie seltsame Träume weben, die Bienen summten dazwischen so sommerhaft und in einem fort – ach! das ist alles wie ein Meer von Stille, in dem das Herz vor Wehmut untergehen möchte!« – »Lasst nur das!«, sagte hier die Dame wie in Zerstreuung, »ein jeder glaubt mich schon einmal gesehen zu haben, denn mein Bild dämmert und blüht wohl in allen Jugendträumen mit herauf.« *Das Marmorbild*, Reclam XL, 39,8–30.

Arbeitsauftrag:

In nur zwei knapp gehaltenen Textpassagen berichtet Florio über seine Herkunft und Sozialisation. Lesen Sie die beiden Textpassagen. Tragen Sie die wesentlichen Informationen zusammen, bewerten Sie den Charakter des Kindes Florio, die Rolle des Vaters und die der (fehlenden) Mutter.

ARBEITSBLATT 9b

Florios Reifungsprozess

Textauszug 1:

Es war Florion recht sonderbar zumute, als er sich plötzlich so allein mit Donati und dem Sänger auf dem weiten, leeren Platze befand. Seine Gitarre im Arm ging der Letztere am Ufer des Flusses vor dem Zelte auf und nieder und schien auf neue Weisen zu sinnen, während er einzelne Töne griff, die beschwichtigend über die stille Wiese dahinzogen. Dann brach er plötzlich ab. Ein seltsamer Missmut schien über seine sonst immer klaren Züge zu fliegen, er verlangte ungeduldig fort.

Alle drei bestiegen daher nun auch ihre Pferde und zogen miteinander der nahen Stadt zu. Fortunato sprach kein Wort unterweges, desto freundlicher ergoss sich Donati in wohlgesetzten zierlichen Reden; Florio, noch im Nachklange der Lust, ritt still wie ein träumendes Mädchen zwischen beiden.

Das Marmorbild, Reclam XL, 12,18–32.

Worterläuterungen: 1 Florion: Dativ von Florio (veraltet) | **14 unterweges:** unterwegs

Textauszug 2:

Alle schwiegen, die Sonne ging soeben auf vor ihnen und warf ihre funkelnden Lichter über die Erde. Da schüttelte Florio sich an allen Gliedern, sprengte rasch eine Strecke den andern voraus, und sang mit heller Stimme:

Hier bin ich, Herr! Gegrüßt das Licht,
Das durch die stille Schwüle
Der müden Brust gewaltig bricht
Mit seiner strengen Kühle.

Nun bin ich frei! Ich taumle noch
Und kann mich noch nicht fassen –
O Vater du erkennst mich doch,
Und wirst nicht von mir lassen!

Es kommt nach allen heftigen Gemütsbewegungen, die unser ganzes Wesen durchschüttern, eine stillklare Heiterkeit über die Seele, gleich wie die Felder nach einem Gewitter frischer grünen und aufatmen. So fühlte sich auch Florio nun innerlichst erquickt, er blickte wieder recht mutig um sich und erwartete beruhigt die Gefährten, die langsam im Grünen nachgezogen kamen.

Das Marmorbild, Reclam XL, 47,22–48,7.

Arbeitsauftrag:
Die beiden gegebenen Textpassagen markieren Florios Einzug nach und seinen Auszug aus Lucca. Erläutern Sie im Hinblick auf Anfang und Ende der Novelle, inwieweit Florio während seines Aufenthalts in Lucca erwachsen geworden ist.

ARBEITSBLATT 9c

Textpuzzle zur Entwicklung Florios

Textbaustein 1 Einzug nach Lucca (12,18–32)	Textbaustein 2 Sirenentraum (13,31–14,9)	Textbaustein 3 Das Marmorbild (15,28–16,31)	Textbaustein 4 Zaubergarten Venus (19,31–21,23)
Textbaustein 5 Begegnung Bianka (33,10–34,5)	Textbaustein 6 Begegnung Venus (38,1–41,24)	Textbaustein 7 Suizidgefahr (42,30–43,4)	Textbaustein 8 Auszug aus Lucca (47,22–48,7)

Schaubild zur Entwicklung Florios:

Arbeitsaufträge:

1. Prüfen Sie knapp die vorgegebenen Textbausteine. Eine vollständige Lektüre ist nicht zwingend erforderlich.
2. Entwerfen Sie anhand der gegebenen Textbausteine (gerne auch mit weiterem Textwissen) ein Schaubild, das Florios Entwicklung sowie die Gefährdung seines Charakters gleichermaßen darstellen soll.

10 »Ein jeder glaubt mich schon einmal gesehen zu haben« Irdische Liebe: Die Beziehung zwischen Florio und Venus untersuchen

Sachanalyse

»Da ihr noch die schöne Welt regieret, / An der Freude leichtem Gängelband / Selige Geschlechter noch geführet, / Schöne Wesen aus dem Fabelland! / Ach, da euer Wonnedienst noch glänzte, / Wie ganz anders, anders war es da! / Da man deine Tempel noch bekränzte, / Venus Amathusia!«[1] Schillers Gedicht *Die Götter Griechenlandes* formuliert eine Verlusterfahrung. Einander gegenübergestellt werden ein vorhistorisches Einst und ein entseeltes Jetzt, präziser: das goldene Zeitalter der Antike und die verarmte Gegenwart des Dichters. Griechenland und dessen Vergangenheit gelten Schiller in diesem Vergleich als arkadischer Sehnsuchtsort und als glückverheißende Sehnsuchtszeit, in der die Menschen der sie umgebenden Natur, der gemeinsamen Kultur, der Gemeinschaft stiftenden Religion und somit auch den Göttern noch nicht entfremdet waren. Diese Zeit, der elegische Tonfall des Gedichtes lässt keinen Zweifel, ist unwiederbringlich verloren: »Wo jetzt nur, wie unsre Weisen sagen, / Seelenlos ein Feuerball sich dreht, / Lenkte damals seinen gold'nen Wagen / Helios in stiller Majestät.«[2] Die moderne Welt, so Schiller, ist eine entgötterte, eine zerrissene und verarmte, weil der Mensch durch den Gebrauch der Vernunft von einer mythisch-anthropomorphisierenden zu einer wissenschaftlich-mathematischen Beschreibung, ja: Berechnung der Natur übergegangen sei. Die Ratio des aufklärerischen Jahrhunderts habe die *Götter Griechenlandes*, habe den Mythos verdrängt. »Aus der neuzeitlichen Perspektive gibt es weder Helios noch Naturgeister wie die Oreaden, Dyraden oder Najaden. Stattdessen ist die Sonne ein ›Feuerball‹, der sich entlang astronomisch kalkulierbarer Bahnen bewegt. [...] Die Erde wird durch mechanische Gesetze berechenbar.«[3] Die Entzauberung der Welt durch Vernunft, Wissenschaft und technischen Fortschritt (der alte Goethe wird seine Zeit als ›veloziferisch‹ bezeichnen) scheint unumkehrbar. Für den antiken Mythos, so folgert Schiller am Ende des Gedichts, bedeutet dies, dass er sich in die (Dicht-)Kunst zu flüchten habe: »Aus der Zeitfluth weggerissen, schweben / Sie gerettet auf des Pindus Höhn, / Was unsterblich im Gesang soll leben / Muß im Leben untergehn.«[4]

Die kulturkritische Wendung gegen die aufgeklärte Entzauberung der Welt durch eine in sich zerrissene Moderne greifen die (Schiller ansonsten wenig zugeneigten) Romantiker »mit dem Wunsch nach einer neuen Mythologie«[5] auf. Poetisches Postulat dieser Überzeugung wird die durch Novalis fixierte Vorstellung von der Romantisierung der Welt.[6] Wie Schiller glaubt auch die Romantik daran, dass die Kunst zur Bewahrerin von Magie und entzaubertem Mythos werden müsse. Insofern ist es zunächst nicht verwunderlich, dass – sondern eher wie – der Mythos in Eichendorffs *Marmorbild* Eingang in die Dichtung findet. Bei genauer Betrachtung nämlich stellt sich der Sachverhalt um den in der Kunst weiterhin lebendigen Mythos diffizil und differenziert dar: »Beim *Marmorbild* drängen sich Zweifel an der ungeschmälerten poetischen Geltung des Mythos schon deshalb auf, weil das hier zentrale Mythologem, die antike Venus, von Eichendorff nicht als noch lebendig, sondern als längst abgestorben dargestellt wird. Der Tempel der Göttin liegt in Trümmern, sie selbst ruht im Grabe.«[7] Der antike Mythos scheint also bereits zu Beginn der Erzählung abgelebt bzw. überlebt, von Fortunato wird er schlicht als »teufelisches Blendwerk« (46,27) abgetan. »In Wahrheit verhält es sich [...] anders. Gerade die mythisierende Darstellung läßt erkennen, daß der Dichter aus einer anscheinend bekannten Sache eine unbekannte macht, indem er den Geschlechtstrieb von einer völlig neuen Seite beleuchtet, [...] daß er damit den Mythos zwar zur bildhaften Einkleidung, nicht aber zur bildhaften Verdeutlichung, sondern eher Verdunkelung benutzt.«[8]

Die Schülerinnen und Schüler werden in dieser Unterrichtseinheit dahingehend sensibilisiert, die Venus als vertrauten, archetypischen Mythos zu begreifen und diesen gleichzeitig hinsichtlich seiner Funktion zu hinterfragen. Denn natürlich repräsentiert die Venus, dem tradierten antiken Mythos gemäß, den Bereich des Eros, der körperlichen Liebe, der menschlichen Sexualität – neu im *Marmorbild* ist jedoch die Tatsache, dass der Eros nicht als etwas Physisches, sondern als etwas Psychisches entschlüsselt wird. Noch die von

1 Friedrich Schiller, »Die Götter Griechenlandes«, in: F. S., *Gedichte*, hrsg. von Norbert Oellers, Stuttgart 1999 [u. ö.], S. 190 ff.
2 Ebd.
3 Cornelia Zumbusch, *Weimarer Klassik. Eine Einführung*, Berlin 2019, S. 86.
4 Schiller (s. Anm. 1), S. 193.
5 Zumbusch (s. Anm. 3), S. 87.
6 Vgl. hierzu Unterrichtsschritt 4.3.
7 Lothar Pikulik, »Die Mythisierung des Geschlechtstriebes in Eichendorffs Das Marmorbild«, in: *Euphorion* 71 (1977), S. 129. Teile dieser Sachanalyse folgen der Darstellung Pikuliks an dieser Stelle.
8 Ebd., S. 130.

Eichendorff (auch im *Marmorbild*) gerne ironisierte Empfindsamkeit begreift den Eros als Befleckung geschlechtsloser Seelenbeziehungen durch seelenlose Geschlechtlichkeit. Die Romantik hebt diesen heute befremdlich anmutenden Versuch, die geistige (gerne: himmlische) und die triebhafte (gerne: irdische) Liebe gegeneinander auszudifferenzieren, auf. Sie lokalisiert auf durchaus moderne Weise das Geschlechtliche im Seelischen. Folgerichtig erscheint die Venus im *Marmorbild* nicht (oder nicht nur) als körperlich-sinnliche Versucherin, vielmehr geht ihre Funktion dahin, die in dem adoleszenten Protagonisten verborgenen (möglicherweise auch: verdrängten) Wünsche sichtbar zu machen: Florios Triebverfallenheit kommt nicht über ihn, sondern aus ihm. Schon das proteushaft wechselnde Erscheinungsbild der Venus kann als Beleg dafür gelesen werden, dass sie keineswegs einem durch Überlieferung einheitlich geformten mythischen Bild entspricht, vielmehr scheint es, als ob sie sich einem konstanten, rationalen Zugriff entziehe, als ob sie – trotz ihrer archetypischen Präposition – rätsel- und schleierhaft bliebe. Nicht umsonst heißt es von ihr am Höhepunkt der Novelle: »Die schöne Führerin ließ sich hier auf mehrere am Boden liegende seidene Kissen nieder. Sie warf dabei, zierlich wechselnd, ihren weiten, blütenweißen Schleier in die mannigfaltigsten Richtungen, immer schönere Formen bald enthüllend, bald lose verbergend« (38,1–5).

Damit einher geht – was von Schülerinnen und Schülern gerne übersehen wird –, dass die Wahrnehmung der Venus durch Florio buchstäblich einem ›Wahr-Nehmen‹ gleicht. Ausdrücklich formuliert der Text bereits bei der ersten Begegnung: »Je länger er hinsah, je mehr schien es ihm, als schlüge es [das Marmorbild] die seelenvollen Augen langsam auf, als wollten sich die Lippen bewegen [...], als blühe Leben wie ein lieblicher Gesang erwärmend durch die schönen Glieder herauf« (16,13–17) – der dreifache Konjunktiv Irrealis suspendiert das scheinbar ›Wahrgenommene‹ in den Bereich des ›für wahr Genommenen‹, des Surrealen, auch: in den Bereich verdrängter Wunschvorstellungen. Zu vermuten ist: Florio bildet sich das bewegte Bild nur ein. Bestätigen ließe sich eine solche Feststellung vom Ende der Erzählung kommend, wenn die kleine Reisegesellschaft, die sich morgens vor den Toren Luccas trifft, zwischen den verfallenden Gemäuern der Tempelanlage und neben dem Weiher »ein zum Teil zertrümmertes Marmorbild« (44,6) erblickt – als ob die Venus, ähnlich dem Landhaus Donatis, zu keinem Zeitpunkt (und noch nicht einmal als Statue!) wirklich existiert habe.

Insgesamt scheint der Mythos Venus im *Marmorbild* weniger Archetyp denn Katalysator innerseelischer Vorgänge. Dem Freud'schen Drei-Instanzen-Modell nach sollten die Schülerinnen und Schüler erkennen, dass Florio von Beginn der Erzählung an für das Rausch- und Triebhafte (das ›Es‹) empfänglich, ja prädisponiert scheint. Bianka ist – so betrachtet – kaum mehr als ein erotischer Impuls: Noch bevor Florio zum ersten Mal auf die Venus trifft, reflektiert er, über sich selbst lachend: »Denn die reizende Kleine mit dem Blumenkranze war es lange nicht mehr, die er eigentlich meinte« (15,20 ff.). Mit dieser Erkenntnis korrespondieren auch die Verbildlichungen der Eichendorff'schen Sprache als Ausdruck des Un- bzw. Unterbewussten: Immer scheint der Eros aus der Tiefe aufzutauchen, emporzusteigen, aufzukeimen, aufzublühen, zu erwachen, in die Höhe zu sprießen. Die Formulierungen greifen gleichsam die vielen Vertikalbewegungen des Textes auf, die, in die Tiefe weisend, immer den Bereich der Verlockung, der Verführung, letztlich: des Untergangs meinen. Das Marmorbild selbst ist verdoppelter Ausdruck dieses Sachverhalts: Wie die Venus Anadyomene erscheint sie Florio bei der ersten Begegnung, als sei sie eben erst aus dem Wasser emporgetaucht.

Der Mythos der Venus wird selbst mehrfach im Verlauf der Novelle an andere antike Mythen gekoppelt: Als das Marmorbild in der weiter oben beschriebenen Textpassage durch den Erzähler eingeführt wird, heißt es von der Göttin, sie stünde am Ufer auf einem Stein, »als wäre [sie] [...] soeben erst aus den Wellen aufgetaucht und betrachte nun, selber verzaubert, das Bild der eigenen Schönheit, das der trunkene Wasserspiegel zwischen den leise aus dem Grunde aufblühenden Sternen widerstrahlte« (16,1–5). Der Hinweis auf den Mythos des Narziss legt den (stets selbstverliebten) Egoismus des Eros frei. In der Terminologie Freuds: Die Libido ist immer auf ein Triebobjekt gerichtet, das primär der eigenen Triebbefriedigung dient. An anderen Stellen wird die Venus mit Diana, der Göttin der Jagd, verglichen.[9] Auch dies nicht zufällig: Das Bild von der ›Jagd‹ nach geeigneten Sexualpartnern meint, insofern es nur der Triebbefriedigung dient, immer auch Gewalt, Brutalität, Rücksichtslosigkeit. Die Jagd vereint, mit Freud zu sprechen, die Motive von Eros und Thanatos, von Libido und Destrudo. Im 17. Kapitel seines ersten Romans *Ahnung und Gegenwart* findet sich das Gedicht *Dämmrung will die Flügel spreiten*, das Eichendorff 1837 in seiner ersten Gedichtsammlung mit dem Titel *Zwielicht* versieht. Die zweite, berühmt gewordene Strophe lautet: »Hast ein Reh du lieb vor andern, / Laß es nicht alleine grasen, / Jäger ziehn im Wald und blasen, / Stimmen hin und wider wandern.«[10] Auch

9 Vgl. hierzu 31,29–32; 35,16–26, und in etwas anderem Sinne 45,20.
10 Joseph von Eichendorff, *Werke*, Bd. 2, München 1978, S. 194.

Bianka wird am Abend des Maskenballs als Reh bezeichnet: »Als sie die Zweige hinter sich rauschen hörte, sprang das schöne Bildchen rasch auf, steckte die Larve vor und floh, schnell wie ein aufgescheuchtes Reh, wieder zur Gesellschaft zurück«. (29,15–18)

Unterrichtsverlauf

Überblick. Die Lerngruppe beschäftigt sich abschließend mit dem Mythos der Venus und der letzten Begegnung zwischen Florio und der Liebesgöttin.

Phase	Thema	Sozialform	Kompetenzen und Lernziele	Materialien
Voraussetzungen: Kenntnis des gesamten Textes. Lektüre des fünften Teiles (des Endes) 43,5–49,18.				
10.1	Einstieg: François Boucher: *Die Toilette der Venus* (1746/1751)	EA / PA / UG	• Das Auftreten der Venus in einen kunsthistorischen Kontext einordnen	ARBEITSBLATT 10a ➤ S. 99
10.2	Erarbeitung/Sicherung: Die Nacht im Palast der Venus	UG / PA	• Textnahes, angeleitetes Lesen üben • Informationen aus einem literarischen Text gewinnen	ARBEITSBLATT 10b ➤ S. 100 VORLAGE 9b ➤ S. 89 TAFELBILD 5c ➤ S. 49

10.1 Einstieg: François Boucher: *Die Toilette der Venus* (1746/1751)

EA / PA / UG

ARBEITSBLATT 10a ➤ S. 99

Unterrichtsschritt. Die Schülerinnen und Schüler erhalten als Impuls ARBEITSBLATT 10a ***François Boucher: »Die Toilette der Venus« (1746 und 1751)*** und lösen die dort notierten Arbeitsaufträge in Einzel- oder Partnerarbeit. Die Ergebnisse können in einem offenen Unterrichtsgespräch gesammelt werden. Der Arbeitsschritt sollte nicht mehr als 15 Minuten Zeit in Anspruch nehmen.

Erläuterungen zu ARBEITSBLATT 10a. Zu Arbeitsauftrag 2: Bouchers *Toilette der Venus* von 1746 (rechts) zeigt die Einkleidung und den Schmuck der Venus durch die drei Grazien in einer höfischen, rokokotypischen Parklandschaft. »In elegantem Damensitz und voller Grazie ist Venus [...] von vorn dargestellt, Beine und Brust entblößt und umwallt von seidigen Luxusdraperien. Vor den Mauern ihres Palastes legt ihr eine der Grazien Perlen an, Amor zur Rechten ihres Schoßes spielt mit einer anderen Kette, während Venus dem von einer weiteren Grazie ihr kniend dargebrachten Goldteller Blumen zum Schmuck entnimmt. Die dritte Grazie, ummantelt von fülligen Stoffbahnen, schließt das Figurenrepertoire zum Park [...] hin ab« (*Venus. Bilder einer Göttin* [Katalog zur Ausstellung der Alten Pinakothek München], hrsg. von den Bayerischen Staatsgemäldesammlungen, München 2001, S. 206). Am rechten Bildrand, gegen das Ruhebett gelehnt, findet sich ein zur Ikonographie der Darstellung gehörender Spiegel. Der Lichtregie folgend bilden die makellos weiße Haut der Liebesgöttin (in der Senkrechten) sowie Blumenteller und Amor (in der Horizontalen) den Bildmittelpunkt. Geschickt nutzt Boucher, wie an anderen Stellen seines Werkes auch, die Toilette nach dem Lever als Brückenschlag zwischen allegorisch-mythischer Welt und der realen Welt der Salondame seiner Zeit, gezeigt wird die »erotisierende Offenbarung von Intimität, die sich ansonsten verborgen in Chambre und Boudoir« (ebd.) vollzieht. Den erotischen Kontext verstärkt das im Hintergrund von einem senkrecht aufragenden, steinernen Podest herabstürzende Wasser. Das Hochformat von 1751 (links) variiert das Thema, gestaltet es allerdings (nicht nur aufgrund der nun gänzlichen Nacktheit der Göttin) spürbar intimer. Die drei Grazien sind den drei spielerisch anmutenden Amor-Figuren gewichen, der Raum wirkt geschlossener und deshalb geschützter, auch scheint die Venusfigur mehr bei sich zu sein. Das Spiel mit den beiden weißen Tauben variiert das Thema der Unschuld bzw. der verlorenen Unschuld, wie es auch der zu Füßen der Venus umgestürzte Krug tut. Ähnlich wie im Querformat von 1746 scheint auch hier der Hintergrund nicht frei von sexuellen Anspielungen.

Zu Arbeitsauftrag 3: Die Schülerinnen und Schüler können erkennen, dass Eichendorffs Darstellung der Venus (36,20–34) die Tradition der auch bei Boucher 1746 genutzten Bildelemente aufgreift: Dazu gehören die anmutige, halb liegende Haltung der Venus, die »köstlichen Stoffe[]« (36,23 f.), insbesondere das himmelblaue Gewand, das ihren Leib umschließt, dazu gehören weiter die Mädchen, die ihr »einen reich verzierten Spiegel« (36,27 f., allegorisch die Schönheit, aber auch die Eitelkeit repräsentierend) vorhalten und die Venus mit Rosen schmücken. Die zweite Textpassage (38,1–14) scheint aufgrund der größeren Intimität und der aufgeladenen Erotik eher dem Hochformat Bouchers von 1751 zu entsprechen.

10.2 Erarbeitung/Sicherung: Die Nacht im Palast der Venus

UG / PA

Unterrichtsschritt. In einem durch die Lehrkraft angeleiteten *close reading* erarbeitet sich die Lerngruppe das nächtliche Zusammentreffen zwischen Florio und Venus im Palast der Liebesgöttin. Besonderes Augenmerk wird dabei gerichtet auf den Abgleich dieser letzten Begegnung zwischen Florio und der Venus mit der ersten Begegnung der beiden Figuren. Dazu erhalten die Schülerinnen und Schüler das ARBEITSBLATT 10b ***Die letzte Begegnung Florio – Venus***. Für den zweiteiligen Unterrichtsschritt können bis zu 45 Minuten eingeplant werden.

ARBEITSBLATT 10b
➤ S. 100
VORLAGE 9b
➤ S. 89
TAFELBILD 5c
➤ S. 49

Erläuterungen. Zu Beginn des *close reading* könnte die Lerngruppe zur besseren Einordnung noch einmal an die VORLAGE 9b ***Zusammentreffen Florio – Bianka / Venus*** bzw. an das TAFELBILD 5c ***Gustav Freytags Dramenmodell als Kompositionsprinzip der Novelle*** erinnert werden. Ersteres führt die Begegnungen Florios mit den beiden weiblichen Figuren parallel, letzteres markiert die vorliegende Textpassage mittels des Freytag'schen Dramenmodells als zweiten Höhepunkt der Novelle.

- Von diesem Gedanken ausgehend kann der Lerngruppe zunächst gezeigt werden, dass der nächtliche Besuch bei der Liebesgöttin (Teil IV der Novelle) als ›Mini-Drama‹ konstruiert ist. *Exposition:* Ankunft in der Abendgesellschaft und Begrüßung durch die Göttin (35,1–37,22); *steigende Handlung mit erregendem Moment:* Rückzug in die privaten Gemächer der Venus, Lockung, Vorstellung des Interieurs, Kindheitserinnerungen Florios (37,23–39,27); *Höhe- und Wendepunkt:* Verführungsversuch der Venus, Gesang Fortunatos, wörtliche Rede Florios »Herr Gott, lass mich nicht verloren gehen in der Welt!« (40,7 f.), ausbrechendes Gewitter (39,33–40,15); *fallende Handlung mit verzögerndem Moment:* Verwandlung des Interieurs, Verwandlung der Venus zum Marmorbild (40,16–41,24); *Katastrophe:* Flucht Florios (41,25–41,36).
- *Exposition:* Für den einleitenden Teil der Erzählsequenz sollte die Lerngruppe zunächst bemerken, dass die Liebesgöttin als Göttin der Jagd erscheint (35,22–26). Auch den Maskenball (Teil III der Novelle) verließ die Göttin als Diana: »Er [Florio] sah nun, wie sie über die Wiese dahinging [...] und in einem schnell umgeworfenen schimmernden Jagdkleide einen schneeweißen Zelter bestieg« (31,29–32, vgl. hierzu auch Fortunatos Lied *Von kühnen Wunderbildern*, 45,20). Für den Garten der Venus greift der Erzähler die mit der Liebesgöttin verknüpften Leitmotive des Wassers bzw. der Blumen aus dem zweiten Teil der Novelle und insbesondere das Frühlingssonett der Göttin auf (vgl. etwa 36,1–4 bzw. 37,1–5). Die kurze Beschreibung des Venus-Tempels (36,9–16) korrespondiert mit der späteren Darstellung der Ruine (44,1–7), besonderes Augenmerk sollte auf die »schönen marmornen Götterbilder« (36,14) gerichtet sein. Unterrichtsschritt 10.1 zeigte die neuerliche Begegnung zwischen Florio und der Göttin als eine Anlehnung an die ikonographische Darstellung der »Toilette der Venus«, damit einher geht 37,17 die Nutzung des Spiegels.
- *Steigende Handlung mit erregendem Moment:* Die einbrechende Nacht verändert die bis dahin rokokohafte Idylle des Liebesfests. Aus dem »lustige[n] Schallen im Garten« wird »nach und nach [...] Liebesgeflüster« (37,24 ff.), zauberisch intensiviert der Mondschein die Stimmung. Venus zieht sich mit Florio in das Innere ihrer Gemächer zurück, wo das Spiel aus Versuchung und Verführung seinen Höhepunkt erreicht und sie, »immer schönere Formen [ihres Körpers] bald enthüllend, bald lose verbergend« (38,4 f.), Florios Begehren entfacht. Im Moment höchster Gefahr wird der jugendliche Protagonist durch ein altes, frommes Lied errettet, das Fortunato im Garten singt. Noch vor dem Höhepunkt der Sequenz betrachtet Florio das Interieur des Raumes und berichtet von seinen Kindheitserinnerungen (vgl. hierzu Unterrichtsschritt 9.2).
- *Höhe- bzw. Wendepunkt:* Das heraufziehende Gewitter entfaltet seine ganze Gewalt in jenem Moment, in welchem Florio, der sich selbst »verirrt« (40,4 f.) glaubt, unter dem Einfluss von Fortunatos Gesang Gott anruft: »Herr Gott, lass mich nicht verloren gehen in der Welt!« (40,7 f.). Eben noch streichelte Venus Florios Locken, nun stürzt sich, die Zäsur überdeutlich markierend, eine grüngoldene Schlange zischend »den Abgrund hinun-

ter« (40,13 f.; im *Marmorbild* sind die Farben Grün und Gold dem Wunderbaren zugeordnet, die Schlange ist mit der Erbsünde konnotiert).

- *Fallende Handlung mit verzögerndem Moment:* Mit dem Interieur des Raumes beginnt sich auch die Venus zu verwandeln: »[M]it geschlossenen Augen und ganz weißem Antlitz und Armen« (40,28 f.) steht sie vor Florio, um im nächsten Augenblick »bleicher und bleicher« (41,8) zu werden, so dass ihre »Augensterne unterzugehen« (41,10) scheinen.
- *Katastrophe:* Ähnlich wie bei der ersten Begegnung mit der Liebesgöttin flieht Florio auch in dieser Erzählsequenz von Grauen erfüllt. Neben dem »hoch aufrecht« (41,28) stehenden Fortunato und dessen dezidiert klarer Haltung kulminiert Florios Adoleszenzkrise in einer verworrenen (41,23) Flucht, die explizit als ein Sturz hinab (41,23 f.) bezeichnet wird.

Zu Arbeitsauftrag 3: Die Schülerinnen und Schüler können zu den folgenden Ergebnissen gelangen:

- Wie in der ersten Begegnung ist es auch in der letzten Begegnung tiefe Nacht, eine Zeit, die dem Zauber und der Macht der Venus in besonderer Weise zugeordnet ist.
- Die erste Begegnung zwischen Florio und der Venus fand in einem Naturraum statt, die letzte spielt in einem Innenraum. In beiden Begegnungen kommt dessenungeachtet der Natur eine besondere, metaphorische Bedeutung zu.
- Beiden Begegnungen sind deutliche Höhe- bzw. Wendepunkte eingeschrieben. In der ersten Begegnung ist es das scheinbare Erwachen der Venus (16,13–17), hier ist es Florios inbrünstige Bitte an Gott, die für das Umschlagen der Szene verantwortlich zeichnet. Betont und verstärkt wird der Wendepunkt durch den metaphorisch zu lesenden Ausbruch des Gewitters.
- In beiden Begegnungen (allerdings nicht in dem hier gewählten Textausschnitt) kommt dem Vegetativen, dem (Empor-)Wachsen von Pflanzen und Blumen, besondere Bedeutung zu, (das leitmotivisch insbesondere mit der Venus, durch den Namen aber auch mit Florio verknüpft ist).
- Beide Begegnungen sind gekennzeichnet durch deutlich markierte (hier: in Sturz und Tiefe weisende) Vertikalbewegungen. Dazu zählen hier etwa die Blitze des Gewitters, dazu zählt die Schlange, die »mit dem grünlichgoldenen Schweife sich ringelnd in den Abgrund hinunter« (40,14 f.) stürzt, dazu zählen die Metapher der »versinkenden Abendröte« (41,8 f.) und die der untergehenden Augensterne der Venus (41,10), dazu zählt nicht zuletzt Florios Flucht am Ende der Passage: »Das Grausen überwältigte alle seine Sinne, er stürzte verworren aus dem Zimmer durch die öden widerhallenden Gemächer und Säulengänge hinab« (41,22 ff.). Tiefenpsychologisch gedeutet verweisen die Sturz- und Sinkbewegungen im *Marmorbild* (wie im gesamten Werk Eichendorffs) auf das Un- bzw. Unterbewusste, auf das unterdrückte Rausch- und Triebhafte, in der Terminologie Freuds: auf das »Es«.
- Beide Begegnungen sind charakterisiert durch das Leitmotiv Bewegung vs. Stillstand bzw. Dynamik vs. Statik. Wie in der ersten Begegnung wechseln die Zustände einander ab: Ist die Venus in Bewegung, wirkt Florio wie erstarrt, als Florio am Ende der Passage aus dem Palast der Venus flieht, verwandelt sich diese zurück in das Marmorbild.
- Beide Begegnungen sind charakterisiert durch das Leitmotiv des Sehens bzw. des Nicht-Sehen-Könnens; die Lerngruppe könnte insbesondere bemerken, wie die Augen der Venus im Moment ihrer (Rück-)Verwandlung zum Marmorbild zu erstarren scheinen: »Da fuhr Florio plötzlich einige Schritte zurück, denn es war ihm, als stünde die Dame starr mit geschlossenen Augen und ganz weißem Antlitz und Armen vor ihm« (40,27 ff.). Und kurz darauf: »Als er [Florio] aber bemerkte, dass dieselbe [Venus] […] immer bleicher und bleicher wurde, gleich einer versinkenden Abendröte, worin endlich auch die lieblich spielenden Augensterne unterzugehen schienen, da erfasste ihn ein tödliches Grauen« (41,5–11).
- Beide Textpassagen enden in einem Moment des Grauens und schlussendlich in der Flucht Florios.
- Deutliche Unterschiede zwischen den beiden Begegnungen sind zum einen die zunächst große körperliche Nähe zwischen Florio und der Liebesgöttin, die im entscheidenden Moment der Versuchung und Verführung intensiviert ist, zum anderen der rettende Einfluss der Religion: Bereits das alte fromme Lied (38,8), das Fortunato im Garten singt, erschreckt und verunsichert die Venus, Florios Bittgebet an Gott provoziert den Umschlag der Szene, das Aufkommen des Gewitters und letztlich die Verwandlung der Venus und der Interieurs.
- Für die gesamte Textpassage könnte abschließend auf den Gebrauch des Konjunktivs Irrealis verwiesen werden, an den sich die Frage knüpft, als wie ›real‹ die Ereignisse gelesen werden dürfen bzw. inwieweit die Handlung sich nicht ausschließlich in der Einbildung Florios zuträgt.

ARBEITSBLATT 10a

François Boucher: *Die Toilette der Venus* (1746 und 1751)

François Boucher:
Die Toilette der Venus (1751).
Öl auf Leinwand. 108 × 85 cm. New York, Metropolitan Museum of Art

François Boucher:
Die Toilette der Venus (1746).
Öl auf Leinwand. 98 × 130 cm. Stockholm, Nationalmuseum.
Foto: Cecilia Heisser / Nationalmuseum

Der französische Maler, Zeichner und Kupferstecher François Boucher (1703–1770) gilt als einer der wichtigsten Künstler und Dekorateure des französischen Rokoko, dessen galante Welt er in mythologischen, allegorischen und erotischen Motiven inszeniert. Für Letztere schätzen ihn bereits die Zeitgenossen. Er war Hofmaler von Ludwig XV. Madame de Pompadour, dessen Mätresse, trat von 1747 bis zu ihrem Tod 1764 als seine Mäzenin auf. *Die Toilette der Venus* von 1751 (links) ist die Hälfte eines Doppelbilds, das sie für die Garderobe in Bellevue, ihrem Schloss bei Paris, in Auftrag gab. Sie hatte 1750 die Titelrolle im Stück *Die Toilette der Venus* in Versailles gespielt, und obwohl die Arbeit Bouchers kein Porträt ist, ist eine schmeichelnde Anspielung wohl beabsichtigt. Geburt, Triumph, Bad und Toilette der Venus gehören neben den Darstellungen von »Venus und Mars« bzw. »Venus und Adonis« zu den in der Kunstgeschichte beliebtesten und erfolgreichsten Sujets, in welchen die (häufig nackte) Schönheit der Frau in Gestalt der Liebesgöttin gefeiert wird.

Arbeitsauftrag:

1. Lesen Sie zunächst *Das Marmorbild*, Reclam XL, 36,20–34 bzw. 38,1–14. Beide Textpassagen greifen das in der europäischen Kunstgeschichte häufig zitierte Motiv der »Toilette der Venus« auf.
2. Notieren Sie stichwortartig Zusammenhänge zwischen den beiden Arbeiten François Bouchers und den Textpassagen.
3. Unterscheiden Sie die beiden Textpassagen hinsichtlich des jeweiligen Kontextes. Prüfen Sie abschließend, ob und falls ja, welches der beiden Gemälde welche der beiden Textpassagen besser illustriert. Begründen Sie.

Die letzte Begegnung Florio – Venus

Die erste Begegnung Florio – Venus	Die letzte Begegnung Florio – Venus
So in Gedanken schritt er noch lange fort, als er unerwartet bei einem großen, von hohen Bäumen rings umgebenen Weiher anlangte. Der Mond, der eben über die Wipfel trat, beleuchtete scharf ein marmornes Venusbild, das dort dicht am Ufer auf einem Steine stand, als wäre die Göttin soeben erst aus den Wellen aufgetaucht und betrachte nun, selber verzaubert, das Bild der eigenen Schönheit, das der trunkene Wasserspiegel zwischen den leise aus dem Grunde aufblühenden Sternen widerstrahlte. Einige Schwäne beschrieben still ihre einförmigen Kreise um das Bild, ein leises Rauschen ging durch die Bäume rings umher. Florio stand wie eingewurzelt im Schauen, denn ihm kam jenes Bild wie eine lang gesuchte, nun plötzlich erkannte Geliebte vor, wie eine Wunderblume, aus der Frühlingsdämmerung und träumerischen Stille seiner frühesten Jugend heraufgewachsen. Je länger er hinsah, je mehr schien es ihm, als schlüge es die seelenvollen Augen langsam auf, als wollten sich die Lippen bewegen zum Gruße, als blühe Leben wie ein lieblicher Gesang erwärmend durch die schönen Glieder herauf. Er hielt die Augen lange geschlossen vor Blendung, Wehmut und Entzücken. – Als er wieder aufblickte, schien auf einmal alles wie verwandelt. Der Mond sah seltsam zwischen Wolken hervor, ein stärkerer Wind kräuselte den Weiher in trübe Wellen, das Venusbild, so fürchterlich weiß und regungslos, sah ihn fast schreckhaft mit den steinernen Augenhöhlen aus der grenzenlosen Stille an. Ein nie gefühltes Grausen überfiel da den Jüngling. Er verließ schnell den Ort, und immer schneller und ohne auszuruhen, eilte er durch die Gärten und Weinberge wieder fort der ruhigen Stadt zu; denn auch das Rauschen der Bäume kam ihm nun wie ein verständiges vernehmliches Geflüster vor, und die langen gespenstischen Pappeln schienen mit ihren weitgestreckten Schatten hinter ihm dreinzulangen. *Das Marmorbild*, Reclam XL, 15,28–16,31.	Die schöne Führerin ließ sich hier auf mehrere am Boden liegende seidene Kissen nieder. Sie warf dabei, zierlich wechselnd, ihren weiten, blütenweißen Schleier in die mannigfaltigsten Richtungen, immer schönere Formen bald enthüllend, bald lose verbergend. Florio betrachtete sie mit flammenden Augen. […] Sie streichelte dabei beschwichtigend dem schönen Jüngling die braunen Locken aus der klaren Stirn. – […] [D]a sagte er leise aus tiefstem Grunde der Seele: »Herr Gott, lass mich nicht verloren gehen in der Welt!« Kaum hatte er die Worte innerlichst ausgesprochen, als sich draußen ein trüber Wind wie von dem herannahenden Gewitter erhob und ihn verwirrend anwehte. Zu gleicher Zeit bemerkte er an dem Fenstergesimse Gras und einzelne Büschel von Kräutern wie auf altem Gemäuer. Eine Schlange fuhr zischend daraus hervor und stürzte mit dem grünlichgoldenen Schweife sich ringelnd in den Abgrund hinunter. Erschrocken verließ Florio das Fenster und kehrte zu der Dame zurück. Diese saß unbeweglich still, als lausche sie. Dann stand sie rasch auf, ging ans Fenster und sprach mit anmutiger Stimme scheltend in die Nacht hinaus. Florio konnte aber nichts verstehen, denn der Sturm riss die Worte gleich mit sich fort. – Das Gewitter schien indes immer näher zu kommen, der Wind […] drohte die wild hin und her flackernden Kerzen zu verlöschen. Ein langer Blitz erleuchtete soeben das dämmernde Gemach. Da fuhr Florio plötzlich einige Schritte zurück, denn es war ihm, als stünde die Dame starr mit geschlossenen Augen und ganz weißem Antlitz und Armen vor ihm. […] Florio zog seinen Degen und warf einen ungewissen Blick auf die Dame. Als er aber bemerkte, dass dieselbe […] immer bleicher und bleicher wurde, gleich einer versinkenden Abendröte, worin endlich auch die lieblich spielenden Augensterne unterzugehen schienen, da erfasste ihn ein tödliches Grauen. *Das Marmorbild*, Reclam XL, 38,1–41,11.

Arbeitsaufträge:

1. Lesen Sie die beiden hier aufgeführten Textpassagen. Einander gegenübergestellt werden die erste und die letzte Begegnung zwischen Florio und der Venus.
2. Prüfen Sie noch einmal Ihre Unterlagen bzw. Ihre Lösungen zu ARBEITSBLATT 3c ***Die erste Begegnung Florio – Venus.***
3. Zeigen Sie Gemeinsamkeiten und Unterschiede der beiden Begegnungen. Prüfen Sie dazu auch jene Motive, die charakteristisch für die erste Begegnung der beiden Figuren waren.

11 Klausurvorschlag mit Lösungshinweisen: Interpretation eines poetischen Textes

Klausuraufgabe

Interpretieren Sie die folgende Textpassage aus Eichendorffs *Marmorbild*: Der abendliche Maskenball (Reclam XL, 33,1–34,32: »Mitten unter ihnen erblickte er … und weinte aus Herzensgrunde.«). Beziehen Sie dabei das für das Verständnis Wesentliche aus der vorangehenden Handlung ein.

Erläuterungen zur Teilaufgabe

Das für das Verständnis Wesentliche aus der vorangehenden Handlung:

- Bianka lernt Florio während der Abendgesellschaft vor den Toren Luccas auf einem »weiten grünen Platz« (4,19) kennen. Beim Federballspiel nimmt ihr »Federball eine falsche Richtung« (5,14) und fällt vor Florio nieder. Als dieser ihn aufhebt und ihr überreicht, steht Bianka erschrocken vor Florio, sieht »ihn schweigend aus den schönen großen Augen an« (5,17 f.), verneigt sich »errötend« (5,18) und eilt wieder zu ihren Gespielinnen.
- Später am Abend kommt sie während der Festgesellschaft neben Florio zu sitzen. Auch hier heißt es zunächst von ihr, sie säße »still und schüchtern da« (6,29), der Erzähler ergänzt allerdings, dass »die langen furchtsamen Augenwimper[n] […] nur schlecht die tiefen dunkelglühenden Blicke« (6,29 f.) verborgen hielten. Bei dem geselligen Sängerwettstreit, in welchem »jeder in die Runde seinem Liebchen mit einem kleinen improvisierten Liedchen zutrinken solle« (6,32 ff.), besingt Florio Bianka, küsst sie auf die »roten heißen Lippen« (7,20 f.), so dass es von Bianka am Ende der Textpassage heißt, »die schöne Geküsste schauete hochrot in den Schoß und sah so unter dem vollen Blumenkranze unbeschreiblich reizend aus« (7,23 ff.). Bei aller Schüchternheit der Figur sollten die Schülerinnen und Schüler Biankas Interesse an Florio bzw. ihr Entgegenkommen bemerken, das im Subtext durchaus auch erotische Züge annimmt.
- Im dritten Textabschnitt (24,11–34,32) schließlich treffen Bianka und Florio während des Maskenballs neuerlich aufeinander. Im Verlauf des Abends ergibt sich ein Florio verwirrendes Verwechslungsspiel zwischen den beiden Frauenfiguren Venus und Bianka, die beide in »griechischem Gewande« (26,31 f.) anwesend sind und sich dem jungen Mann mehrfach in unterschiedlichen Situationen nähern. Mit Bianka tanzt er zu Beginn des Abends, belauscht sie noch einmal singend am Brunnen und sieht sie am Ende des Abends in der hier zugrunde gelegten Textpassage wieder. Obwohl Bianka sich Florio während des Tanzes zu erkennen gibt und sich am Brunnen in seiner Gegenwart singend erklärt, muss sie am Ende des Abends feststellen, dass Florio, von Venus in deren Landhaus geladen, sich ihr gegenüber »zerstreut« (34,2), in ihrer Wahrnehmung gar: »kalt und fremde« (34,28 f.) verhält. Sie bleibt enttäuscht und weinend zurück.

Erläuterungen zur gewählten Textpassage

Eine Vielzahl von Gründen macht die vorliegende Textpassage zu einer besonders exponierten: Sie bildet eine Achse, um die sich das Schicksal Florios, aber auch das Biankas drehen. Sie markiert mit dem Verwechslungsspiel des Maskenballs und dem direkten Aufeinandertreffen von Venus, Florio und Bianka einen erzählerischen Höhepunkt und, dem dramatischen Aufbau der Novelle folgend (vgl. Kapitel 5), den Mittelpunkt des Textes. Besonderen Reiz und besondere Relevanz erhält der Maskenball dadurch, dass beide Frauenfiguren – und damit die beiden unterschiedlichen Liebeskonzeptionen – in gleicher Verkleidung mehrfach an diesem Abend Kontakt zu Florio suchen. Bianka und Venus stellen verschiedene Facetten von Liebe, Sexualität und Erotik dar. Beide werden im Verlauf der Novelle immer wieder durch den Gebrauch gleicher Leitmotive (Frühling, Blumen, Farbsymbolik) in Bezug zueinander gesetzt bzw. derart ineinander verschränkt, dass weder Florio noch die Rezipienten sie an diesem Abend sicher voneinander unterscheiden können. Bianka steht dabei für die Liebe als seelische Verbindung zwischen zwei Individuen, Venus für die körperliche Verführung, den Sex. Bianka ist zugleich mit der christlichen Tradition, insbesondere dem Mittelalter verbunden, Venus mit der griechisch-römischen, paganen Traditionslinie. Am Ende dieses Abends scheint es so, als ob Venus, die Florio in ihr Haus lädt (31,20–23), im Streit um den adoleszenten jungen Mann die Oberhand behält, was Bianka zu jener Reaktion veranlasst, von der das Ende der vorgelegten Textstelle geprägt ist.

Lösungshinweise

Einleitung

Zur Einleitung des Interpretationsaufsatzes können die folgenden Informationen gehören:

Basisinformationen:
Joseph von Eichendorff: *Das Marmorbild.* Novelle (mit Anklängen an das romantische Kunstmärchen). Deutsche Romantik.

Überblick über den Text:
Die Textpassage schildert die Begegnung zwischen Bianka und Florio am Ende des Maskenballs. Der Protagonist der Novelle erfährt nun erst Biankas Namen, erinnert sich wehmütig jenes ersten Abends in der Festgesellschaft und wird von Bianka darauf hingewiesen, dass die beiden sich im Verlaufe des Maskenballs mehrfach gesehen hätten – ein Umstand, der Florio sichtlich verwirrt: »[I]hm fiel dabei ein, wie er nach dem Tanze die Griechin doppelt gesehen. Mein Gott! dachte er verwirrt bei sich, wer war denn das?« (33,19 ff.) Spätestens hier bemerkt Florio die Verschränkung jener beiden Frauenfiguren, die an diesem Abend um ihn geworben haben. Bianka, die vom Dach des Landhauses die sie umgebende Natur beschreibt, konnotiert in ihrer Rede die längst hereingebrochene Nacht mit den Begriffen Wahnsinn, Schwindel und Schrecken – und warnt damit Florio unbewusst vor dem Zauber der Venus, ein Umstand, der durch die Benennung der goldnen Schlange (33,31), der Farbe Weiß (33,31), insbesondere aber des Marmorbilds (33,32) verstärkt wird. Ihr Hinweis auf das Marmorbild mündet in seine erste, bezeichnende wörtliche Rede: Das Fragewort »Wo?« (33,32) belegt den Umstand, dass Florio in Gedanken wohl längst bei der Verführerin ist und damit – vorläufig – eine Wahl zwischen den beiden Frauenfiguren getroffen hat. Die Frage Biankas, ob Florio vorhabe, Lucca bald zu verlassen und seine zerstreut bejahende Antwort führen inhaltlich zu einem emotionalen Bruch zwischen den beiden Protagonisten, erzähltechnisch zu einer hier einsetzenden Trennung. Der auktoriale Erzähler beschreibt in den beiden Schlussabschnitten zunächst Florios Ritt zurück in die Herberge, dann Biankas Verweilen auf der Dachterrasse, ihre enttäuschten Hoffnungen und schließlich ihre Verzweiflung.

Hinweise zu Bianka:
Die Beschreibung von Biankas Äußerem knüpft an die erste Begegnung der Exposition an. Florio bemerkt ihre Schönheit, erinnert den heute fehlenden Blumenkranz, das Diminutiv »Köpfchen« (33,5) korrespondiert mit der an früherer Stelle benannten »fast noch kindliche[n] Gestalt« (5,6 f.). In diesen Kontext fügt sich auch das zunächst schüchterne Auftreten Biankas (33,11) sowie die Tatsache, dass sie kaum »zu ihm aufzublicken« (33,12) wagt und nur leise spricht (33,15). Im Verlauf der Begegnung jedoch ist es sie, die das Stillschweigen beendet, das Gespräch zwischen den beiden forciert und auf die ihr wichtigen Fragen lenkt (wie auch ihr Redeanteil in der gesamten Textpassage deutlich größer ist als der seine). Mit ihrer Beschreibung der Nacht als einer Zeit des Wahnsinns, des Schwindels und des Schreckens positioniert sich Bianka als dem Licht, dem Tage und der Klarheit zugehörend. Das Surreale, Traumflüchtige und Gespenstische der Nacht vermag sie zwar zu erkennen, fürchtet es jedoch. Es ist Bianka, die mit der Frage nach seiner bevorstehenden Abreise aktiv für die (vorläufige) Klärung eines für sie wichtigen Sachverhalts, nämlich der Frage nach der Möglichkeit einer zukünftigen Verbindung, sorgt.

Hinweise zu Florio:
Der Protagonist der Novelle ist ein junger Mann, der sich auf Kavalierstour befindet. Zu diesem Zeitpunkt der Novelle hat der angehende Dichter alle wichtigen Hauptfiguren kennengelernt. Mit seinem Mentor Fortunato

erreicht er die abendliche Gesellschaft vor den Toren Luccas, dort lernt er zunächst Bianka, später Donati kennen. Noch in der gleichen Nacht gelangt er, die Gegend durchstreifend, an jenen Weiher mit dem Marmorbild der Venus, der er fortan verfallen ist. Der adoleszente Jüngling gerät in den Bannkreis einer erotischen Versuchung, der er sich – alleine – nicht zu entziehen vermag. An diesem Abend wird er während des Maskenballs mit beiden Frauen konfrontiert, die ihn umwerben, vermag Bianka und Venus aber nicht zu unterscheiden. In der vorliegenden Textpassage scheint er merkwürdig unbeholfen, changiert in seinem Verhalten zwischen Desinteresse und Verwirrung, immer wieder versinkt er in Gedanken und vermag deshalb auch dem Kommunikationsangebot Biankas nicht zu folgen. Einzig das Wort »Marmorbild« (33,32) weckt sein Interesse, nicht allerdings wegen seiner realen Gesprächspartnerin – sondern wegen dessen Konnotation mit der Göttin der Liebe und der Fruchtbarkeit. Bianka scheint zu diesem Zeitpunkt außerhalb seines Interesses zu liegen: »Es war ihm, als sei das schon lange her, so ganz anders war alles seitdem geworden« (33,7 ff.). Zerstreut, kalt und fremd, enttäuscht er Bianka, zerstört dabei ebenso unbedacht wie fühllos ihre Hoffnungen und flieht schlussendlich den vermeintlichen »Zwang« (34,6), den sie ausübt (ohne dabei zu erkennen, dass er längst einem anderen Zwang, nämlich jenem der marmornen Liebesgöttin, unterworfen ist).

Struktur:

Der vorgelegte Textausschnitt gehört dem dritten Teil der Novelle an, markiert also – der dramatischen Form der Novelle folgend – den Wendepunkt und einen von mehreren Höhepunkten der Novelle (s. hierzu auch die vorgestellten Erläuterungen). Der Textausschnitt kann in vier Erzählabschnitte geteilt werden. 1. Vorstellung und Wiedererkennen Biankas (33,1–21). 2. Gespräch Bianka – Florio (33,22–34,5). 3. Florio nach der Trennung von Bianka (34,6–16). 4. Bianka nach der Trennung von Florio (34,17–32).

Abschließend kann die Einleitung, insofern es nicht bereits geschehen ist, den zweiten Teil der Fragestellung aufgreifen (Einbezug des »für das Verständnis Wesentliche aus der vorangehenden Handlung«) und so zum Hauptteil überleiten.

Es ist ein Qualitätsmerkmal guter Interpretationsaufsätze, dass dieser Frageteil nicht dadurch beantwortet wird, dass die vorangegangene Handlung unreflektiert, gar vollständig wiedergegeben wird. Die einschränkende Formulierung »das für das Verständnis Wesentliche« fordert die Schülerinnen und Schüler dazu auf, abzuwägen, welche Handlungsstränge, welche Ereignisse, welche Informationen relevant sind, um die vorliegende Textpassage interpretieren zu können.

Hauptteil

Die inhaltliche Bewertung wird je nach den Vorkenntnissen der Schülerinnen und Schüler, den im Unterricht gewählten Schwerpunkten und dem Erwartungshorizont der Lehrkraft unterschiedlich ausfallen. Im Folgenden werden daher mögliche Lösungswege nur stichwortartig und tabellarisch skizziert. Dabei wird keine Vollständigkeit aller hier versammelten Ergebnisse für eine Bemessung mit der Note ›sehr gut‹ erwartet.

Teil 1: Vorstellung und Wiedererkennen Biankas (33,1–21)

- Auffällig ist zunächst Biankas neuerliche Beschreibung als Kindfrau (vgl. an früherer Stelle 5,6 f.) über das Diminutiv »Köpfchen« (33,5).
- Daran schließt ihre Schüchternheit an (33,11), weiter die Tatsache, dass sie »kaum zu ihm [Florio] aufzublicken« (33,12) wagt, ihr leises Sprechen und an späterer Stelle ihr Erröten (aus allerdings anderen Gründen).
- Bemerkenswert ist Florios Reaktion, die an das erste Zusammentreffen mit dem Marmorbild erinnert (und damit sein Verhältnis zu beiden Frauen parallel führt): »Er stand fast betroffen still bei dem Anblick« (33,5 f.). Von der »wehmütigen Gewalt« (33,7, vgl. 16,18) war ebenfalls beim ersten Treffen zwischen Florio und Venus die Rede.
- Mit Biankas Blick auf die Rose an Florios Brust beginnt dessen Reflexion hinsichtlich der Tatsache, dass er an diesem Abend von zwei Frauen in griechischem Kostüm umworben wurde. Das Vexierspiel um die Verdoppelung der Frauenfiguren sollte von den Schülerinnen und Schülern erkannt und benannt werden, indem sich daran die zwei Liebeskonzeptionen knüpfen, zwischen denen Florio schwankt: Auf der einen Seite (ver-

einfacht) die triebhafte Liebe, für die Venus steht, auf der anderen Seite (vereinfacht) die geistige Liebe, für die Bianka steht.

- Bewertet sein sollten in diesem Zusammenhang Florios Exklamation und die daran anschließende rhetorische Frage, die durch einen Gedankenstrich (33,20 f.) betont wird.

Teil 2: Gespräch Bianka – Florio (33,22–34,5)

- Die Schülerinnen und Schüler sollten erkennen, dass es Bianka ist, die das Gespräch forciert, die dessen Inhalte bestimmt und die es zu den für sie entscheidenden Fragen lenkt (33,22). Dem entspricht die Tatsache, dass der Redeanteil Biankas deutlich größer ist als der Florios (Bianka ca. 13 Druckzeilen, Florio ca. 3 Druckzeilen). Anschließen könnte hieran eine Bewertung hinsichtlich des Engagements um die Beziehung bzw. die Reife der beiden Protagonisten.
- In ihren Worten beschreibt Bianka (die den Bereichen Licht, Tag, Klarheit zugeordnet ist) den Eindruck, den die nächtlich ziehenden Wolken auf sie machen. Mit dieser Beschreibung berührt sie Eindrücke und Emotionen, die der Welt der Venus zugehören: Schrecken (33,25), Wahnsinn (33,25 f.), Schwindel (33,27), mythische bzw. archaische Wesen (33,29), insbesondere aber den Mond (33,27), die »goldne Schlange« (33,31), »das weiße Haus« (33,31) und das »Marmorbild« (33,32).
- Ihre einer surrealen Traumsequenz angenäherte Beschreibung der nächtlich ziehenden Wolken müssen wohl als Warnung an Florio vor der Zauberwelt der Venus verstanden werden.
- Erkennen sollten die Schülerinnen und Schüler Florios Einwendung »Wo?« (33,32) an entscheidender Stelle: Er reagiert auf die Benennung des Marmorbildes, das ihn bei der ersten Begegnung in seinen Bann zog und dem er lange Zeit verfallen bleibt.
- Die abschließende Frage Biankas, ob Florio Lucca verlassen wolle, meint aus Sicht Biankas die Möglichkeit einer zukünftigen Beziehung. Florio tut dies zerstreut und beiläufig (also rücksichtslos und verletzend) ab, an späterer Stelle wird Bianka sein Verhalten »kalt und fremde« (34,28 f.) nennen.

Teil 3: Florio nach der Trennung von Bianka (34,6–16)

- Florio verlässt den Maskenball (so der Erzähler), weil er »den Zwang nicht länger« (34,6) auszuhalten vermag. Unklar bleibt, welcher Zwang gemeint ist: Empfindet Florio Biankas Gegenwart als Zwang oder befindet er sich bereits unter dem Zwang der Liebesgöttin?
- In seiner Herberge angekommen, sieht er die Gegend draußen »still wie eine wunderbar verschränkte Hieroglyphe im zauberischen Mondschein« (34,12 f.). Seine Landschaftsbeschreibung könnten die Schülerinnen und Schüler wie einen Kommentar zu der vorangegangenen Biankas lesen (33,22–32). Hier allerdings ist die Zauberlandschaft der Venus positiv konnotiert.

Teil 4: Bianka nach der Trennung von Florio (34,17–32)

- Im beschließenden Abschnitt erhält Bianka, die als Charakter häufig blass erscheint, nunmehr individuelle Züge. Die Schülerinnen und Schüler können sie als nachdenkliche, in diesem Moment wohl auch: enttäuschte junge Frau erkennen.
- Am Ende der Nacht ist Bianka hier (trotz ihrer Verzweiflung) metaphorisch und leitmotivisch eindeutig mit der Klarheit und dem Licht des heraufkommenden Morgens verknüpft.
- Der Brauch um den Blumenkranz »aus neunerlei Blumen« (34,24) belegt die Hoffnungen Biankas auf eine zukünftige Verbindung, die sie an Florio geknüpft hatte. Seit der ersten Begegnung ist der Blumenkranz Bianka leitmotivisch zugewiesen.
- Die Exklamation zwischen den Gedankenstrichen (34,28 f.), die rhetorisch zudem eine Trias mit Klimax markiert, scheint, einem inneren Monolog gleich, aus Biankas Seele gesprochen zu sein.
- Als Keywords der Schlusspassage könnten die Schülerinnen und Schüler (neben dem Traum und dem Schlaf) die mehrfach benannte Kälte erkennen, die für Bianka sowohl eine innere (34,28) als auch eine äußere (34,31) meint.

Weiter werden auf dem Niveau der gymnasialen Oberstufe Überlegungen zu den Zeit-, den Ortsverhältnissen und der Erzählperspektive erwartet: In den ersten beiden Abschnitten (insbesondere im zweiten Abschnitt, der von wörtlicher Rede geprägt ist) sind Erzählzeit und erzählte Zeit nahezu deckungsgleich zu denken, in den beiden Schlussabschnitten ist die erzählte Zeit deutlich größer als die Erzählzeit. Orte des Geschehens sind in den ersten beiden und dem letzten Abschnitt das Landhaus Pietros und dort eine Dachterrasse mit weitem Blick in die Landschaft, im dritten Abschnitt Florios Zimmer in der Herberge. Tempus der gesamten Textpassage ist das Präteritum. Deutlich folgt der auktoriale Erzähler am Ende des Textauszugs, die Trennung und die Zäsur zwischen den beiden Protagonisten auch erzähltechnisch markierend, in Abschnitt 3 Florio und in Abschnitt 4 Bianka. Eine vollständige Listung der hier – ebenfalls nur in Teilen benannten – eingesetzten sprachlichen Mittel wird weder erwartet, noch stellt diese eine angemessene Antwort auf die Frage dar. Auf dem zu erwartenden Niveau müssen die angeführten sprachlichen Mittel punktuell, aber überzeugend funktional gedeutet werden.

Bewertungskriterien für die Darstellungsleistung::

- Die Schülerinnen und Schüler strukturieren ihren Text gedanklich klar und auftragsbezogen
- Die Schülerinnen und Schüler entwickeln dazu eine eindeutig nachvollziehbare, schlüssige und in sich geschlossene Argumentation
- Die Schülerinnen und Schüler formulieren eigenständig, präzise und stilistisch angemessen
- Die Schülerinnen und Schüler formulieren fachsprachlich und fachmethodisch angemessen
- Die Schülerinnen und Schüler verwenden hierbei die richtigen Tempora und geben wörtliche Rede richtig wieder
- Die Schülerinnen und Schüler beherrschen Zitiertechniken
- Die Schülerinnen und Schüler schreiben sprachlich richtig (Orthographie, Interpunktion, Satzbau)

Schluss/Zusammenfassung

Der Schlussteil der Interpretation kann auf unterschiedliche Weise ausgestaltet sein. Grundsätzlich erwartet wird eine verknappte Zusammenfassung bzw. Zusammenführung der wesentlichen Ergebnisse, die in eine abschließende Bewertung der vorgelegten Textpassage mündet. Möglicherweise greifen die Schülerinnen und Schüler am Ende der Arbeit einzelne Aspekte auf, die ihnen von besonderer Bedeutung scheinen. Dies könnten beispielsweise sein:

- Beobachtungen zur Verdoppelung und Verschmelzung der beiden Frauenfiguren Bianka und Venus (»Mein Gott! dachte er verwirrt bei sich, wer war denn das?«, 33,20 f.); vgl. hierzu Kapitel 7.
- Beobachtungen zur Beziehung der beiden Protagonisten: Die Textpassage verdeutlicht den aktuellen Stand der Beziehung zwischen Florio und Bianka. Viermal begegnen sich die beiden im Verlauf der Erzählung: zu Beginn der Novelle in der Festgesellschaft vor den Toren Luccas, am Ende der Novelle bei der Abreise aus Lucca, auf dem der Textpassage vorangehenden Maskenball, der den Höhe- und Wendepunkt der Novelle markiert und (vermutlich) ein weiteres Mal bei Florios Heimkehr aus den Gärten der Venus am Ende des zweiten Tages (23,28–24,6). Während der Beginn und das Ende der Novelle das Erblühen der Liebe bzw. das endgültige Zusammenfinden der Liebespartner zeigen, markiert die vorliegende Textpassage den Tiefpunkt ihrer beider Beziehung. Die Schülerinnen und Schüler sollten insbesondere für Florio bemerken, dass er über weite Teile des Gesprächs zerstreut oder desinteressiert wirkt, dass er mit seinem Verhalten Bianka mehrfach in Verlegenheit versetzt oder gar verletzt, dass eine wirkliche Kommunikation zwischen den beiden Protagonisten an seiner fehlenden Bereitschaft scheitert, sich Bianka zuzuwenden. »[K]alt und fremde« (34,28 f.) befindet sie am Ende der Textpassage sein Verhalten ebenso wie den Stand ihrer Beziehung, die sie mit Lug und Trug assoziiert. Der einstweilige Grund für die vorübergehende Abkühlung sollte von den Schülerinnen und Schülern erkannt und benannt sein: Zu diesem Zeitpunkt ist der adoleszente Jüngling der sinnlichen Ausstrahlung der Liebesgöttin erlegen und vermag sich nicht ohne fremde Hilfe aus deren Zauberkreis zu befreien. Die Textpassage verdeutlicht dies mittels Florios erster wörtlicher Rede: »Wo?« (33,32) fällt er Bianka bezeichnenderweise bei der Erwähnung des Marmorbildes »heftig erschreckt« (33,33) ins Wort, seine derzeitigen Begehrlichkeiten unfreiwillig decouvrierend.
- Beobachtungen zu Bianka: An nur wenigen Stellen erhält die Figur Biankas wirkliche Kontur. Den Leserinnen und Lesern (und auch der Forschung) erscheint sie eher als stereotype Rolle denn als eigenständig ausgestalteter Charakter. »Folgt man dem allgemeinen Verständnis des Begriffs der ›Person‹ als eines Menschen mit individuellen Eigenschaften und Eigenarten, so entspricht Bianka [...] diesem Verständnis in fast keiner Weise. Sie

bleibt vom Anfang bis zum Ende der Geschichte [...] eine bloß vage Mädchen- oder Frauenfigur mit weitgehend unbestimmten Persönlichkeitsmerkmalen« (Wolfgang Pütz, *Lektüreschlüssel XL. Joseph von Eichendorff: Das Marmorbild*, Stuttgart 2019, S. 35). Tatsächlich ist bereits der soziale bzw. familiäre Hintergrund der Figur (ähnlich dem Florios) kaum ausgeführt: Informationen zum Elternhaus fehlen, erzogen wird sie von ihrem reichen Onkel Pietro. Lange Zeit ist Bianka nahezu klischeehaft als Kindfrau gezeichnet. Ihr Name signalisiert ihre Unschuld und ihre Reinheit, die Schönheit ihrer »noch kindliche[n] Gestalt« (5,7) korrespondiert ebenso mit der »Anmut aller ihrer Bewegungen« (5,7 f.) wie mit ihrer mehrfach explizit benannten Schüchternheit. Obwohl das Mädchen mit dem Blumenkranz, der ihr leitmotivisch beigegeben ist, auch in ihrer Körperlichkeit vom Erzähler beschrieben und von Florio wahrgenommen wird, bleibt sie neben der Liebesgöttin Venus in ihrer Erscheinung blass. Vom jugendlichen Protagonisten heißt es zu Beginn der Erzählung, er reite »still wie ein träumendes Mädchen« (12,31 f.) zwischen Fortunato und Donati nach Lucca hinein. In bezeichnender Umverkehrung reitet Bianka am Ende der Novelle verkleidet als Knabe mit ihrem Onkel und Fortunato aus Lucca hinaus. Erst in dieser Verkleidung vermag Florio in ihr die Geliebte (wieder) zu erkennen – Beweis dafür, dass er sich durch die zurückliegenden Ereignisse von einer rein auf das Äußerliche gewendeten Sinnlichkeit hat befreien können. »Erst die Verhüllung ihres Geschlechts im Kostüm eines jungen Mannes, ihre ›hermaphroditische‹ Verwandlung zur ›entkörperlichten Seelenbraut‹, führt Florio zur plötzlichen Entdeckung ihrer personalen Identität« (ebd., S. 40). Die Schülerinnen und Schüler können für die vorliegende Textpassage argumentieren, dass diese bei genauerer Betrachtung mehrere Hinweise auf den wirklichen Charakter Biankas bietet: Es ist Bianka, die das Gespräch führt und lenkt; es ist Bianka, deren Redeanteil dabei deutlich größer ist als der Florios; aus der passiven Kindfrau, die zu Beginn der Novelle Florios Kuss »willig geschehen ließ« (7,20), ist hier eine junge Frau geworden, die aktiv ihre Zukunft hinterfragt; mit ihrer Beobachtung der nächtlich ziehenden Wolken scheint sie Florio vor der Zauberwelt der archaischen Göttin warnen zu wollen und gewährt ihm gleichzeitig einen Blick in ihr Inneres; die abschließende Sequenz schließlich zeigt ihre wahre emotionale Befindlichkeit, auch: ihre volkstümliche Naturhaftigkeit, wenn sie dem Aberglauben verhaftet daran glaubt, dass einem Mädchen, das in einem Kranz aus neunerlei Blumen einschläft, im Traum der zukünftige Ehemann erscheint.

Lösungshinweise zu den Arbeitsblättern

Lösungshinweise zu ARBEITSBLATT 2 (➤ S. 22)

Einführung des Personals in die Handlung der Novelle

Figur	Hinweise zum *Äußeren* und zum *Charakter*	Verhältnis zu Florio
Fortunato	• Bunte Tracht, goldene Kette, samtenes Barrett • Freundlich, frisch, keck, fröhliche Stimme • Lustig lachend • Berühmter Sänger (Dichter) • Christlich fromm • Ambivalenter Charakter: ausgelassen, lustig, beinahe übermütig bei gleichzeitig großer Ernsthaftigkeit • Konnotiert mit dem Tag, dem Licht, dem Klaren	• Erste Figur, der Florio begegnet = wichtigste Bezugsfigur • Freund und Mentor • Als solcher führt er Florio in die Gesellschaft ein • Dichterisches Vorbild, das Florio »lange dem Rufe nach verehrte« (6,2 f.) • Mahner, Warner • Später: Retter
Bianka	• Federball spielend • Zierliche, fast noch kindliche Gestalt • Anmut ihrer Bewegungen (↔Starre des Marmorbilds) • Blumenkranz, Frühling • Schöne große Augen • Zunächst Erschrecken, Erröten • Später heimliche »dunkelglühende[] Blicke« (6,31) • Rote, heiße Lippen • Kuss Florios lässt Bianka »willig geschehen« (7,20)	• Im ersten Moment der Beziehung als Flora bzw. als Braut erscheinend • Erschrecken, Schweigen und Erröten verweisen auf die Schicksalshaftigkeit der Begegnung • Anbahnung der Liebe zu Florio durch ihre Blicke bzw. den Kuss • Kindfrau, dessenungeachtet erotisch: dunkelglühende Blicke bzw. nach dem Kuss »hochrot in den Schoß« (7,24) blickend
Donati	• Hoher, schlanker Ritter • In grünlichgoldenem Geschmeide – Farbe des Zaubers (20,6 ff.; 20,21–28; 40,13 ff.) • Irre flammender Blick (11,14) • Gesicht »schön aber blass und wüst« (11,14) • Konnotiert mit dem »stillen Gast« (dem Tod) aus Fortunatos Lied *Was klingt mir so heiter* (8,12–11,4) • Nicht in die Gesellschaft passend • Neigung zu Unbeherrschtheit, Zorn, wildem Fluchen • Scheuen des Pferdes vor dem Tor (Schuld Donatis)	• Freundschaftlich • Begrüßung Florios als früherer Bekannter • Wissen über Ereignisse aus Florios früheren Tagen • Bekannt und vertraut mit der Heimat Florios • Freundliche Unterhaltung in wohlgesetzt zierlicher Rede • Einladung Florios in das Landhaus Donatis

Lösungshinweise zu ARBEITSBLATT 3c (➤ S. 32)

Die erste Begegnung Florio – Venus

Joseph von Eichendorff, *Das Marmorbild*, Reclam XL 15,28–16,31	**Beobachtungen/Bemerkungen**
So in Gedanken schritt er noch lange fort, als er unerwartet bei einem großen, von hohen Bäumen rings umgebenen Weiher anlangte. Der Mond, der eben über die Wipfel trat, beleuchtete scharf ein marmornes Venusbild, das dort dicht am Ufer auf einem Steine stand, als wäre die Göttin soeben erst aus den Wellen aufgetaucht und betrachte nun, selber verzaubert, das Bild der eigenen Schönheit, das der trunkene Wasserspiegel zwischen den leise aus dem Grunde aufblühenden Sternen widerstrahlte. Einige Schwäne beschrieben still ihre einförmigen Kreise um das Bild, ein leises Rauschen ging durch die Bäume rings umher.	**1. Moment der Annäherung** • Mythos um die Aphrodite Anadyomene (zu dt.: ›die Entsteigende‹) • Mythos um Narizss • Motiv der Blume / des Vegetativen • Kreismotive • Motiv der Statik und Dynamik • Leitvokabel Bild • Motiv des Sehens / Nicht-Sehens
Florio stand wie eingewurzelt im Schauen, denn ihm kam jenes Bild wie eine lang gesuchte, nun plötzlich erkannte Geliebte vor, wie eine Wunderblume, aus der Frühlingsdämmerung und träumerischen Stille seiner frühesten Jugend heraufgewachsen. Je länger er hinsah, je mehr schien es ihm, als schlüge es die seelenvollen Augen langsam auf, als wollten sich die Lippen bewegen zum Gruße, als blühe Leben wie ein lieblicher Gesang erwärmend durch die schönen Glieder herauf. Er hielt die Augen lange geschlossen vor Blendung, Wehmut und Entzücken. –	**2. Moment des Eros** • Motiv der Blume / des Vegetativen • Motiv der Statik und Dynamik • Leitvokabel Bild • Motiv des Sehens / Nicht-Sehens • Trias / Klimax: Problematik Florios in seinem Verhältnis zu Venus • Konjunktiv Irrealis
Als er wieder aufblickte, schien auf einmal alles wie verwandelt. Der Mond sah seltsam zwischen Wolken hervor, ein stärkerer Wind kräuselte den Weiher in trübe Wellen, das Venusbild, so fürchterlich weiß und regungslos, sah ihn fast schreckhaft mit den steinernen Augenhöhlen aus der grenzenlosen Stille an. Ein nie gefühltes Grausen überfiel da den Jüngling. Er verließ schnell den Ort, und immer schneller und ohne auszuruhen, eilte er durch die Gärten und Weinberge wieder fort der ruhigen Stadt zu; denn auch das Rauschen der Bäume kam ihm nun wie ein verständiges vernehmliches Geflüster vor, und die langen gespenstischen Pappeln schienen mit ihren weitgestreckten Schatten hinter ihm dreinzulangen.	**3. Moment des Thanatos** • Motiv der Statik und Dynamik • Motiv des Sehens / Nicht-Sehens • Momente des Grauens, des Entsetzens

Lösungshinweise zu ARBEITSBLATT 5a (➤ S. 50)

Zur Theorie der Novelle

Lexikon-Artikel »Novelle«, »Leitmotiv«, »Dingsymbol«	**Beobachtungen (Abgleich mit Eichendorffs *Marmorbild*)**
Novelle (ital. *novella* ›Neuigkeit‹): Epische Untergattung einer Prosaerzählung mittlerer Länge. Die N[ovelle] wird wegen ihrer unterschiedlichen Erscheinungsformen uneinheitlich definiert. Doch gemeinsam ist den meisten N[ovellen], dass sie »eine sich ereignete unerhörte Begebenheit« (Johann Wolfgang Goethe) behandeln. Das geschilderte Ereignis hat aufgrund seines außergewöhnlichen Charakters Neuigkeitswert und erhebt gleichzeitig Anspruch auf Wirklichkeit. Wesentliche novellistische Merkmale sind: straffe Handlungsführung um einen zentralen Konflikt (Nähe zum Drama), Einsatz szenischer und dialogischer Elemente, Zuspitzung auf einen Höhe- und Wendepunkt, Tendenz zur geschlossenen Form, ➤ Leitmotiv und ➤ Dingsymbol. **Leitmotiv:** Spezielle Form des Motivs, die durch die gezielte Wiederholung von Textelementen (wiederkehrende Wörter, Sätze, Redewendungen, sprachliche Bilder oder Gegenstände) Querverbindungen und Bezüge zwischen verschiedenen Teilen eines Erzähltextes herstellt. ➤ Dingsymbole sind eine bes[onders] auffällige Form von L[eitmotiven]. **Dingsymbol:** Gegenstand, Tier oder Pflanze als zentrales Element mit Leitmotivcharakter. Das D[ingsymbol] kommt vor allem in der Ballade und Novelle vor. Es erscheint wiederholt an Schlüsselstellen der Handlung und wird somit zum Signal für das Kernproblem des Geschehens. Yomb May: Literarische Grundbegriffe. (Kompaktwissen XL.) Stuttgart: Reclam, 2021. S. 117, 100, 40.	Neuigkeitswert: ➤ auf Eichendorffs *Marmorbild* zutreffend Goethes Definition der Novelle: ➤ vgl. den vorausgegangenen Unterrichtsschritt 5.1 Anspruch auf Wirklichkeit: ➤ auf Eichendorffs *Marmorbild* nicht zutreffend ➤ belebtes / zum Leben erwachendes Marmorbild ➤ (zur Gattungsproblematik vgl. die Sachanalyse) straffe Handlungsführung: ➤ auf Eichendorffs *Marmorbild* zutreffend Zentraler Konflikt: ➤ auf Eichendorffs *Marmorbild* zutreffend ➤ Adoleszenzkrise Florios Nähe zum Drama (der geschlossenen Form): ➤ auf Eichendorffs *Marmorbild* zutreffend, vgl. den nachfolgenden Unterrichtsschritt 5.3 ➤ deutlich erkennbar: Exposition, erregendes Moment, Höhe- bzw. Wendepunkt, retardierendes Moment Zuspitzung auf einen Höhe- und Wendepunkt, Tendenz zur geschlossenen Form: ➤ auf Eichendorffs *Marmorbild* zutreffend, s.o. Leitmotive: ➤ auf Eichendorffs *Marmorbild* zutreffend ➤ Marmorbild (Statue der Venus), Frühling, Blumen, Kreisbewegungen, Sterne, Mond, Wasser, Spiegelungen etc. Dingsymbol ➤ auf Eichendorffs *Marmorbild* zutreffend ➤ Marmorbild (Statue der Venus)

Lösungshinweise zu ARBEITSBLATT 5b (> S. 51)

Das Marmorbild. Aufbau der Novelle

Erzählabschnitt	Erster Erzählabschnitt	Zweiter Erzählabschnitt	Dritter Erzählabschnitt	Vierter Erzählabschnitt	Fünfter Erzählabschnitt
Seitenangabe (Reclam XL)	3,1–17,3	17,4–24,10	24,11–34,32	35,1–43,4	43,5–49,18
Erzählte Zeit	Tag 1 (Freitag) Abend–Nacht	Tag 2 (Samstag) Morgen–Nacht	Tag 3/4 (Sonntag/Montag) Morgen Tag 3 – Nacht Tag 4	Mehrere Tage später Nachmittag – Morgen	Ein Tag später Morgen
Knappe Inhaltsangabe	• Florios Ankunft in Lucca • Begegnung Fortunato • Begegnung Bianka • Begegnung Donati • Abendliche Gesellschaft • Erste Begegnung Florios mit dem Marmorbild der Venus	• Warnung Fortunatos • Besuch im Zaubergarten • Begegnung Venus • Begegnung Donati • Nächtliches Abenteuer mit zwei weiblichen Gestalten am Fenster	• Ausgeschlagene Einladung Donatis zur Jagd • Angenommene Einladung Fortunatos zum Maskenball • Besuch des Maskenballs • Begegnung mit zwei weiblichen Gestalten (als Griechinnen verkleidet) • Gespräch mit Bianka	• Zu Gast bei Donati • Ankunft Venus in ihrem Palast • Besuch im Palast der Venus • Verführungsversuch der Venus • Fortunatos Lied bricht den Zauber, Florio entzieht sich dem Verführungsversuch • Flucht Florios, Rückverwandlung der Venus zum Marmorbild	• Florios Aufbruch aus Lucca • Begegnung Fortunato • Begegnung Pietro • Begegnung Bianka • Fortunatos Lied stellt die Göttin Venus und die hl. Jungfrau Maria einander gegenüber • Rettung Florios • Liebe zu Bianka

Lösungshinweise zu ARBEITSBLATT 6 (➤ S. 61)

Zu den Charakteren Bianka und Venus

 Sandro Botticelli (1445–1510): Flora. Detail des Gemäldes *Primavera* (Frühling) (1482/87). Tempera auf Holz, 203 × 314 cm, Uffizien, Florenz	 »Venus von Milo« (2. Jh. v. Chr.). Künstler unbekannt, gefunden 1820 auf der Kykladeninsel Milos. Marmor, 202 cm, Louvre, Paris
Bianka: *Botticellis Flora:* • Jugend, Schönheit • Floraler Schmuck (Blumenkranz, Kleid) • Frühling, Erblühen, Beweglichkeit, Wärme • Leben • Bekleidung *Bianka:* • Liebe • Vernunft, Erkenntnis • Kindliche Gestalt • Unschuld, Reinheit • Fehlende Erfahrung • Unbewusste / kaum bewusste Sinnlichkeit • Beweglichkeit (Federball) • Blumenschmuck (Rose) • Klarer Tag, Abend • Helligkeit • Wirkliches • Maskenball: Flucht in die Gesellschaft • Renaissance • Christentum (Konnotation hl. Jungfrau Maria) • Am Ende: Androgyne Knabengestalt • Als solche: Liebe, Auferstehung (Morgen)	***Venus:*** *Venus von Milo:* • (Jugend,) Alterslosigkeit, Schönheit • Schmucklos • Marmor, Starre, Kälte • Tod • Nacktheit *Venus*: • Triebhaftigkeit, Sexualität • Regression, Unbewusstes, Rausch • Frauliche, weibliche Gestalt • Reife, Wissen • Erfahrung • Spiel mit der Sinnlichkeit, Lockung, Verführung • Starre der Statue • Rose (Blumenschmuck) • Mittagshitze, Nacht • Dunkelheit • Wunderbares • Maskenball: Flucht aus der Gesellschaft • Antike (Göttin der Liebe) • Heidentum • Am Ende: Versinken, Untergang (Nacht)